——中国系统工程学会信息系统工程专业委员会（CNAIS）——

信息系统学报

CHINA JOURNAL OF INFORMATION SYSTEMS

第28辑

清华大学经济管理学院 编

科学出版社
北京

内 容 简 介

《信息系统学报》是我国信息系统科学研究领域内唯一的专门学术出版物，被中国系统工程学会信息系统工程专业委员会（CNAIS）指定为会刊。《信息系统学报》倡导学术研究的科学精神和规范方法，鼓励对信息系统与信息管理领域中的理论和应用问题进行原创性探讨和研究，旨在发表信息系统研究领域中应用科学严谨的方法论、具有思想性与创新性的研究成果。本书内容包括相关的理论、方法、应用经验等方面，涵盖信息系统各个研究领域，注重结合我国国情进行探讨，从而对我国和世界信息系统的研究与应用做出贡献。

《信息系统学报》主要面向信息系统领域的研究人员，其作为我国信息系统领域学术研究探索与发展的重要交流平台，为相关研究工作创造了一个友好而广阔的交流空间，推动着我国信息系统研究、应用及学科建设不断前进。

图书在版编目（CIP）数据

信息系统学报. 第 28 辑 / 清华大学经济管理学院编. — 北京：科学出版社，2023.2

ISBN 978-7-03-071639-2

Ⅰ. ①信… Ⅱ. ①清… Ⅲ. ①信息系统 – 丛刊 Ⅳ. ①G202-55

中国版本图书馆 CIP 数据核字（2022）第 033907 号

责任编辑：王丹妮　陶　璇 / 责任校对：王晓茜
责任印制：张　伟 / 封面设计：无极书装

科学出版社 出版
北京东黄城根北街 16 号
邮政编码：100717
http://www.sciencep.com

北京虎彩文化传播有限公司 印刷
科学出版社发行　各地新华书店经销
*
2023 年 2 月第 一 版　开本：889×1194　1/16
2023 年 2 月第一次印刷　印张：11 1/2
字数：327 000
定价：128.00 元
（如有印装质量问题，我社负责调换）

《信息系统学报》编委会

主　编　　陈国青（清华大学）
副主编　　黄丽华（复旦大学）　　　　　　　　李　东（北京大学）
　　　　　　李一军（哈尔滨工业大学）　　　　　毛基业（中国人民大学）
　　　　　　王刊良（中国人民大学）
主　任　　黄京华（清华大学）
主编助理　郭迅华（清华大学）　　　　　　　　卫　强（清华大学）
编　委　　陈华平（中国科学技术大学）　　　　陈　剑（清华大学）
　　　　　　陈晓红（中南大学）　　　　　　　　陈　禹（中国人民大学）
　　　　　　党延忠（大连理工大学）　　　　　　甘仞初（北京理工大学）
　　　　　　黄　伟（西安交通大学）　　　　　　李敏强（天津大学）
　　　　　　刘　鲁（北京航空航天大学）　　　　刘仲英（同济大学）
　　　　　　马费成（武汉大学）　　　　　　　　邵培基（电子科技大学）
　　　　　　谢　康（中山大学）　　　　　　　　严建援（南开大学）
　　　　　　杨善林（合肥工业大学）　　　　　　张金隆（华中科技大学）
　　　　　　张朋柱（上海交通大学）　　　　　　赵建良（香港城市大学）
　　　　　　仲伟俊（东南大学）　　　　　　　　周荫强（香港大学）
　　　　　　CHEN Yesho（Louisiana State University）
　　　　　　LIANG Ting-Peng（Sun Yat-Sen University, Taiwan, China）
　　　　　　LU Jie（University of Technology, Sydney）
　　　　　　SHENG Olivia（Utah University）
　　　　　　TAN Bernard（National University of Singapore）
　　　　　　TAN Felix B.（Auckland University of Technology）
　　　　　　THONG James Y. L.（Hong Kong University of Science and Technology）
　　　　　　WEI Kowk Kee（City University of Hong Kong）
　　　　　　ZHU Kevin（University of California, San Diego）

Editorial Board, China Journal of Information Systems

Editor	CHEN Guoqing (Tsinghua University)
Associate Editors	HUANG Lihua (Fudan University)
	LI Dong (Peking University)
	LI Yijun (Harbin Institute of Technology)
	MAO Jiye (Renmin University of China)
	WANG Kanliang (Renmin University of China)
Managing Editor	HUANG Jinghua (Tsinghua University)
Assistants to the Editor	GUO Xunhua (Tsinghua University)
	WEI Qiang (Tsinghua University)
Members of Editorial Board	CHEN Huaping (University of Science and Technology of China)
	CHEN Jian (Tsinghua University)
	CHEN Xiaohong (Central South University)
	CHEN Yesho (Louisiana State University)
	CHEN Yu (Renmin University of China)
	DANG Yanzhong (Dalian University of Technology)
	GAN Renchu (Beijing Institute of Technology)
	HUANG Wei (Xi'an Jiao Tong University)
	LI Minqiang (Tianjin University)
	LIANG Ting-Peng (Sun Yat-Sen University, Taiwan, China)
	LIU Lu (Beihang University)
	LIU Zhongying (Tongji University)
	LU Jie (University of Technology, Sydney)
	MA Feicheng (Wuhan University)
	SHAO Peiji (University of Electronic Science and Technology of China)
	SHENG Olivia (Utah University)
	TAN Bernard (National University of Singapore)
	TAN Felix B. (Auckland University of Technology)
	THONG James Y. L. (Hong Kong University of Science and Technology)
	WEI Kowk Kee (City University of Hong Kong)
	XIE Kang (Sun Yat-Sen University)
	YAN Jianyuan (Nankai University)
	YANG Shanlin (Hefei University of Technology)
	ZHANG Jinlong (Huazhong University of Science and Technology)
	ZHANG Pengzhu (Shanghai Jiao Tong University)
	ZHAO Jianliang (City University of Hong Kong)
	ZHONG Weijun (Southeast University)
	ZHOU Yinqiang (University of Hong Kong)
	ZHU Kevin (University of California, San Diego)

主 编 单 位　清华大学（经济管理学院）

副主编单位　北京大学（光华管理学院）　　　　复旦大学（管理学院）
　　　　　　哈尔滨工业大学（经济与管理学院）　西安交通大学（管理学院）
　　　　　　中国人民大学（商学院）

参 编 单 位　北京大学（光华管理学院）　　　　北京航空航天大学（经济管理学院）
　　　　　　北京理工大学（管理与经济学院）　　大连理工大学（经济管理学院）
　　　　　　电子科技大学（经济与管理学院）　　东南大学（经济管理学院）
　　　　　　复旦大学（管理学院）　　　　　　　哈尔滨工业大学（经济与管理学院）
　　　　　　合肥工业大学（管理学院）　　　　　华中科技大学（管理学院）
　　　　　　南开大学（商学院）　　　　　　　　清华大学（经济管理学院）
　　　　　　上海交通大学（安泰经济与管理学院）天津大学（管理与经济学部）
　　　　　　同济大学（经济与管理学院）　　　　武汉大学（信息管理学院）
　　　　　　西安交通大学（管理学院）　　　　　中国科学技术大学（管理学院）
　　　　　　中国人民大学（商学院、信息学院）　中南大学（商学院）
　　　　　　中山大学（管理学院）

通 信 地 址

北京市清华大学经济管理学院《信息系统学报》，邮政编码：100084。

联系电话：86-10-62789850，传真：86-10-62771647，电子邮件：CJIS@sem.tsinghua.edu.cn，网址：http://cjis.sem.tsinghua.edu.cn。

信息系统学报

(第28辑)

目　录

主编的话 ·· XI

研究论文

短视频广告与消费者购买意愿：基于 S-O-R 理论的研究/陆本江，崔雪彬，何蕾，孙晓池 ············ 1

社交媒体怀旧广告对消费者购买意愿的影响研究/王耀卫，苗苗，蒋玉石 ································ 17

直播商务可视化信息对消费者响应的影响——基于平台类型与关系强度的调节/彭宇泓，郝辽钢 ············ 43

互动仪式链视角下微信订阅号用户互动行为的实证研究/谢芃菲，杨波，胡越，黄靖云 ············ 69

数据要素市场的价格规律：来自上海数据交易中心的探索研究/尹文怡，窦一凡，汤奇峰，黄丽华 ············ 84

方案隐藏与评价反馈对众包参与者方案贡献行为的影响研究/王蒙蒙 ······································ 100

企业社交媒体使用与员工创新行为的关系研究/马良，张新，张戈，徐瑶玉 ······························ 115

考虑平台异质性的第三方平台整合研究/黄晓琼，徐飞 ·· 129

关系嵌入、网络能力与组织间价值共创——基于 PLS-SEM 与 fsQCA 的实证分析/廖民超，金佳敏，高增安 ············ 145

审稿专家 ·· 165

China Journal of Information Systems

Issue 28

CONTENTS

EDITORS' NOTES ·· XI

ARTICLES

Short Video Advertisement and Consumers' Purchase Intention: An Empirical Analysis Based
 on the S-O-R Model/ LU Benjiang, CUI Xuebin, HE Lei, SUN Xiaochi ·································· 1
Research on the Influence of Social Media Nostalgic Advertising on Consumers'
 Purchase Intention /WANG Yaowei, MIAO Miao, JIANG Yushi ··· 17
The Influence of Visual Information of Live Streaming Commerce on Consumer Response: Based on the
 Moderating Effect of Platform Type and Tie Strength/PENG Yuhong, HAO Liaogang ················ 43
An Empirical Research on the Interactive Behavior of WeChat Subscription Number Users from the Perspective of the
 Theory of Interactive Ritual Chain/XIE Pengfei, YANG Bo, HU Yue, HUANG Jingyun ··············· 69
Understanding Pricing in the Data Factor Market: An Exploration Study at Shanghai
 Data Exchange /YIN Wenyi, DOU Yifan, TANG Qifeng, HUANG Lihua ································· 84
The Impact of Blind Setting and Rating Feedback on Submission Behavior in Crowdsourcing
 Contests /WANG Mengmeng ··· 100
Research on the Relationship between Enterprise Social Media Use and Employees'
 Innovative Behaviors/ MA Liang, ZHANG Xin, ZHANG Ge, XU Yaoyu ································· 115
Research on the Integration of Third-party Platforms with Heterogeneity /HUANG Xiaoqiong, XU Fei ······ 129
Relationship Embeddedness, Network Capability and Value Co-creation Among Organizations:
 An Empirical Analysis Based on PLS-SEM and fsQCA/ LIAO Minchao, JIN Jiamin, GAO Zengan ············ 145

PEER REVIEWERS ·· 165

主 编 的 话

  本期《信息系统学报》是总第 28 辑，共收录 9 篇研究论文，包含 1 篇来自中国系统工程学会信息系统工程专业委员会第九届学术年会（CNAIS2021）交流的论文。CNAIS2021 大会于 2021 年 10 月 15~17 日在长沙市举办，中国系统工程学会信息系统工程专业委员会主办，中南大学商学院承办。作为 CNAIS 会刊，《信息系统学报》编委会从大会论坛中遴选了部分优秀论文，邀请作者进行修改并拓展投稿到《信息系统学报》。录入本期的大会论文题为"互动仪式链视角下微信订阅号用户互动行为的实证研究"，由谢芃菲、杨波、胡越、黄靖云四位作者执笔撰写，结合微信订阅号的特征与用户互动行为的特性，基于互动仪式链理论，分析微信订阅号与用户互动仪式之间的组成要素、互动过程及仪式结果，构建了微信订阅号互动仪式的整体模型，并结合研究确定的用户积极互动的影响因素，为微信订阅号运营者改善订阅号推送服务效能、提高用户互动积极性提出了建议。

  此次发表的另外 8 篇研究论文涵盖了广告对消费者购买意愿的影响、直播商务可视化信息对消费者响应的影响、数据要素市场的价格规律、众包竞赛模式中参与者的贡献行为、企业社交媒体使用与员工创新行为的关系、聚合平台对第三方平台整合的影响、组织间的价值共创等多方面的主题，采用了多样化的研究方法。陆本江等的论文针对短视频广告如何吸引消费者并影响其购买意愿，以"刺激-机体-反应"（S-O-R）理论为框架，建立了短视频广告内容特征对消费者购买意愿的影响模型，探寻其中介机制。同样针对广告对消费者购买意愿的影响，王耀卫等的论文从怀旧广告的角度出发，以零食、牙膏和汽车为研究对象，基于情绪 ABC 理论，探讨了社交媒体怀旧广告对消费者购买意愿的影响及其中介变量与边界条件。彭宇泓和郝辽钢的论文基于信号传递理论和双加工理论，采用文本挖掘与内容分析方法构建 LDA（latent dirichlet allocation，隐含狄利克雷分布）主题模型，运用深度学习等方法量化变量，结合直播平台类型和关系强度的边界作用，提出了直播界面可视化信息对消费者响应行为的影响模型。尹文怡等的论文在数字经济时代数据战略作用被提升到新型生产要素高度的背景下，基于上海数据交易中心的前期经验和交易数据，对数据要素市场的价格规律进行研究，并从实证结果出发进一步探究数据交易市场存在的问题，为数据交易平台长期发展提供了相应的建议。王蒙蒙的论文针对"互联网＋"时代快速发展与应用的众包竞赛模式，基于不确定性减弱理论，就众包竞赛模式中发包方方案隐藏（有助于减弱创意抄袭风险）和评价反馈（有助于减弱竞争风险）对参与者贡献行为的影响进行探讨，并依托 99designs 平台进行了实证检验。马良等的论文围绕企业内部社交网络与员工创新行为的关系，基于交流可视化和自我效能理论，采用结构方程模型方法分析多家企业 516 份调研数据，探讨企业社交媒体使用对员工创新行为的影响。黄晓琼和徐飞的论文围绕聚合平台与第三方平台间的合作，从平台佣金率、平台需求、平台利润和社会福利等方面研究具有质量差异的聚合平台对第三方平台整合的影响。廖民超等的论文针对破除企业合作壁垒重要手段——价值共创，基于嵌入性理论和动态能力理论，遵循"资源—能力—结果"逻辑，引入网络能力作为中介变量，探究关系嵌入各维度对价值共创的作用机制，并就企业性质进行异质性分析。

  我们希望本期刊登的这些文章能够在促进科学探讨、启发创新思维、分享学术新知方面发挥应有的作用，同时也希望《信息系统学报》得到大家的更多关注并刊登更多高水平的文章。谨向关心和支持《信息系统学报》的国内外学者同仁及各界人士致以深深的谢意。感谢参与稿件评审的各位专家的辛勤工作，感谢各位作者对学报的支持以及出版过程中的配合，并感谢科学出版社在编辑和出版过程中的勤恳努力！

主　编　陈国青

副主编　黄丽华　李　东　李一军　毛基业　王刊良

2022 年 8 月于北京

短视频广告与消费者购买意愿：
基于 S-O-R 理论的研究*

陆本江[1] 崔雪彬[1] 何蕾[2] 孙晓池[3]

（1. 南京大学商学院，江苏 南京 210093；
2. 上海钧正网络科技有限公司，上海 201199；
3. 南京航空航天大学经济与管理学院，江苏 南京 211106）

摘 要 短视频广告催生了自媒体平台流量变现新模式，帮助实现用户价值在平台上的完整转化。然而，什么样的短视频广告才能吸引消费者并影响其购买意愿？本文以"刺激-机体-反应"（S-O-R）理论为框架，建立了短视频广告内容特征对消费者购买意愿的影响模型，并探寻其中介机制。本文采用问卷调查法，通过线上调研收集到 448 份有效问卷，并运用结构方程模型验证研究假设。研究发现，短视频广告内容的娱乐性显著正向影响消费者感知信任和感知愉悦；信息性显著正向影响消费者感知信任和感知有用性；而互动性同时对消费者感知信任、感知愉悦和感知有用性具有显著正向影响；消费者感知信任、感知愉悦和感知有用性显著正向影响消费者的购买意愿。本文对短视频广告平台及内容创作者具有重要的实践启示。

关键词 短视频广告，娱乐性，信息性，互动性，购买意愿

中图分类号 F713.36

1 引言

随着 5G 以及智能终端的渗透普及，短视频产业发展方兴未艾[1,2]。短视频是一种新兴内容传播载体，时长一般不超过 5 分钟。企业或个人利用短视频平台（如抖音、快手）制作宣传和推广产品或服务的短视频，进而产生了短视频广告。2020 年中国短视频广告市场规模约为 1 200 亿元，约占整个移动广告的 16.5%[①]。

短视频广告为线上购物提供了全新的营销方式[2]。短视频广告是一种新式的软性广告，企业或者个人可以利用平台制作推广相应产品或者服务的短视频。一般模拟产品真实使用场景，或以情景剧的方式为产品的出现进行铺垫。视频下方有链接直接导向平台内置的"视频同款商品"购买界面，使用户可以实现一站式下单购买。在视频右侧，观众可以对视频内容或产品进行点赞、评论、转发等，也可以通过阅读评论区获得更多产品信息，如图 1 所示。与传统线上购物相比，短视频广告具有独特性。首先，短视频内容趣味性强，且通常间接传递产品信息。与传统的购物广告不同，短视频广告并不会对产品属性进行直接介绍，而是由视频创作者以剧情向的方式，通过某个故事或趣味场景，将产品巧妙

---

* 基金项目：国家自然科学基金项目（71902086、72002096）。
通信作者：崔雪彬，南京大学商学院营销与电子商务系助理教授，地址：江苏省南京市鼓楼区金银街 16 号南京大学商学院（安中楼），邮编：210093，E-mail：cuixuebin@nju.edu.cn。
① 资料来源：http://www.chinairn.com/news/20220429/10252966.shtml。

地融合其中。这种形式的产品介绍，会显著降低观众的厌烦情绪。其次，短视频广告信息承载量大、传播效率高。与传统的电视广告不同，短视频广告以移动智能终端"竖屏"呈现的方式赋予用户沉浸式体验，从视觉、听觉等全方位提供信息。同时，短视频广告一般来说都是具有创意性的，视频内容自身就具有一定的欣赏价值。因此，尽管一部分观众可能并不会购买产品，但仍会通过点赞、转发等形式为短视频广告贡献热度，从而极大地提升了短视频广告的传播效率。最后，短视频广告具有多维度互动性特征，即内容创作者与观众、观众与观众之间都可以进行互动。多维度互动性是短视频广告区别于传统广告的最显著特征。受限于媒介形式，传统广告的互动性较弱，消费者一般只能作为被动的信息接受者，不能便捷地与广告商或产品商就产品问题进行互动。但是，短视频广告则有效克服了这一弊端。在短视频广告中，用户不仅可以同广告发布者进行互动沟通，还可以与其他消费者进行交流。互动的内容也不仅仅局限于产品，短视频内容自身也成为互动交流的热点。

图 1 短视频广告示例

虽然短视频广告模式日渐成熟，但在实践中，不同短视频广告营销效果差异很大。有些广告播出后大受欢迎，吸引消费者争相购买其推荐的产品，但也有很多广告营销效果不尽如人意[2]。因此，究竟哪些因素影响消费者购买意愿已然成为短视频广告行业的核心关切。基于对短视频广告核心特征的分析（即娱乐性、信息性、互动性），本文将回答以下问题：①短视频广告中哪些因素会影响消费者的产品购买意愿？②中介机制是什么？

2 相关研究评述

在线上购物场景中，由于消费者无法真实触摸和感受到产品，所以会存在较高的产品不确定性。因此，消费者购买意愿的影响因素也会与线下实体店场景中有所不同，具体作用机制也更为复杂。通过文献梳理发现，消费者线上购物意愿的影响因素大致可归纳为消费者个体因素、产品因素和环境因素等[3, 4]。

（1）消费者个体因素。消费者的人口统计因素、消费目的、消费者认知（如感知风险、感知信任、感知有用性、感知易用性、感知愉悦等）都会对购买意愿产生影响[5-9]。例如，O'Cass 和 Fenech 以互联网用户为调查样本，通过电子邮件对消费者的网络购买意愿开展研究。他们认为，外部变量（包括个性、在线体验和消费目的等）通过影响消费者感知有用性对购买意愿产生影响[5]。Brack 和 Benkenstein 在研究中指出，消费者的主观感知风险会对其购买决策产生影响，而消费者会采取各种方式减少这种风险。这些方式包括多渠道搜集信息、购买运费险、与购买商品的其他消费者进行沟通交流等[7]。Hajli 研究发现用户的购买意愿受到信任与感知有用性的影响[8]。Escobar-Rodríguez 和 Carvajal-Trujillo 的研究发现感知享乐性是刺激用户购买意愿的一个关键因素，用户在享乐过程中产生愉悦的心情，进而产生购买意愿[9]。

（2）产品因素。产品特点、产品价值、稀缺性及产品不确定性（如产品质量不确定性、产品契合不确定性等）也会影响消费者购买意愿[10-13]。例如，Babin 和 Babin 认为产品自身所表现出来的属性是消费者做出购买决策最直接的刺激因素[10]。李东进和刘建新从消费者感知竞争性和感知欺骗性的视角出发，发现广告传播产品稀缺诉求能够促使消费者产生购买意愿[11]。Dimoka 等提出了消费者在在线购物场景中的产品不确定性概念，并进一步区分出产品描述不确定性和产品表现不确定性两个维度。他们认为产品不确定性是影响消费者线上购买意愿的重要因素[12]。Hong 和 Pavlou 进一步提出了产品契合不确定性概念，产品契合不确定性主要是指消费者不确定某个产品是否能够满足自己的需求和偏好，即产品是否适合自己。产品契合不确定性对消费者购买意愿也会产生直接影响，尤其是对于体验型产品[13]。

（3）环境因素。社交网络、用户评价、消费者互动等也会对消费者购买意愿产生影响[14-16]。焦媛媛等结合社交网络情境，发现预设同侪反应在产品信息与购买意愿的关系中起中介作用[14]。Hassanein 和 Head 则发现，对于消费者来说，如果商家的回复是有积极意义的互动交流，那么这种互动会使得消费者感受到自己是受到重视的，会提高消费者对商家的信任水平和态度[16]，而这可能进一步影响消费者的购买意愿。

虽然学者们大量探讨了传统线上购物情境下的消费者购买意愿的影响因素，但对于新兴短视频广告情境中的消费者线上购买意愿影响因素关注较少。目前，只有李复达等围绕抖音短视频营销广告，研究了广告内容、广告热度和消费者自我控制对消费者购买意愿的影响[2]。但是，该研究并未深入探讨短视频广告相比于传统线上广告（如电视广告、静态文字广告或图片广告等）的独特特征，也未揭示短视频广告特征对消费者线上购买意愿产生影响的内在机制。短视频广告所体现出的娱乐性、信息性、互动性等独特特征，要求管理科学研究对其可能产生的影响及机制进行更加深入的探讨。其中，不仅需要在新情境下对已有经典变量（如购买意愿）进行检验，同时，也需要对新情境下的新特征（如娱乐性、信息性、互动性）进行探索。因此，为填补此研究空白，本文系统分析短视频广告对消费者线上购买意愿产生影响的关键因素和内在机制，深入理解短视频广告在当前市场营销情境下的作用和角色。

3 理论基础和研究假设

"刺激-机体-反应"理论来源于环境心理学[17]，之后被广泛应用在市场营销和电子商务等研究领域[18-21]。"刺激"主要指消费者外部的某种线索或诱因，这些线索或诱因可以唤起消费者有意识或无意识的某种行为[22]；"机体"则是连接刺激和反应的中间过程，可以分为情感和认知两部分[18]；消费者接收到刺激后，其情感和认知发生变化，并综合作用影响着最终的"反应"[18]。

在短视频广告情境下，广告创作者通过发布包含产品的短视频，刺激观众对产品产生正面情感，进而引发其购买欲望。所以，这种购买意愿的产生是一种典型的"刺激-机体-反应"过程[18, 19]。本文中，我们将短视频广告的娱乐性、信息性及互动性视为"刺激"。当用户接收到这些刺激之后，其内部"机体"则会发生变化。在确定用户内部机体方面，我们借鉴了以往有关线上购物情境下人机互动的三方面用户机体要素，即体验类要素（如感知娱乐）、效用类要素（如感知有用性）及关系类要素（如信任）[23]。通过这些机体变化，最终导致用户产生某种"反应"（如购买意愿）。具体地讲，在短视频广告情境下，短视频广告通过富有娱乐性和信息性的内容刺激观众对广告产生愉悦、信任等情感认知，进而引发消费者对广告内产品的购买意愿。此外，短视频中的互动对观众来说则是另一种刺激。一方面，观众通过与创作者进行互动，可以就产品相关的问题进行咨询，获取产品有用性信息，而互动也能孵化观众和创作者之间的信任关系；另一方面，观众与观众之间的互动不仅能促进产品相关信息的分享，而且观众对产品的趣味性评论也会影响消费者对广告内容的愉悦感知。因此，互动会使消费者产生情感认知并进一步激发其购买意愿。下面，对假设进行具体论述。

1. 短视频广告内容的娱乐性与消费者感知信任、感知愉悦的关系

已有研究发现，广告的娱乐性会影响观众对广告中的产品和品牌的态度[24]，而且娱乐性会对用户的传播和分享意愿产生影响[25]。Park和Lin发现观众会因为网红创作的视频的娱乐性而转变为这些网红的追随者，并相信网红所推荐的产品和提供的信息[26]。所以，本文认为，在短视频广告情境中，消费者会因为广告内容的娱乐性而对短视频创作者产生好感，这种好感会在消费者的潜意识中逐渐树立创作者的正面形象，并增加消费者对创作者的信任感。当消费者信任内容创作者时，也会认为其发布的短视频广告是值得信任的。换句话说，创作者的优质短视频内容引发观众关注，在消费者当中树立信任感，并促使他们成为忠实粉丝。

此外，万君等的相关研究表明网络视频广告的娱乐性还能够引发消费者的乐观情绪，正向影响消费者的感知愉悦，并提升消费者对产品的接受意愿[27]。在短视频广告情境中，短视频内容能使消费者完全沉浸在创作者精心设计的剧情或情境中，产生很强的代入感，并因为短视频广告丰富多彩的内容而感到心情愉悦。

综上，提出以下假设：

H_1：短视频广告内容的娱乐性正向影响消费者感知信任；

H_2：短视频广告内容的娱乐性正向影响消费者感知愉悦。

2. 短视频广告内容的信息性与感知信任、感知有用性的关系

Schlosser通过对美国高学历网络广告观看者进行调研发现，大部分消费者会因网络广告蕴含的信息量对广告产生信任[28]。对于短视频广告来说，很大一部分创作者都是相关领域的专业人士。例如，推广彩妆护肤品的创作者一般是美妆领域的知名主播，推广自营产品的创作者一般是成功创业的企业家。这种专业背景能够让他们通过短视频传达充分、有效的产品信息，帮助消费者更好地了解产品，进而孵化消费者对该广告的信任。

已有研究发现，在社会化营销过程中，社交媒体的信息性显著正向影响消费者对社交媒体有用性的判断，并进一步影响消费者在线商品购买意愿[29]。短视频广告信息承载量巨大，传统电商的图文信息展示方式无法企及。它通过精心设计的视频内容，展现产品在真实场景下所能发挥的功效，或者通过设计剧本，以意想不到的剧情铺垫商品的出现。对产品多方面的直观展示方式能够在短时间内给消

费者带来巨大信息量，从而让消费者感受到短视频广告在辅助他们深入了解产品、做出购买决策过程中的有用性。

综上，提出以下假设：

H₃：短视频广告内容的信息性正向影响消费者感知信任；

H₄：短视频广告内容的信息性正向影响消费者感知有用性。

3. 短视频广告的互动性与感知信任、感知愉悦、感知有用性的关系

短视频广告中的互动性是其区别于其他营销方式的显著特征。短视频广告中的互动一般分为创作者与消费者以及消费者与消费者之间的互动，即在短视频广告中，消费者不仅能够直接与内容创作者就短视频内容以及产品相关的问题在评论区进行咨询和沟通，也可以和其他消费者就产品使用体验以及短视频内容等进行交流互动。由于短视频广告的评论区是公开的，除了直接参与互动，消费者还可以在评论区浏览其他消费者与内容创作者的交流内容，间接参与到这些互动中。本文认为，短视频广告的互动性对消费者的感知信任、感知愉悦及感知有用性具有积极影响。

已有研究提出信任可以通过互动来培养[30]。短视频创作者作为粉丝基数较多、影响力较大的人群，在消费者看来具有较大的权威性。创作者与消费者的互动能够使消费者感受到自己被重视，从而对创作者产生信任。同时，当消费者看到创作者与其他消费者进行频繁互动且关注每一位消费者的意见时，他们也能感受到创作者是真正为消费者的利益考虑，相信创作者是正直的、可以信赖的。当消费者对内容创作者产生信任时，也会更愿意相信创作者发布的短视频广告，认为创作者在短视频中传达的产品信息是真实的、可靠的。此外，Ameri 等指出，消费者之间的口碑交流也是消费者了解和认识产品最重要的途径之一。所以，在短视频广告中，消费者之间的评论互动也能够进一步加强消费者对短视频广告及其推荐产品的了解和信任[31]。

短视频广告本身属于一种创新的自媒体内容产品。首先，短视频创作者往往通过诙谐有趣、充满创意的方式与消费者进行互动，这可以提升消费者在观看短视频广告时的感知愉悦。此外，对于视频内容产品而言，允许消费者参与"二度创作"已然成为一个新的趋势，如即时弹幕、观众评论等。在短视频广告中，消费者在评论区发表的一部分评论会因为诙谐有趣等原因被频繁点赞，由此上升至评论区的前列，让更多的消费者看到。很多时候，消费者创作产生的短视频附加内容会产生比视频本身更强的"笑果"，因此，这种"神回复"的趣味性也会增加消费者对于短视频广告的愉悦感知。

此外，在短视频广告中，创作者可以及时对消费者的评论进行回复或者解答消费者对于短视频广告内容的疑问等。这种互动使消费者可以进一步了解短视频广告中关于产品材质、功能、用途等方面的介绍，消除对于产品的不确定性，更好地感知到短视频广告在辅助购买决策过程中的有用性。此外，消费者之间也可以在短视频广告评论区进行互动，如在评论区发表自己对于产品的看法或者购买后的使用感受。这种消费者之间的交流分享也可以增加他们对短视频广告内容和产品的了解，进而增强他们对短视频广告的感知有用性。

因此，提出以下假设：

H₅：短视频广告的互动性正向影响消费者感知信任；

H₆：短视频广告的互动性正向影响消费者感知愉悦；

H₇：短视频广告的互动性正向影响消费者感知有用性。

4. 感知信任、感知愉悦、感知有用性与消费者购买意愿的关系

信任在消费者购物决策，尤其是线上购物决策过程中扮演着重要的角色。Lu 等[32]及 Pavlou[33]的研

究就曾指出信任会对消费者的购买意愿产生影响。在短视频广告情境中，当消费者信任短视频广告及其创作者时，他们会认为该广告传达的信息是真实可靠的，同时，他们会认可广告创作者在产品评估、推荐等方面的专业性。因此，会更愿意形成购买意愿。

在线购物过程中，消费者感知愉悦也会对其购买意愿产生影响。Menon 等的研究发现，消费者在线浏览商品时，因网站界面美观度而产生的愉悦感会积极影响其购买意愿[34]。Wright 和 Bower 发现，当消费者处于精神愉悦的状态时，更容易做出冲动性购买决定[35]。在短视频广告情境中，当消费者因为广告内容或有趣的观众评论而产生愉悦的情感时，更有可能对广告中的产品产生购买意愿。

此外，消费者对广告信息的感知有用性对其购物决策具有直接影响。当消费者感知到广告所提供的信息有利于其更好地了解产品和做出购买决策时，便会对广告中的品牌或产品产生好感，进而产生更高的购买意愿[36]。Purnawirawan 等就曾指出消费者对信息有用性的感知会影响他们对某产品的态度和行为意图[37]。

因此，提出以下假设：

H_8：消费者对短视频广告的感知信任正向影响其购买意愿；

H_9：消费者对短视频广告的感知愉悦正向影响其购买意愿；

H_{10}：消费者对短视频广告的感知有用性正向影响其购买意愿。

综上，提出本文研究模型，如图 2 所示。

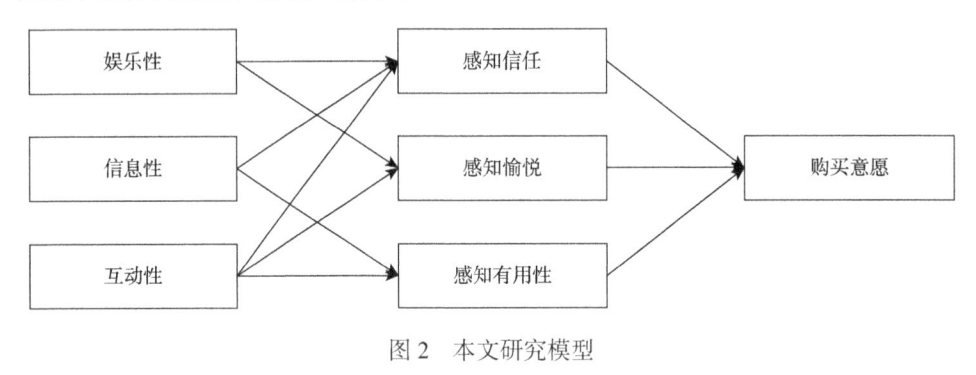

图 2 本文研究模型

4 研究设计

4.1 问卷及量表设计

本文采用问卷调查的方法收集相关数据。问卷首先介绍了研究目的，并界定了短视频广告的含义。之后询问被调查者是否有观看短视频广告的经验，如果没有看过，则调研结束。对于观看过短视频广告的被调查者，让其回忆"最近一次"观看短视频广告的情况，包括观看短视频广告的平台、广告中介绍的产品以及大致的广告剧情等内容，该问题可以帮助后续进行有效样本的筛选。如果被调研者不能准确地回忆相关内容，则该样本被视为无效。

问卷采用 Likert 5 级评分法对变量进行测量。所有构念都来自国内外学者的成熟量表，并结合短视频广告的研究情境进行了一定的调整，以确保最终的内容效度。具体地讲，娱乐性借鉴了 Ducoffe 的量表[24]，信息性借鉴了 Brackett 和 Carr 的量表[38]，互动性借鉴了 Ou 等的量表[15]，感知信任借鉴了郭海玲等的量表[39]，感知愉悦借鉴了 Hassanein 和 Head 的量表[16]，感知有用性借鉴了 Park 等的量表[40]，购买意愿借鉴了 Gefen 等的量表[30]。具体见表 1。

表 1 构念量表及来源

变量	题项	参考文献
娱乐性	该短视频广告是有趣的	Ducoffe[24]
	观看该短视频广告是令人享受的	
信息性	该短视频广告及时地提供产品信息	Brackett 和 Carr[38]
	该短视频广告是一个好的产品信息源	
	该短视频广告提供了产品相关的信息	
互动性	对于该短视频广告，发布者与其他观众/消费者互动情况良好	Ou 等[15]
	对于该短视频广告，发布者会及时回答、反馈其他观众/消费者关于产品的问题	
	对于该短视频广告，我与发布者互动情况良好	
	对于该短视频广告，发布者会及时回答、反馈我提出的产品相关问题	
	我与其他观众/消费者互动情况良好	
	我会与其他观众/消费者就产品相关问题进行互动（如通过评论）	
感知信任	我觉得该短视频广告呈现的信息是真实的	郭海玲等[39]
	我觉得该短视频广告呈现的信息是可靠的	
	我觉得该短视频广告呈现的信息是专业的	
感知愉悦	看完该短视频广告后，我是快乐的	Hassanein 和 Head[16]
	看完该短视频广告后，我是轻松的	
	看完该短视频广告后，我是愉悦的	
感知有用性	该短视频广告对我了解产品功能有帮助	Park 等[40]
	该短视频广告对我购买决策有帮助	
	该短视频广告可以给我提供有用的产品信息	
购买意愿	我很可能会购买该短视频广告推荐的商品	Gefen 等[30]
	将来我会考虑购买该短视频广告推荐的商品	
	我会向朋友推荐该短视频广告推荐的商品	

4.2 数据收集

本文依托国内线上调研网站"问卷星"（https://www.wjx.cn/），通过平台提供的专业调研服务进行调研。从 2020 年 4 月 13 日至 2020 年 4 月 19 日，总共历时 7 天，发放并回收问卷 514 份。由于本文重点关注用户对短视频广告的观看感受，因此，在问卷起始设置了筛选问题，即"是否观看过短视频广告"，对于那些从未看过短视频广告的样本，则视为无效样本。最后，剔除无效问卷 66 份，得到有效问卷 448 份，问卷有效率达到 87.16%。

样本描述性统计信息如表 2 所示。样本中男性占比 42.86%，女性占比 57.14%。调查对象的年龄主要集中于 18~30 岁，总占比达到 75.89%，符合短视频的主要用户特征。从学历来看，75.22%的样本都是本科及以上学历，受教育程度较高，对于短视频的认知较好。

表 2 样本描述性统计

基本信息	特征	人数	占比
性别	男	192	42.86%
	女	256	57.14%
年龄	18 岁以下	18	4.02%
	18~24 岁	269	60.04%
	25~30 岁	71	15.85%
	31~40 岁	51	11.38%
	40 岁以上	39	8.71%
学历	高中及以下	52	11.61%
	专科	59	13.17%
	本科	289	64.51%
	研究生及以上	48	10.71%
职业	在校学生	249	55.58%
	个体户/自由职业者	48	10.71%
	企业职员	63	14.06%
	政府机关及事业单位	44	9.82%
	其他	44	9.82%

4.3 实证结果和分析

4.3.1 共同方法偏差检验

由于本文数据均来自问卷调研，可能存在共同方法偏差。因此，采用 Harman 单因子测试法检验数据的同源误差程度[41]，其中第一个因子的方差贡献率为20.439%，因此，共同方法偏差在本文中不是显著问题。

4.3.2 未响应偏差检验

由于本文采用问卷调研，有可能存在未响应偏差。因此，采用 Liang 等的方法[42]，根据样本完成问卷的时间，对前 100 和后 100 的样本进行了相关人口统计信息的差异性检验。具体地讲，t 检验结果显示两组样本在年龄上没有显著差别（$p>0.1$），卡方检验结果显示两组样本在性别（$p>0.1$）、学历（$p>0.1$）及职业（$p>0.1$）方面均无显著差别。因此，未响应偏差在本文中不是显著问题。

4.3.3 测量模型分析

本文采用 Cronbach's α 系数来衡量构念信度。由表 3 可知，各构念 Cronbach's α 值均大于 0.9，说明量表的信度非常好。本文的测量题项均参考了国内外成熟量表，并结合短视频广告情境进行了一定的修改。因此，内容效度可以得到保证。此外，本文采用验证性因子分析法对量表的效度进行检验。KMO 和 Bartlett 球形检验结果显示，KMO 大于给定阈值 0.8，Bartlett 球形检验在 0.001 的水平上显著，说明问卷结构效度较好，于是进一步针对 7 个因子进行验证性因子分析。如表 3 所示，7 个因子对应的 CR 值全部高于 0.7，意味着研究数据具有良好的聚合效度。同时，7 个因子的 AVE 平方根值（斜对角线数字）均大于该因子与其他因子的相关系数，表明构念的区别效度较好[43]。此外，我们对构念间的共线性进行了 VIF 检验，结果显示，各构念 VIF 值均在 2.507 至 3.390 之间，远小于 10，因此，多重共线性问题在本文中不会产生显著影响。

表 3 变量相关系数矩阵

变量	娱乐性	信息性	互动性	感知有用性	感知信任	感知愉悦	购买意愿
Cronbach's α	0.972	0.971	0.966	0.965	0.966	0.967	0.967
CR	0.905	0.868	0.951	0.921	0.923	0.949	0.937
娱乐性	0.909						
信息性	0.746	0.832					
互动性	0.775	0.793	0.875				
感知有用性	0.756	0.828	0.830	0.892			
感知信任	0.743	0.754	0.824	0.805	0.926		
感知愉悦	0.807	0.717	0.757	0.751	0.731	0.928	
购买意愿	0.793	0.724	0.815	0.796	0.816	0.781	0.912

通过卡方自由度比值（CMIN/DF）、拟合优度指数（GFI）、比较拟合指数（CFI）、残差均方和平方根（RMR）、标准化残差均方和平方根（SRMR）、近似误差均方根（RMSEA）这几项指标对模型整体适配性进行检验的结果如表 4 所示。各指标结果显示模型拟合状况良好。

表 4 模型整体适配性检验指标

指标	CMIN/DF	GFI	CFI	RMR	SRMR	RMSEA
判断标准	<3	>0.9	>0.9	<0.05	<0.1	<0.10
值	2.287	0.913	0.978	0.035	0.025	0.054

4.3.4 结构模型分析

本文的结构模型分析采用 Amos 软件进行结构方程建模。依据模型的标准化路径系数、标准差（SE）、临界比值（CR）和 p 值进行假设检验，表 5 为控制了样本性别等个体特征后的路径检验结果。

表 5 结构方程模型分析

路径			标准化路径系数	SE	CR	p
娱乐性	→	感知信任	0.175**	2.718	0.065	0.007
娱乐性	→	感知愉悦	0.691***	11.068	0.066	0.000
信息性	→	感知有用性	0.652***	9.454	0.074	0.000
信息性	→	感知信任	0.249**	3.296	0.089	0.001
互动性	→	感知有用性	0.326***	5.172	0.064	0.000
互动性	→	感知信任	0.526***	7.853	0.075	0.000

续表

路径			标准化路径系数	SE	CR	p
互动性	→	感知愉悦	0.227***	3.830	0.069	0.000
感知有用性	→	购买意愿	0.214***	3.687	0.071	0.000
感知信任	→	购买意愿	0.464***	7.794	0.066	0.000
感知愉悦	→	购买意愿	0.303***	6.757	0.048	0.000
性别	→	购买意愿	0.055**	0.045	2.791	0.005

***表示 $p<0.001$，**表示 $p<0.01$
注：不显著的控制变量略去

由表5可知，控制变量中，只有消费者的性别对购买意愿具有显著影响，即女性购买意愿更强。其他控制变量，包括消费者年龄、学历、职业及短视频广告观看频率等对购买意愿均没有显著影响。对于模型中的变量，短视频广告的娱乐性对消费者感知信任和感知愉悦均具有显著正向影响；短视频广告的信息性对消费者的感知信任和感知有用性具有显著正向影响；短视频广告的互动性对消费者感知信任、感知愉悦及感知有用性均产生显著正向影响；消费者的感知信任、感知愉悦及感知有用性显著正向影响其购买意愿。假设 H_1~H_{10} 得到验证。

为了进一步验证感知有用性、感知信任、感知愉悦是否在娱乐性、信息性、互动性对购买意愿的影响中产生中介作用，本文采用 Bootstrap 中介效应检验法进行检验，抽样次数为 5 000 次。首先，如表6所示，对感知有用性的中介作用检验发现：感知有用性在"信息性→购买意愿"路径中具有中介作用（95% CI：0.140~0.358），感知有用性也在"互动性→购买意愿"路径中具有中介作用（95% CI：0.056~0.249）。

表6 感知有用性中介效应检验

路径	Effect	Boot SE	BootLLCI	BootULCI	z	p
信息性→感知有用性→购买意愿	0.248	0.056	0.140	0.358	4.459	0
互动性→感知有用性→购买意愿	0.153	0.050	0.056	0.249	3.085	0.002

同理，如表7所示，对感知信任的中介作用的检验发现：感知信任在"娱乐性→购买意愿"路径中具有中介作用（95% CI：0.185~0.333），感知信任在"信息性→购买意愿"路径中具有中介作用（95% CI：0.258~0.436），感知信任在"互动性→购买意愿"路径中也具有中介作用（95% CI：0.185~0.371）。

表7 感知信任中介效应检验结果

路径	Effect	Boot SE	BootLLCI	BootULCI	z	p
娱乐性→感知信任→购买意愿	0.256	0.038	0.185	0.333	6.797	0
信息性→感知信任→购买意愿	0.343	0.046	0.258	0.436	7.532	0
互动性→感知信任→购买意愿	0.274	0.048	0.185	0.371	5.743	0

此外，如表8所示，对感知愉悦的中介作用检验发现：感知愉悦在"娱乐性→购买意愿"路径中具有中介作用（95% CI：0.070~0.261），针对互动性对购买意愿的影响，感知愉悦在"互动性→购买意愿"路径中具有中介作用（95% CI：0.130~0.315）。

表 8 感知愉悦中介效应检验结果

路径	Effect	Boot SE	BootLLCI	BootULCI	z	p
娱乐性→感知愉悦→购买意愿	0.159	0.049	0.070	0.261	3.264	0.001
互动性→感知愉悦→购买意愿	0.219	0.048	0.130	0.315	4.599	0

4.3.5 三维度互动分析

本文中，短视频互动包含三个维度："被调研者与其他消费者"、"被调研者与广告发布者"以及"其他消费者与广告发布者"。在具体调研过程中，每个维度各有两个题项。表9为三维度互动分别对消费者感知有用性、感知信任及感知愉悦的影响结果。

表 9 三维度互动对感知有用性、信任及愉悦的影响

路径			标准化路径系数	SE	p
被调研者与其他消费者	→	感知有用性	0.296***	0.038	0.000
被调研者与广告发布者	→	感知有用性	0.310***	0.043	0.000
其他消费者与广告发布者	→	感知有用性	0.346***	0.036	0.000
被调研者与其他消费者	→	感知信任	0.334***	0.042	0.000
被调研者与广告发布者	→	感知信任	0.339***	0.048	0.000
其他消费者与广告发布者	→	感知信任	0.257***	0.041	0.000
被调研者与其他消费者	→	感知愉悦	0.254***	0.051	0.000
被调研者与广告发布者	→	感知愉悦	0.368***	0.058	0.000
其他消费者与广告发布者	→	感知愉悦	0.246***	0.049	0.000

***表示 $p<0.001$

由表9可知，三个维度的互动对消费者感知有用性、感知信任和感知愉悦均具有显著正向影响。其中，其他消费者与广告发布者的互动对于消费者感知有用性的影响路径系数高于其他维度。具体来说，创作者对其他消费者有关短视频内容或产品疑问的解答对消费者感知到的短视频广告有用性的影响最强。这一点也体现了消费者在短视频广告中依据"群体智慧"进行决策的特点。换句话说，大家能想到的问题往往是更全面的，短视频广告创作者对这些问题的回应能够有效辅助消费者深入了解产品，感知短视频广告的有用性。同时，被调研者与广告发布者的互动对于感知信任和感知愉悦的影响路径系数高于其他维度，表明消费者自身与广告发布者的互动更能提高消费者对于短视频广告的感知信任和感知愉悦。

5 结束语

短视频广告的出现正在深刻影响传统产品营销模式。短视频通过融合娱乐性、信息性及互动性等独特特征，以移动智能终端竖屏呈现的方式赋予用户沉浸式体验，提升消费者的购买意愿。这种新情境下的消费者购物行为研究正在成为业界和学术界关注的重点。本文通过在线问卷调研形式，根据被调研对象"最近一次"观看短视频广告的感受获得研究数据。

通过结构方程模型验证假设，研究发现：

（1）短视频广告内容的娱乐性正向影响消费者的感知信任和感知愉悦。具体来说，短视频广告内容的娱乐性会吸引消费者持续观看，对广告发布者产生好感甚至成为其追随者，这种好感会增加消费者对于发布者及其发布内容的信任，相信他们所推荐的产品；而广告本身作为一种原创内容，通过精心设计的台词和剧情能够给消费者带来愉悦的观感体验。

（2）短视频广告内容的信息性正向影响消费者的感知有用性和感知信任。具体来说，短视频广告创作者根据自身专业经验以及对于产品的了解，在广告中对产品进行详细的介绍，为缺乏相关知识的消费者提供了充足的信息，降低了消费者对产品的不确定性，增强了感知有用性和感知信任。

（3）短视频情境下的互动性正向影响消费者的感知有用性、感知信任和感知愉悦。具体来说，首先，广告发布者与消费者可以在评论区进行互动，发布者可以对消费者提出的疑问进行解答，使得消费者能够直观地感受到短视频广告在辅助其深入了解产品、做出购买决策过程中的有用性，同时发布者的及时反馈能够让消费者感觉到自己是被重视的，专业的解答能增加消费者对于短视频广告的信任。其次，消费者之间也可以进行互动，他们可以针对广告内容本身进行评论，也可以针对广告中的产品发表使用意见或提出疑问。产品使用体验相关的评论可以让其他消费者感知到短视频广告的有用性。消费者的疑问能够在评论区得到其他观众的及时解答，甚至由创作者直接进行回复，这也会增加消费者的感知信任。此外，评论区的前排评论都是因为内容较为有趣，而被其他观众通过点赞的方式增加热度，进而排序较前，这种趣味性的评论能够让消费者感知到广告内容的娱乐性，从而产生愉悦感。

（4）感知有用性、感知信任、感知愉悦正向影响消费者的购买意愿。具体来说，在短视频的情境下，感知信任对购买意愿的影响最大，其次是感知愉悦和感知有用性。这反映出短视频广告区别于传统电商情境的特点，即消费者与内容创作者之间的信任关系也可以直接促进流量变现，消费者不仅因为产品本身而购买，也会因为内容创作者而进行购买。此外，短视频广告内容的创作更加自由，娱乐性和趣味性更强，因而导致的消费者"冲动购买"可能也会更多。

本文具有重要的理论贡献：①从已有文献来看，对于消费者购买意愿的研究较少涉及新兴短视频广告领域。本文从短视频广告的娱乐性、信息性及互动性特点出发，拓展了消费者线上购买意愿影响因素的研究视角。②与传统电商情境不同，短视频广告中的互动性具有区别于传统电商情境的多维度特点，即这种互动包括"被调研者与其他消费者"、"被调研者与广告发布者"以及"其他消费者与广告发布者"三个维度。本文对这三个维度的互动进行了深入分析，发现被调研者与广告发布者之间的互动对于消费者的感知信任和愉悦的影响大于另外两个维度，而其他消费者与广告发布者的互动对消费者感知有用性的影响大于另外两个维度。该结果侧面反映了不同维度互动的影响机制，为新媒体广告互动对消费者购买意愿影响机制的研究做出了一定的贡献。

本文为短视频广告创作者和平台提供了可执行的管理启示：

（1）增强短视频广告内容的娱乐性。本文研究结果显示，短视频广告娱乐性对于消费者感知愉悦的标准化影响系数达到 0.691，远高于其他因素，对消费者购买意愿影响最大。具体来说，首先，短视频作为人们日常娱乐消遣方式之一，是排解生活压力的重要途径。相比于传统广告营销和电商情境而言，短视频广告具有创作自由度高的特点，能够充分发挥创作者的创意。因此，具有娱乐性质的短视频广告更能够吸引消费者对产品的兴趣。其次，短视频内容本身可以因为其趣味性引发消费者更多的关注和互动，实现跨平台传播。最后，以软性广告的方式为产品进行营销可以推动创作者和品牌方创新能力的提高，促进整个短视频广告产业的良性发展。

（2）策略性增强短视频广告的互动性。本文发现，互动性对于感知信任的标准化影响系数达到 0.526，高于其他影响因素，而感知信任对消费者购买意愿的影响也最强。因此，广告发布者应该着重增加其短视频广告的互动性，以有效增强消费者对其产品的购买意愿。此外，进一步对多维度互动的分析发现，消费者与广告发布者之间的互动对消费者感知信任的影响明显强于其他维度。因此，在增强短视频广告的互动性时，着重增强广告发布者与消费者之间的互动可以更有针对性地提高消费者对短视频广告的信任感。

本文也具有一定局限：①仅探讨了短视频广告娱乐性、信息性和互动性对消费者购买意愿的影响，但实际上还可能存在着其他影响因素，如产品类型、消费者特征、品牌定位等。未来研究可以综合考虑其他维度的影响因素，更加全面地解释短视频情境中的消费者行为。②采用截面问卷数据，所以在因果关系的辨识方面存在不足。未来研究可以考虑采集多时点的问卷数据，进行更为严谨的变量间因果关系辨识。

参 考 文 献

[1] CNNIC. 中国互联网络发展状况统计报告[EB/OL]. http://www.cnnic.net.cn/hlwfzyj/hlwxzbg/hlwtjbg/202009/P020210205509651950014.pdf，2020.

[2] 李复达，黄华乾，李悦宁. 抖音短视频营销广告对消费者购买意愿的影响研究[J]. 上海商学院学报，2019，20（6）：76-89.

[3] Akar E，Nasir V A. A review of literature on consumers' online purchase intentions[J]. Journal of Customer Behaviour，2015，14（3）：215-233.

[4] 冯建英，穆维松，傅泽田. 消费者的购买意愿研究综述[J]. 现代管理科学，2006，36（11）：7-9.

[5] O'cass A，Fenech T. Web retailing adoption：exploring the nature of Internet users Web retailing behaviour[J]. Journal of Retailing and Consumer Services，2003，10（2）：81-94.

[6] Mehta R，Sivadas E. Direct marketing on the Internet：an empirical assessment of consumer attitudes[J]. Journal of Direct Marketing，1995，9（3）：21-32.

[7] Brack A D，Benkenstein M. Responses to other similar customers in a service setting-analyzing the moderating role of perceived performance risk[J]. Journal of Services Marketing，2014，28（2）：138-146.

[8] Hajli M. Social Commerce Adoption Model[C]. Proceedings of the UK Academy for Information Systems（UKAIS）Conference，F，2012.

[9] Escobar-Rodríguez T，Carvajal-Trujillo E. Online purchasing tickets for low cost carriers：an application of the unified theory of acceptance and use of technology（UTAUT）model[J]. Tourism Management，2014，43：70-88.

[10] Babin B J，Babin L. Seeking something different? A model of schema typicality，consumer affect，purchase intentions and perceived shopping value[J]. Journal of Business Research，2001，54（2）：89-96.

[11] 李东进，刘建新. 产品稀缺诉求影响消费者购买意愿的双中介模型[J]. 管理科学，2016，29（3）：81-96.

[12] Dimoka A，Hong Y L，Pavlou P A. On product uncertainty in online markets：theory and evidence[J]. MIS Quarterly，2012，36（2）：395-426.

[13] Hong Y，Pavlou P A. Product fit uncertainty in online markets：nature，effects，and antecedent[J]. Information Systems Research，2014，25（2）：328-344.

[14] 焦媛媛，李智慧，付轼辉，等. 产品信息、预设同侪反应与购买意愿——基于社交网络情景[J]. 管理科学，2020，33（1）：100-113.

[15] Ou C X，Pavlou P A，Davison R M. Swift guanxi in online marketplaces：the role of computer-mediated communication technologies[J]. MIS Quarterly，2014，38（1）：209-230.

[16] Hassanein K, Head M. Manipulating perceived social presence through the web interface and its impact on attitude towards online shopping[J]. International Journal of Human-Computer Studies, 2007, 65(8): 689-708.

[17] Mehrabian A, Russell J A. An Approach to Environmental Psychology[M]. Cambridge: The MIT Press, 1974.

[18] Xiao B, Benbasat I. Product-related deception in e-commerce: a theoretical perspective[J]. MIS Quarterly, 2011, 35(1): 169-195.

[19] Li H, Sarathy R, Xu H. The role of affect and cognition on online consumers' decision to disclose personal information to unfamiliar online vendors[J]. Decision Support Systems, 2011, 51(3): 434-445.

[20] Eroglu S A, Machleit K A, Davis L M. Atmospheric qualities of online retailing: a conceptual model and implications[J]. Journal of Business Research, 2001, 54(2): 177-184.

[21] Fiore A M, Kim J. An integrative framework capturing experiential and utilitarian shopping experience[J]. International Journal of Retail & Distribution Management, 2007, 35(6): 421-442.

[22] Belk R. Situational variables and consumer behavior[J]. Journal of Consumer Research, 1975, 2(3): 157-164.

[23] Al-Natour S, Benbasat I, Cenfetelli R. The adoption of online shopping assistants: perceived similarity as an antecedent to evaluative beliefs[J]. Journal of the Association for Information Systems, 2011, 12(5): 347-374.

[24] Ducoffe R H. Advertising value and advertising on the web-Blog@ management[J]. Journal of Advertising Research, 1996, 36(5): 21-32.

[25] McMillan J H. Educational Research: Fundamentals for the Consumer[M]. New York: HarperCollins College Publishers, 1996.

[26] Park H J, Lin L M. The effects of match-ups on the consumer attitudes toward Internet celebrities and their live streaming contents in the context of product endorsement[J]. Journal of Retailing and Consumer Services, 2020, 52: 101934.

[27] 万君, 秦宇, 赵宏霞. 网络视频广告对情感反应和产品购买意愿影响因素研究[J]. 消费经济, 2014, 30(2): 59-65.

[28] Schlosser A E, Shavitt S, Kanfer A. Survey of Internet users' attitudes toward Internet advertising[J]. Journal of Interactive Marketing, 1999, 13(3): 34-54.

[29] 李梦吟, 王成慧. 社会化媒体是否能促进网络购买?——基于技术接受模型的实证研究[J]. 中国流通经济, 2019, 33(5): 90-99.

[30] Gefen D, Karahanna E, Straub D W. Trust and TAM in online shopping: an integrated model[J]. MIS Quarterly, 2003, 27(1): 51-90.

[31] Ameri M, Honka E, Xie Y. Word of mouth, observed adoptions, and anime-watching decisions: the role of the personal vs. the community network[J]. Marketing Science, 2019, 38(4): 567-583.

[32] Lu B, Fan W, Zhou M. Social presence, trust, and social commerce purchase intention: an empirical research[J]. Computers in Human Behavior, 2016, 56: 225-237.

[33] Pavlou P A. Consumer acceptance of e-commerce: integrating trust and risk with the technology acceptance model[J]. International Journal of Electronic Commerce, 2012, 7(3): 101-134.

[34] Menon V, Uddin L Q. Saliency, switching, attention and control: a network model of insula function[J]. Brain Structure and Function, 2010, 214(5/6): 655-667.

[35] Wright W F, Bower G H. Mood effects on subjective probability assessment[J]. Organizational Behavior and Human Decision Processes, 1992, 52(2): 276-291.

[36] 刘莉, 周媚. 移动支付用户持续使用意愿实证研究——基于心流体验视角[J]. 科技与管理, 2016, 18(6): 99-103.

[37] Purnawirawan N, de Pelsmacker P, Dens N. Balance and sequence in online reviews: how perceived usefulness affects attitudes and intentions[J]. Journal of Interactive Marketing, 2012, 26(4): 244-255.

[38] Brackett L K, Carr B N. Cyberspace advertising vs. other media: consumer vs. mature student attitudes[J]. Journal of Advertising Research, 2001, 41(5): 23-32.

[39] 郭海玲, 赵颖, 史海燕. 电商平台短视频信息展示对消费者购买意愿的影响研究[J]. 情报理论与实践, 2019, 42(5): 141-147.

[40] Park D-H, Lee J, Han I. The effect of on-line consumer reviews on consumer purchasing intention: the moderating role of involvement[J]. International Journal of Electronic Commerce, 2007, 11(4): 125-148.

[41] Liang H, Saraf N, Hu Q, et al. Assimilation of enterprise systems: the effect of institutional pressures and the mediating role of top management[J]. MIS Quarterly, 2007, 31(1): 59-87.

[42] Liang H, Xue Y, Pinsonneault A, et al. What users do besides problem-focused coping when facing it security threats: an emotion-focused coping perspective[J]. MIS Quarterly, 2019, 43(2): 373-394.

[43] Chung G, Ruth H, Kim B S, et al. Asian American multidimensional acculturation scale: development, factor analysis, reliability, and validity[J]. Cultural Diversity and Ethnic Minority Psychology, 2004, 10(1): 66-80.

Short Video Advertisement and Consumers' Purchase Intention: An Empirical Analysis Based on the S-O-R Model

LU Benjiang[1], CUI Xuebin[1], HE Lei[2], SUN Xiaochi[3]

(1. School of Business, Nanjing University, Nanjing 210093, China;
2. Shanghai Junzheng Network Technology Co., Ltd., Shanghai 201199, China;
3. College of Economics and Management, Nanjing University of Aeronautics and Astronautics, Nanjing 211106, China)

Abstract The emergence of short video advertisements boosts a new way of platform traffic monetization and helps to enable the monetized value of consumers completely transformed within the platform. However, what kind of short video advertisements are more effective to affect consumers' purchase intention? Based on the "stimulus-organism-response" (S-O-R) theory, this study builds a model of the impact of short video advertising content characteristics on consumers' purchase intentions. This study utilizes the questionnaire survey method, collects 448 valid questionnaires through online research, and uses the structural equation model to verify the research hypothesis. The findings show that the feature of entertainment in short video advertisements is positively associated with consumers' perceived trust and perceived enjoyment; the feature of informativeness has a positive impact on consumers' perceived trust and perceived usefulness; the feature of interactiveness is positively correlated with consumers' perceived trust, perceived enjoyment and perceived usefulness; finally, consumers' perceived trust, perceived enjoyment and perceived usefulness all positively affect consumers' purchase intention. The research provides important practical implications for short video platforms and content creators.

Key words Short video advertisements, Entertainment, Informativeness, Interactiveness, Purchase intention

作者简介

陆本江（1989—），南京大学商学院助理教授，研究方向为组织内外部知识共享社区、新媒体营销等。E-mail: lubj@nju.edu.cn。

崔雪彬（1986—），南京大学商学院助理教授，研究方向为营销模型、移动营销、直播电商等。

E-mail：cuixuebin@nju.edu.cn。

何蕾（1997—），毕业于南京大学商学院，获管理学学士学位。E-mail：heleinju@126.com。

孙晓池（1990—），南京航空航天大学经济与管理学院助理教授，研究方向为顾客教育、顾客学习、知识共享、可持续消费者行为等。E-mail：sunxiaochi@nuaa.edu.cn。

社交媒体怀旧广告对消费者购买意愿的影响研究*

王耀卫 苗苗 蒋玉石

(西南交通大学经济管理学院,四川 成都 610031)

摘 要 在社交媒体广告的盛行下,利用怀旧营销解决社交媒体导致的个体过去记忆与现在分离问题成为广告商的首选,社交媒体怀旧广告成为当下企业营销的热门话题。本文基于情绪 ABC 理论,探讨了社交媒体怀旧广告对消费者购买意愿的影响及其中介变量与边界条件。本文以零食、牙膏和汽车为实验刺激材料,共进行三个实验,实验结果表明:社交媒体怀旧广告积极影响消费者购买意愿,消费者说服知识在其中具有中介作用。消费者广告怀疑与消费者互联网素养负向调节社交媒体怀旧广告与消费者说服知识间的关系和说服知识对社交媒体怀旧广告与消费者购买意愿关系的中介作用。本文的研究加深了对怀旧广告认知维度的理解,为社交媒体怀旧广告的应用奠定了基础。

关键词 怀旧广告,说服知识,广告怀疑,互联网素养,情绪 ABC 理论

中图分类号 F713.8

1 引言

随着社交媒体的日渐盛行,企业使用的广告平台正逐渐从传统媒体转向基于互联网的社交媒体[1]。不同于广播、电视等传统媒体,社交媒体作为一种新型破坏性通信技术,具有使个体过去记忆与现在分离的效果[2]。这种个体现实生活与过去记忆间的心理分歧使个体对过去生活的记忆出现不真实性感知,个体自传体相关性受到威胁[3]。为弥补社交媒体导致的消费者过去与现在自我的不连续,在社交媒体上进行怀旧营销成为企业的首选。社交媒体中的怀旧营销因能缓解消费者因过去记忆与现在分离而产生的感知威胁而受到消费者青睐,引起了消费者的大量浏览和讨论[3]。

怀旧最早由 Havlena 和 Holak 纳入营销研究中,其在广告中的应用得到了详细描述[4]。现有对怀旧广告的研究主要有三个方向。一部分研究集中在引发广告怀旧情绪的情感诱因上,认为声音[5]、气味[6]等都能有效唤醒消费者的怀旧情绪。一部分研究探索广告怀旧效果的影响条件,认为生活满意度[7]、消费者过去经验[8]、个体自我构建[9]等因素会对广告怀旧效果产生影响。一部分专注于怀旧广告引起的消费者情感变化,提出怀旧能够增加消费者自尊、自我连续性、社会联系和生活意义等积极心理情绪[10],并进一步导致更有利的消费者品牌态度和更高的消费者购买意愿[11],对提高消费者溢价支付意愿也有一定贡献[12]。总结以上研究可以看出,先前学者已经对怀旧广告的情感维度进行了丰富且深入的讨论,却较少关注怀旧广告认知维度对消费者行为的影响。

根据认知主义的情感理论,怀旧情绪应遵循情感和认知两种说服途径,情感途径涉及消费者因对过去的温暖感觉而产生的心理益处和积极品牌关系,认知途径涉及消费者对回忆信息的处理和加工[13, 14]。怀旧广告的认知属性侧重于将怀旧作为一种信息刺激消费者回忆,能够通过唤起消费者过去记忆完善个体自我概念,恢复消费者自我连续性,影响消费者品牌态度[10]。或通过回顾品牌历史构建

---

* 基金项目:国家自然科学基金项目(72172129)。

通信作者:苗苗,西南交通大学经济管理学院教授,E-mail: miaomiao@swjtu.edu.cn。

消费者品牌历史感知，提高消费者品牌信任，促进积极的消费者行为[15]。不难发现，尽管现有怀旧认知维度的研究已经聚焦于怀旧的认知属性，但对其影响消费者行为的机制研究仍停留在情感途径，而未对认知途径进行探讨。因此，在怀旧广告认知属性影响消费者行为的研究中引入说服知识这一消费者识别和处理广告信息的认知过程具有可行性和重要性[16]。

根据情绪 ABC 理论，个体行为会受到情感和认知过程的启动和影响，刺激物 A（activating event）只是引发行为后果 C（consequence）的间接原因，个体对激发事件 A 的认知和评价所产生的信念 B（belief）才是引起后果 C 的直接原因[17]。也就是说，社交媒体怀旧广告作为一种怀旧刺激，其对消费者购买行为的影响理应受到消费者认知的中介。综上，本文基于情绪 ABC 理论，对社交媒体怀旧广告影响消费者购买行为的内在机制进行探究，将说服知识作为中介变量、广告怀疑和互联网素养作为调节变量引入概念模型，对社交媒体怀旧广告是否、怎样和何时影响消费者购买意愿进行讨论。最后，结合本文的主要结论总结主要理论贡献和营销实践意义。

2 理论基础

2.1 社交媒体怀旧广告

怀旧情绪是指一种对个人成年时期、青春期、儿童时期甚至出生前等较早时期经历过的人、地点或事物的积极态度[13]。怀旧对消费者感知的影响现已被学者广泛关注，随着社交媒体的日益盛行，对社交媒体怀旧广告的影响研究成为怀旧广告研究的新方向。研究表明，社交媒体怀旧广告引发的怀旧情绪具有存在功能、社会功能和自我导向功能，影响消费者心理和主观幸福感，有助于消费者享受娱乐体验[18]，这种怀旧情绪还能够满足消费者社交联系需求和维持友谊需求[19]。社交媒体中的怀旧营销有助于品牌将消费者与过去的快乐时光联系起来，对消费者的品牌参与行为、品牌态度、购买意愿、口碑传递意愿具有显著的积极影响[20, 21]。对社交媒体平台怀旧频道的数据统计也证实消费者会因怀旧体验增加对平台的浏览和讨论[3]。

总结现有研究，本文发现已有对怀旧广告的研究大多聚焦于怀旧广告的情感维度。根据认知主义的情感理论，怀旧应同时存在着情感和认知两个属性，且遵循不同的说服途径[14]。怀旧的认知属性是个体对过去记忆的概念化[15]，内化为一种积极的消费者自我意愿，促进个体清晰的自我概念，能够提高其购买意愿[22]。廖以臣等还提出怀旧的认知属性会增加消费者对品牌历史悠久的感知，给消费者带来更多的信任[15]。先前学者已经对怀旧的情感维度进行了大量研究，却缺少对怀旧认知维度中认知说服途径的关注，因此本文将研究聚焦于怀旧的认知维度。不同于传统媒体，社交媒体中的怀旧广告能够通过建立分享和验证过去经历的社交网络突出怀旧广告的认知属性，因此在社交媒体背景下对怀旧广告认知维度进行讨论具有重要意义[3]。

2.2 说服知识

消费者社会化对消费者获得能够识别和处理广告信息的知识技能以及形成相应广告态度的过程进行了描述，这个过程就是消费者获得广告说服知识的过程[23]。说服知识在说服知识模型中被定义为随着时间的推移，人们会主动形成的帮助人们解读信息中的说服性成分并做出相应反应的个人化知识体系，包括信息怎样发出、为什么发出以及何时发出[16]。消费者的说服知识能够反映消费者识别和理解营销策略的能力[24]。先前学者已经对说服知识的激活和影响进行了大量研究。针对消费者个人特征对说服知识的影响，Hudders 等发现对广告商业性内容的理解需要成熟的认知，因此具有更高的认知能力的消费者更易被激活说服知识[25]。Guo 和 Main 证实在有足够的认知能力的前提下，消费者不同的自我构建类型会对说服尝试有不同的反应[26]。Choi 和 Park 认为相较于促进聚焦型消费者，防御聚焦型消费者往往对广告意图更加警惕，消费者说服知识更易被激活[27]。针对广告属性对消费者激活说服知识的影响，Tutaj 和 van Reijmersdal 证实横幅广告能够通过提高消费者对广告形式的认可抑制说服知识的使用[28]。Boerman 等发现信息处理方式，如文字和广告标识的组合形式，会对消费者说服知识的应用产生影响[29]。Kim 等提出信息性内容比娱乐性内容更能缓解消费者说服知识的激活[30]。针对说服知识的影响效果，研究表明说服知识对消费者的广告响应至关重要[25]，说服知识的激活会影响消费者对营销人员的评价[31]，并通过情感抵抗影响其购买行为[32]。

在社交媒体时代，消费者对说服知识的应用也与以往不同，呈现先弱后强的发展态势。在社交媒体发展初期，相较于传统广告，消费者更不易识别广告商对社交媒体广告的操纵意图[33]。随着信息技术的普及和政策的改变，消费者越来越能够意识到社交媒体广告的赞助属性和操纵属性[33]，社交媒体上假新闻的飞速传播也提高了消费者在使用社交媒体时的批判思想[34]，在媒体社会化时代发展说服知识研究的重要性逐渐凸显。

3 研究假设

3.1 社交媒体怀旧广告的影响

消费者说服知识的效价很大程度上取决于信任线索，当消费者对信息的信任度较低时，他们的说服知识往往会增加；而当消费者对信息信任度较高时，信任会抑制消费者说服知识的应用[14]。也就是说，当消费者发现某一特定的广告策略可信时，消费者不易激发说服知识[35]。与非怀旧广告相比，社交媒体怀旧广告一方面可以基于对品牌历史的认知处理提升消费者安全感，以此增加消费者对品牌的信任[15, 36]。另一方面，怀旧作为一种适应性心理资源，也可以通过帮助个体回避威胁提高个体安全感，进而增加信任[37]。因此，相比于非怀旧广告，社交媒体怀旧广告能够抑制消费者应用说服知识。

与传统媒体不同，由于社交媒体平台可以帮助消费者依靠朋友、粉丝和社交媒体的其他用户确认过去记忆，故社交媒体怀旧广告更有助于消费者构建完整的自我概念[3]。在这个过程中，社交媒体怀旧广告通过对消费者过去记忆的制造和共享，唤起了消费者对过去记忆的概念化感受和联想，怀旧广告的认知属性得到凸显[38]。先前研究表明，怀旧的认知属性能够促进个体清晰的自我概念，进而提高其购买意愿[22]；且怀旧的认知结果研究中也发现营销组合中怀旧属性的存在极大程度地影响消费者对产品的考虑和购买[12]。因此，本文认为，相比于非怀旧广告，社交媒体怀旧广告能够提高消费者的购买意愿。

由此，本文提出如下假设：

H_1：社交媒体怀旧广告负向影响消费者说服知识，相较于非怀旧广告，社交媒体怀旧广告更能抑制消费者应用说服知识。

H_2：社交媒体怀旧广告正向影响消费者购买意愿，相较于非怀旧广告，社交媒体怀旧广告更能提高消费者购买意愿。

3.2 说服知识的中介作用

根据 Tutaj 和 van Reijmersdal 的研究，说服知识的激活会对品牌产生负面影响，消费者越了解广告商的操纵意图就会越恼怒[28]。当消费者应用说服知识并怀疑广告的操纵意图时，广告说服力降低，最终体现在消费者广告态度、品牌态度和购买意愿的降低上，消费者说服知识与购买意愿间的负向关系成立[34]。然而，社交媒体怀旧广告、消费者说服知识与消费者购买意愿间的单线关系无法说明说服知识在社交媒体怀旧广告与消费者购买意愿间究竟扮演着怎样的角色。为确定说服知识在社交媒体怀旧广告与消费者购买意愿间的中介作用，本文引入情绪 ABC 理论与线索利用理论进行说明。

根据情绪 ABC 理论，事件（activating event）对个体行为的改变（consequence）只起到间接作用，而引起个体行为改变的直接因素是个体在事件中产生的认知（belief）[22]。因此，本文认为，社交媒体怀旧广告对消费者购买意愿的改变除社交媒体广告怀旧属性的间接影响外，还受到消费者认知因素的直接影响。为确定说服知识可以作为这一消费者认知因素，本文继续引入线索利用理论进行说明。线索利用理论指出，线索是外在于消费者的一种刺激因素，可分为内部线索和外部线索[39]。广告作为一种不会在销售环节改变且与产品和服务本身无关的信息源，属于外部线索[40]。内外部线索发挥的作用与消费者知识有关，当消费者的说服知识被激活，线索信息的效用也被改变[41]。一方面，当消费者的说服知识被激活后，消费者有足够的信心和经验根据产品的内部线索对产品进行判断。在这个过程中，社交媒体广告怀旧属性导致的消费者购买行为会因内部线索效用逐渐超过外部线索而被影响[42]。另一方面，说服知识对广告信息的过滤作用使得消费者对社交媒体怀旧广告中怀旧属性的操纵产生认知防御，导致消费者较低的购买意图[16]。因此，本文认为说服知识在社交媒体怀旧广告对消费者行为的影响中具有中介作用。

由此，本文提出如下假设：

H₃：说服知识在社交媒体怀旧广告与消费者购买意愿关系间具有中介作用。

3.3 消费者广告怀疑的调节作用

认知发展理论和社会学习理论这两种人类学习的理论方法已被系统用于消费者说服知识的影响研究，研究结果认为说服知识是消费者认知发展和社会学习的共同功能，其中，消费者广告怀疑被视为影响消费者说服知识的重要认知发展因素[43]。消费者广告怀疑根植于信息处理的说服知识框架，是一种消极结构，被定义为个体不相信广告主张的倾向[44, 45]。消费者广告怀疑展示了消费者在将信息认定为广告后的主观批判态度，是区别消费者对广告与其他传播形式反应的重要因素[43]。消费者对广告的怀疑可能源于对各种广告元素的反应，如信息声明或价值观一致性，这种怀疑在消费者中普遍存在，而社交媒体广告对说服性信息的加速传播加剧了这一现象，因此理解消费者广告怀疑成为广告商的必修课[44, 46]。

过去的研究将消费者广告怀疑分为对广告的普遍怀疑和特定于某些营销策略的怀疑，前者更普遍且更能代表消费者的批判态度，因此本文将广告怀疑视为消费者对广告的普遍怀疑[47]。个体在 12 岁左右便开始对广告产生持续的怀疑，并不断确信广告的目的只是说服消费者购买特定的产品[48]。尽管广告怀疑在消费者中普遍存在，但个体的广告怀疑水平因人而异。与广告怀疑度较低的消费者相比，广告怀疑度较高的消费者更容易辨别广告格式[35]，且更容易对广告的动机、主张和公关努力产生不信任[49]。广告怀疑会显著影响消费者的广告态度，降低人们对广告的依赖和信任程度，使消费者在未对信息进行细化分析时便表现出对广告的不相信[50, 51]。广告怀疑倾向高的消费者能够认识到并非所有广告信息都是可信的，并激活其说服知识对广告信息进行反思和审辨，引发负面影响[52]。由此，本文提出如下假设：

H₄：社交媒体怀旧广告对消费者说服知识的影响受消费者广告怀疑的负向调节。具体而言，相较于高广告怀疑消费者，社交媒体怀旧广告对低广告怀疑消费者应用说服知识的影响更显著。

H₅：说服知识的中介作用受消费者广告怀疑的负向调节。具体而言，相较于高广告怀疑消费者，说服知识对社交媒体怀旧广告与消费者购买意愿之间关系的中介作用对低广告怀疑消费者更显著。

3.4 消费者互联网素养的调节作用

在社交媒体广告应用愈加频繁的今天，广告怀疑已不足以解释消费者之间应用说服知识的差异[25]。在这种情况下，研究社会学习理论在说服知识构建中的影响变得更加重要。社会学习理论将个体说服知识构建理解为其与各种社会化媒介的互动经验，互联网素养是社会学习的重要体现[43]。互联网素养，指个人评估、分析和创建网络信息内容的技能，是体现消费者信息处理能力的客观条件[16]。与广告怀疑不同，消费者互联网素养的激活并不需要消费者对接收到的信息进行广告判定，因此消费者互联网素养对消费者应用说服知识的影响更为广泛。且社交媒体依赖于互联网技术进行工具性和表达性交流，因此研究消费者互联网素养对社交媒体怀旧广告效果的影响十分必要[53]。

现有对互联网素养的研究大多认可年龄、收入和文化程度与个体互联网素养的直接关系[54]，并对互联网素养在解决大学生网络成瘾问题[55]、老年人网络支持和社会资本问题[54]、个体网络使用障碍问题[56]中的作用进行了讨论，却鲜少将互联网素养置于营销领域进行研究。先前研究证实，个体更高的互联网素养可能代表着更多的互联网经验，而互联网经验是消费者激活和使用知识的必要先决条件[57]。同时，说服知识的应用被认为是一种消费者认知防御[26]，而消费者过往的互联网经验会让消费者更抗拒广告说服，所以高互联网素养的个体更有可能激活广告相关的说服知识[57]。除此之外，高互联网素养也意味着更多学习如何处理信息的机会[58]。也就是说，高互联网素养的人更容易接触到各种互联网广告格式并建立各种广告格式的知识，因而更能辨别广告信息的操纵性和商业性，能更好地应用说服知识处理大多数类型的广告内容[58]。

由此，提出如下假设：

H6：社交媒体怀旧广告对消费者说服知识的影响受消费者互联网素养的负向调节。具体而言，相较于高互联网素养消费者，社交媒体怀旧广告对低互联网素养消费者应用说服知识的影响更显著。

H7：说服知识的中介作用受消费者互联网素养的负向调节。具体而言，相较于高互联网素养消费者，说服知识对社交媒体怀旧广告与消费者说服知识之间关系的中介作用对低互联网素养消费者更显著。

根据以上假设，提出本文的综合概念模型，如图1所示。

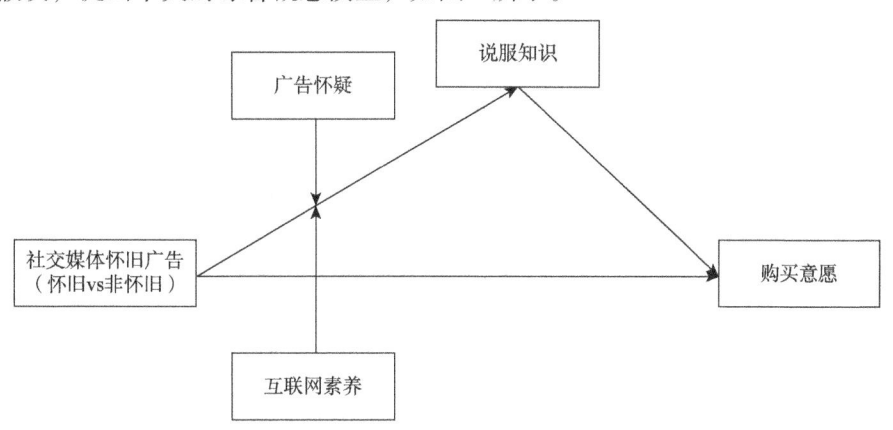

图 1　社交媒体怀旧广告影响消费者购买意愿的研究模型

4 实验设计

本文共进行三个实验，对社交媒体怀旧广告影响消费者购买意愿作用路径中的主效应、中介效应和调节效应进行检验。根据2021年全球最受欢迎的社交媒体排名（表1），本文最终选择在中国排名第一的微信作为实验社交媒体。

表1 2021年全球最受欢迎的社交媒体排名

排名	平台	公司	国家	月活跃用户
1	Facebook	Meta	美国	28.95亿
2	YouTube	Alphabet	美国	22.91亿
3	Whats App	Meta	美国	20亿
4	Instagram	Meta	美国	13.93亿
5	Messenger	Meta	美国	13亿
6	微信	腾讯	中国	12.51亿
7	TikTok	字节跳动	中国	10亿
8	抖音	字节跳动	中国	6亿
9	QQ	腾讯	中国	5.91亿
10	微博	新浪	中国	5.66亿

资料来源：Statista公布的按月活跃用户排名的顶级社交平台

4.1 实验一

实验一的主要目的是检测社交媒体怀旧广告对消费者购买意愿的直接影响和说服知识的中介效应。

1. 实验设计与被试筛选

实验一参考了Ju等[59]的实验，依据2021年天猫"双11"商品销量排行，选择某品牌设计了社交媒体怀旧广告和社交媒体非怀旧广告两类测试广告。为保障实验操纵的有效性，两类广告的视觉格式和产品位置在广告处理中保持不变，只对广告中的日期以及广告文案内容进行操纵（图2）。

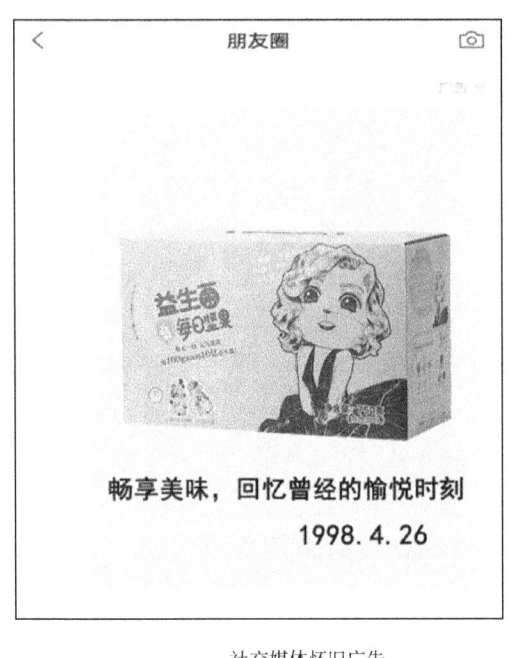

社交媒体怀旧广告　　　　　　　　　　社交媒体非怀旧广告

图2 实验一社交媒体广告

被试被告知在浏览微信朋友圈时,屏幕上出现了一则广告,接下来请观看广告并独立填写问卷。全部被试被随机分配到 2 个实验组(社交媒体怀旧广告 vs 社交媒体非怀旧广告)。实验过程中提出两个过滤问题"你使用过微信吗"和"你是在哪里看到这则广告的",未通过过滤问题验证的被试将被终止答题。本次实验最终获得有效问卷 172 份,其中社交媒体怀旧广告组 83 份,社交媒体非怀旧广告组 89 份。样本数据的描述性统计结果如表 2 所示。

表 2 实验一样本数据的描述性统计结果

特征	类别	数量	百分比
性别	男	82	47.67%
	女	90	52.33%
年龄	20 岁及以下	21	12.21%
	21~30 岁	46	26.74%
	31~40 岁	49	28.49%
	41~50 岁	27	15.70%
	51 岁及以上	29	16.86%

2. 变量测量

实验一问卷采用 Likert 5 级量表进行测量,1 表示非常不同意,5 表示非常同意。问卷中所有主要构念的测量量表均为成熟量表,除基本信息外,社交媒体广告怀旧属性量表来自 Pascal 等[60]的研究,包含 7 个问题(Cronbach's α=0.916),如"这则广告让我想起过去"。说服知识量表来自 Livingstone 和 Helsper[61],包括"我认为这则广告的目的是销售产品"等 6 个问题(Cronbach's α=0.714)。购买意愿量表参照了韩慧林等[62]的研究,通过"如果我打算购买这种类型的产品,我会考虑选择该产品"和"如果有朋友打算购买此类产品,我会积极建议他购买该产品"对被试购买意愿(Cronbach's α=0.820)进行测量。由于先前研究表明品牌熟悉度能够调节消费者对广告意图的识别[63],因此为排除干扰,实验一同时对被试的品牌熟悉度[64](Cronbach's α= 0.787)进行测量。

3. 假设检验

首先进行操纵检验,方差分析结果表明,不同实验组被试感知到的社交媒体广告怀旧属性有显著差异($M_{怀旧广告}$=3.93,$M_{非怀旧广告}$=3.17,$p<0.001$),实验一操纵成功。

其次进行相关性分析,结果显示(表 3),社交媒体怀旧广告与说服知识(β=-0.204,$p<0.01$)显著负相关,与购买意愿(β=0.704,$p<0.001$)显著正相关;说服知识与购买意愿(β=-0.216,$p<0.01$)显著负相关,假设 H_1、H_2 得到支持。

表 3 实验一相关性分析结果

变量	均值	标准差	NA	PK	PI
NA	3.537	1.038	1		
PK	3.891	0.698	−0.204**	1	
PI	3.462	1.225	0.704***	−0.216**	1

***表示 $p<0.001$,**表示 $p<0.01$
注:NA 为社交媒体怀旧广告,PK 为说服知识,PI 为购买意愿

接下来进行假设检验(表 4),以性别、年龄和品牌熟悉度为控制变量进行回归分析,结果表明社交媒体怀旧广告显著负向影响说服知识(β=-0.188,$p<0.05$),对购买意愿有显著正向影响(β=0.717,$p<0.001$),假设 H_1、H_2 得到支持。然后将社交媒体怀旧广告和说服知识同时对购买意愿

进行回归，结果显示加入说服知识后，社交媒体怀旧广告对消费者购买意愿仍具有显著正向影响（β=0.694，p<0.001），同时说服知识对购买意愿具有显著负向影响（β=−0.122，p<0.05），由此可知，说服知识在社交媒体怀旧广告与消费者购买意愿之间具有中介作用，假设 H_3 得到支持。最后使用 Boostrapping 检验方法进一步检验说服知识的中介效应，结果表明社交媒体怀旧广告通过说服知识影响消费者购买意愿的间接效应显著（LLCI=0.003 0，ULCI=0.051 4，不包含 0），假设 H_3 仍然得到支持。

表 4 实验一回归分析结果

变量	怀旧广告–说服知识			怀旧广告–购买意愿			说服知识–购买意愿		
	t	p	β	t	p	β	t	p	β
性别	−1.057	0.292	−0.080	−0.385	0.701	−0.020	−0.564	0.578	−0.030
年龄	−1.280	0.202	−0.095	0.929	0.354	0.048	0.480	0.707	0.036
BF	2.269	0.025	0.169*	5.160	0.000	0.265***	5.552	0	0.285***
NA	−2.513	0.013	−0.188*	13.970	0.000	0.717***	13.450	0.000	0.694***
PK							−2.332	0.021	−0.122*
R^2	0.081			0.567			0.580		
ΔR^2	0.059			0.556			0.568		
F	$F(4,167)$=3.696			$F(4,167)$=54.565			$F(5,166)$=45.901		

***表示 p<0.001，*表示 p<0.05

注：BF 为品牌熟悉度，NA 为社交媒体怀旧广告，PK 为说服知识

4.2 实验二

实验二的主要目的是检验消费者广告怀疑和消费者互联网素养的调节作用。

1. 实验设计与被试筛选

为进一步排除品牌熟悉度对消费者说服知识和购买意愿的影响，实验二构建一虚构的牙膏品牌，并设计社交媒体怀旧广告和社交媒体非怀旧广告两类测试广告。为保障实验操纵的有效性，两类广告的视觉格式和产品位置在广告处理中保持不变，只对广告中的日期以及广告文案内容进行操纵（图 3）。

图 3 实验二社交媒体广告

实验二与实验一流程相同，全部被试同样被随机分配到 2 个实验组（社交媒体怀旧广告 vs 社交媒体非怀旧广告）。实验过程中提出两个过滤问题"你使用过微信吗"和"你是在哪里看到这则广告的"，未通过过滤问题验证的被试将被终止答题。本次实验最终获得有效问卷 200 份，其中社交媒体怀旧广告组 103 份，社交媒体非怀旧广告组 97 份。样本数据的描述性统计结果如表 5 所示。

表 5 实验二样本数据的描述性统计结果

特征	类别	数量	百分比
性别	男	89	44.50%
	女	111	55.50%
年龄	20 岁及以下	46	23.00%
	21~30 岁	68	34.00%
	31~40 岁	50	25.00%
	41~50 岁	27	13.50%
	51 岁及以上	9	4.50%

2. 变量测量

实验二问卷中所有主要构念的测量量表均为成熟量表，社交媒体怀旧广告、说服知识、购买意愿和品牌熟悉度的测量量表与实验一一致，量表 Cronbach's α 值均大于 0.7。对消费者广告怀疑的测量量表来自 Obermiller 和 Spangenberg[65]，包括 4 个问题（Cronbach's α=0.816），如"我相信广告是能够提供信息的"。消费者互联网素养的测量量表参考 Lee 和 Chae 的研究[66]，包含"请评价你在网上使用电子邮件的能力"等 5 个问题（Cronbach's α=0.915）。问卷采用 Likert 5 级量表测量，1 表示非常不同意，5 表示非常同意。

3. 假设检验

首先进行操纵检验，方差分析结果表明，不同实验组被试感知到的社交媒体广告怀旧属性有显著差异（$M_{怀旧广告}$=3.91，$M_{非怀旧广告}$=2.00，$p<0.001$），实验二操纵成功。

其次进行相关性分析，结果显示（表 6），社交媒体怀旧广告与说服知识（β=-0.377，$p<0.001$）显著负相关，与购买意愿（β=0.179，$p<0.05$）显著正相关，假设 H_1、H_2 再次得到支持。同时，说服知识与购买意愿（β=-0.309，$p<0.001$）显著负相关，调节变量广告怀疑（β=0.448，$p<0.001$）、互联网素养（β=0.337，$p<0.001$）与说服知识显著正相关。

表 6 实验二相关性分析结果

变量	均值	标准差	NA	PK	AS	IL	PI
NA	2.974	1.174	1				
PK	3.918	0.716	−0.377***	1			
AS	3.303	0.845	0.182**	0.448***	1		
IL	3.515	1.118	0.154*	0.337***	0.755***	1	
PI	3.690	0.670	0.179*	−0.309***	−0.399***	−0.406***	1

***表示 $p<0.001$，**表示 $p<0.01$，*表示 $p<0.05$

注：NA 为社交媒体怀旧广告，PK 为说服知识，AS 为广告怀疑，IL 为互联网素养，PI 为购买意愿

接下来进行层次回归（表 7）。对于假设 H_4，先将性别、年龄和品牌熟悉度纳入模型 1，然后将社

交媒体怀旧广告纳入模型 2，再将社交媒体怀旧广告、广告怀疑纳入模型得到模型 3，最后对社交媒体怀旧广告和广告怀疑进行中心化处理，将其交互项纳入模型 4。由模型 4 结果可知，社交媒体怀旧广告与广告怀疑的交互项与说服知识显著相关（$\beta=0.508$，$p<0.001$），假设 H_4 得到支持。同理，对于假设 H_6，首先将性别、年龄和品牌熟悉度纳入模型 1，其次将社交媒体怀旧广告纳入模型 2，再将社交媒体怀旧广告、互联网素养纳入模型得到模型 5，最后对社交媒体怀旧广告和互联网素养进行中心化处理，将其交互项纳入模型 6。由模型 6 结果可知，社交媒体怀旧广告与互联网素养的交互项与说服知识显著相关（$\beta=0.460$，$p<0.001$），假设 H_6 得到支持。

表 7 实验二层次回归分析结果

变量	说服知识					
	模型 1	模型 2	模型 3	模型 4	模型 5	模型 6
性别	−0.035	−0.008	−0.081	−0.081*	−0.052	−0.069
年龄	0.132	0.105	0.208***	0.098*	0.196***	0.097
BF	−0.142*	−0.081	−0.095	−0.172***	−0.070	−0.140**
NA		−0.356***	−0.446***	−0.437***	−0.417***	−0.423***
AS			0.582***	0.607***		
NA*AS				0.508***		
IL					0.447***	0.523***
NA*IL						0.460***
R^2	0.037	0.159	0.471	0.700	0.344	0.531
ΔR^2	0.037	0.121	0.313	0.238	0.185	0.187
ΔF 值	2.536	28.104	114.762	157.598	54.748	76.855

***表示 $p<0.001$，**表示 $p<0.01$，*表示 $p<0.05$
注：BF 为品牌熟悉度，NA 为社交媒体怀旧广告，AS 为广告怀疑，IL 为互联网素养

为保障实验结果准确性，进一步利用 Boostrapping 检验方法对假设 H_4 和假设 H_6 进行验证，结果显示（表 8），社交媒体怀旧广告对说服知识的影响在高广告怀疑下效应不显著（LLCI=−0.074 6，ULCI=0.052 1，包含 0），而在低广告怀疑下效应显著（LLCI=−0.831 8，ULCI=−0.655 0，不包含 0），说明广告怀疑负向调节了社交媒体怀旧广告对说服知识的影响。同样地，社交媒体怀旧广告对说服知识的影响在高互联网素养下效应不显著（LLCI=−0.074 2，ULCI=0.096 9，包含 0），而在低互联网素养下效应显著（LLCI=−0.738 7，ULCI=−0.528 6，不包含 0），说明互联网素养在社交媒体怀旧广告与说服知识之间起到负向调节作用，假设 H_4 与假设 H_6 再次得到支持。

表 8 实验二调节效应分析结果

因变量	调节变量水平	效应值	SE	95%CI	
说服知识	高广告怀疑	−0.011 2	0.032 1	−0.074 6	0.052 1
	低广告怀疑	−0.743 4	0.044 8	−0.831 8	−0.655 0
说服知识	高互联网素养	0.011 4	0.043 4	−0.074 2	0.096 9
	低互联网素养	−0.633 6	0.053 2	−0.738 7	−0.528 6

最后对假设 H_5 和假设 H_7 进行检验。根据先前研究的建议[67]，首先检验说服知识的中介效应存在与否。Boostrapping 检验结果显示，说服知识在社交媒体怀旧广告与消费者购买意愿间具有中介作用（LLCI=0.016 3，ULCI=0.106 9，不包含 0）。继续使用模型 7 检验广告怀疑与互联网素养是否调节说服知识的中介作用。结果显示（表 9），说服知识在社交媒体怀旧广告与消费者购买意愿间的中介作用在高广告怀疑下效应不显著（LLCI=−0.011 2，ULCI=0.018 5，包含 0），而在低广告怀疑下效应显著

(LLCI=0.074 4，ULCI=0.310 7，不包含 0），说明广告怀疑对说服知识的中介效应起负向调节作用（LLCI=-0.154 3，ULCI=-0.036 7，不包含 0），假设 H_5 得到支持。说服知识在怀旧广告与消费者购买意愿间的中介作用在高互联网素养下效应不显著（LLCI=-0.026 5，ULCI=0.019 3，包含 0），而在低互联网素养下效应显著（LLCI=0.054 4，ULCI=0.274 5，不包含 0），说明互联网素养负向调节说服知识的中介效应（LLCI=-0.108 4，ULCI=-0.021 5，不包含 0），假设 H_7 得到支持。

表 9 被调节的中介效应分析结果

因变量	中介变量	调节变量水平	效应值	SE	95% CI	
购买意愿	说服知识	高广告怀疑	0.003 0	0.007 4	-0.011 2	0.018 5
		低广告怀疑	0.197 4	0.060 4	0.074 4	0.310 7
购买意愿	说服知识	高互联网素养	-0.003 0	0.011 2	-0.026 5	0.019 3
		低互联网素养	0.168 3	0.055 9	0.054 4	0.274 5

4.3 实验三

实验三的主要目的是在广告产品为高卷入度产品情境下检验实验一和实验二的实验结果，即对说服知识的中介作用和消费者广告怀疑、消费者互联网素养的调节作用进行稳健性检验。

1. 实验设计与被试筛选

先前的广告研究表明产品卷入度水平的不同会导致消费者对广告信息的处理路径不同，这种对复杂信息处理动机和能力的不同可能会影响广告信息的说服效果[7]。依据 Pashna 等对产品卷入度的定义，本文实验一与实验二涉及的产品类型均为低卷入度产品[68]。因此，为确定社交媒体怀旧广告是否对不同卷入度水平的产品都具有良好的广告效果，本文依据 Pashna 等[68]的研究，选择汽车作为高卷入度产品，建立一虚构的汽车品牌，并设计社交媒体怀旧广告和社交媒体非怀旧广告两类测试广告。为保障实验操纵的有效性，两类广告的视觉格式、产品位置在广告处理中保持不变，只对广告中的日期及广告文案内容进行操纵（图 4）。

图 4 实验三社交媒体广告

实验三的实验流程、变量测量均与实验二相同。实验三最终获得有效问卷201份，其中社交媒体怀旧广告组102份，社交媒体非怀旧广告组99份。变量测量量表的Cronbach's α值均大于0.7，问卷信度良好。对样本数据的描述性统计结果如表10所示。

表10 实验三样本数据的描述性统计结果

特征	类别	数量	百分比
性别	男	98	48.76%
	女	103	51.24%
年龄	20岁及以下	43	21.39%
	21~30岁	63	31.34%
	31~40岁	57	28.36%
	41~50岁	27	13.43%
	51岁及以上	11	5.47%

2. 假设检验

首先进行操纵检验，方差分析结果表明，不同实验组被试感知到的社交媒体广告怀旧属性有显著差异（$M_{怀旧广告}=3.98$，$M_{非怀旧广告}=1.87$，$p<0.001$），实验三操纵成功。

其次进行相关性分析，结果显示（表11），社交媒体怀旧广告与说服知识（$β=-0.352$，$p<0.001$）显著负相关，与购买意愿（$β=0.258$，$p<0.001$）显著正相关，假设H_1、H_2再次得到支持。同时进行Boostrapping检验，结果显示说服知识在社交媒体怀旧广告与消费者购买意愿间具有中介作用（LLCI=0.009 6，ULCI=0.090 9，不包含0），假设H_3得到支持。实验结果表明，对于高卷入度产品，社交媒体怀旧广告同样能够影响消费者的说服知识和购买意愿，且说服知识同样在社交媒体怀旧广告对消费者购买意愿的影响中具有中介作用。

表11 实验三相关性分析结果

变量	均值	标准差	NA	PK	AS	IL	PI
NA	2.945	1.183	1				
PK	3.930	0.701	−0.352***	1			
AS	3.233	0.890	0.067	0.443***	1		
IL	3.581	1.162	−0.153*	0.327***	0.614***	1	
PI	3.684	0.711	0.258***	−0.288***	−0.462***	−0.380***	1

***表示$p<0.001$，*表示$p<0.05$
注：NA为社交媒体怀旧广告，PK为说服知识，AS为广告怀疑，IL为互联网素养，PI为购买意愿

接下来进行层次回归（表12）。由模型4结果可知，社交媒体怀旧广告与广告怀疑的交互项显著影响消费者说服知识（$β=0.529$，$p<0.001$），假设H_4得到支持。同理，对于假设H_6，由模型6结果可知，社交媒体怀旧广告与互联网素养的交互项显著影响消费者说服知识（$β=0.458$，$p<0.001$），假设H_6得到支持。实验结果表明，消费者广告怀疑与消费者互联网素养对社交媒体怀旧广告与消费者说服知识间关系的调节作用对高卷入度产品同样成立。

表 12 实验三层次回归分析结果

变量	说服知识					
	M_1	M_2	M_3	M_4	M_5	M_6
性别	0.000	−0.001	−0.048	−0.030	−0.027	−0.022
年龄	0.099	0.074	0.158**	0.064	0.138**	0.048
BF	−0.065	−0.067	−0.165**	−0.364***	−0.029	0.037
NA		−0.346***	−0.376***	−0.376***	−0.406***	−0.430***
AS			0.530***	0.529***		
NA*AS				0.529***		
IL					0.417***	0.482***
NA*IL						0.458***
R^2	0.015	0.135	0.395	0.629	0.291	0.487
ΔR^2	0.015	0.119	0.313	0.260	0.157	0.196
ΔF 值	1.020	27.017	83.946	122.687	43.068	74.304

***表示 $p<0.001$，**表示 $p<0.01$
注：BF 为品牌熟悉度，NA 为社交媒体怀旧广告，AS 为广告怀疑，IL 为互联网素养

为保障实验结果准确性，进一步利用 Boostrapping 检验方法对假设 H_4 和假设 H_6 进行验证，结果显示（表13），社交媒体怀旧广告对说服知识的影响在高广告怀疑下效应不显著（LLCI=−0.026 4，ULCI=0.113 4，包含 0），而在低广告怀疑下效应显著（LLCI=−0.742 7，ULCI=−0.559 0，不包含 0），说明广告怀疑负向调节了社交媒体怀旧广告对说服知识的影响。同样地，社交媒体怀旧广告对说服知识的影响在高互联网素养下效应不显著（LLCI=−0.019 1，ULCI=0.170 1，包含 0），而在低互联网素养下效应显著（LLCI=−0.729 0，ULCI=−0.515 9，不包含 0），说明互联网素养在怀旧广告与说服知识之间起到负向调节作用，假设 H_4 与假设 H_6 再次得到支持。

表 13 实验三调节效应分析结果

因变量	调节变量水平	效应值	SE	95%CI	
说服知识	高广告怀疑	0.043 5	0.035 4	−0.026 4	0.113 4
	低广告怀疑	−0.650 9	0.046 6	−0.742 7	−0.559 0
说服知识	高互联网素养	0.075 5	0.047 9	−0.019 1	0.170 1
	低互联网素养	−0.622 5	0.054 0	−0.729 0	−0.515 9

最后对假设 H_5 和假设 H_7 进行检验。Boostrapping 检验结果显示（表14），说服知识在社交媒体怀旧广告与消费者购买意愿间的中介作用在高广告怀疑下效应不显著（LLCI=−0.027 3，ULCI=0.002 6，包含 0），而在低广告怀疑下效应显著（LLCI=0.039 0，ULCI=0.255 6，不包含 0），说明广告怀疑对说服知识的中介效应起负向调节作用（LLCI=−0.136 0，ULCI=−0.020 5，不包含 0），假设 H_5 得到支持。说服知识在怀旧广告与消费者购买意愿间的中介作用在高互联网素养下效应不显著（LLCI=−0.042 9，ULCI=0.001 3，包含 0），而在低互联网素养下效应显著（LLCI=0.033 0，ULCI=0.240 3，不包含 0），说明互联网素养负向调节说服知识的中介效应（LLCI=−0.090 7，ULCI=−0.012 2，不包含 0），假设 H_7 得到支持。实验结果证明消费者广告怀疑与消费者互联网素养对说服知识中介效应的调节作用对高卷入度产品同样成立。

表 14　被调节的中介效应分析结果

因变量	中介变量	调节变量水平	效应值	SE	95% CI	
购买意愿	说服知识	高广告怀疑	−0.009 8	0.007 6	−0.027 3	0.002 6
购买意愿	说服知识	低广告怀疑	0.147 0	0.054 8	0.039 0	0.255 6
购买意愿	说服知识	高互联网素养	−0.017 0	0.011 6	−0.042 9	0.001 3
购买意愿	说服知识	低互联网素养	0.140 6	0.052 4	0.033 0	0.240 3

5　结论

5.1　研究结论与讨论

在社交媒体飞速发展的今天，使用怀旧广告成为缓解社交媒体营销困境的首选，了解社交媒体怀旧广告如何影响消费者购买行为可以帮助营销人员制定更合理的营销策略。本文基于情绪 ABC 理论，检验了说服知识的中介效应和广告怀疑、互联网素养的调节效应，对社交媒体怀旧广告影响消费者购买意愿的作用机制进行了较为全面的研究，从多个角度对影响社交媒体怀旧广告效用的因素进行探讨，并得出以下三个主要结论。

第一，相较于社交媒体非怀旧广告，社交媒体怀旧广告能够促进消费者的购买行为，说服知识在社交媒体怀旧广告对消费者购买意愿的积极影响中具有中介作用。

第二，消费者广告怀疑和消费者互联网素养均负向调节社交媒体怀旧广告对说服知识的负向影响。具体地讲，当消费者广告怀疑水平较高时，或消费者具有高互联网素养时，社交媒体怀旧广告对消费者说服知识的抑制效应减弱。

第三，消费者广告怀疑和消费者互联网素养负向调节了说服知识在社交媒体怀旧广告与消费者购买意愿间的中介作用。当消费者广告怀疑水平较高时，或消费者具有高互联网素养时，说服知识对社交媒体怀旧广告与消费者购买意愿间关系的中介作用减弱。

5.2　理论贡献

首先，本文丰富了对怀旧广告的多维认识，加深了对怀旧广告认知维度的理解。以往对怀旧广告作用的研究大多集中在情感维度，对怀旧广告能否以及何时通过增强消费者品牌依恋[25]、归属感[11]、幸福感[11]等情感联系促进其消费者行为进行了积极探索，而忽视了怀旧广告基于认知途径的影响研究。本文研究表明，消费者的说服知识作为个体认知结构，会中介社交媒体怀旧广告对消费者购买意愿的影响。该发现为研究怀旧广告影响消费者购买意愿的内在作用机制提供了新视角，为日后进一步研究怀旧广告的认知维度打下基础。

其次，本文基于情绪 ABC 理论探索了怀旧广告对消费者购买意愿的影响及其内在作用机制，扩宽了该理论的应用。现有关于情绪 ABC 理论的研究大多集中在医学领域和教育领域，在管理领域也多用在团队建设和员工管理的研究中，鲜少用于营销领域。本文基于情绪 ABC 理论与怀旧广告认知维度的契合，将情绪 ABC 理论纳入了对怀旧广告的研究中，为拓宽情绪 ABC 理论的应用做出了贡献，为在营销领域中应用情绪 ABC 理论提供了保障。

最后，本文将说服知识模型引入了怀旧广告的研究中。以往广告领域对说服知识的研究，大多根据广告载体将广告分为传统广告和互联网广告两类，未对广告进行其他形式的区分。为进一步明确说服知识的作用，本文探索了说服知识在怀旧广告影响消费者购买意愿中的中介作用，并基于社交媒体背景对消费者广告怀疑和消费者互联网素养在其中的调节作用进行了检验，证实了说服知识的中介作用与广告怀疑、互联网素养的调节作用的存在，为更细致地研究消费者说服知识提供了启发。

5.3 实践启示

在互联网背景下，越来越多的企业选择在社交媒体平台上投放广告，本文为企业和社交媒体平台在营销实践中应用怀旧广告提供了一定的方向。首先，企业和社交媒体平台应充分利用品牌的怀旧元素。企业可选择以声音、气味、情感意象等为载体，在广告中突出描述品牌历史和品牌故事。社交媒体平台方可对平台页面进行设计，通过页面布局、色调等形式烘托怀旧氛围，加大消费者的怀旧感知。其次，企业和社交媒体平台应努力降低消费者的广告怀疑。为了充分发挥怀旧广告的作用，在使用怀旧广告时，企业可选择可信的社交媒体渠道，甚至主动告知消费者他们正在被营销，以降低消费者的广告怀疑水平。社交媒体平台也应通过平台协议等方式，提高平台的可信度。最后，企业和社交媒体平台应重视消费者的互联网素养。已有研究表明年龄、性别、社会经济地位和文化等与个体互联网素养显著相关，因此社交媒体平台可以对消费者以往的网络行为进行追踪，判断向哪些消费者呈现社交媒体怀旧广告，以实现广告的精准推送。

5.4 研究局限和未来研究

尽管本文通过对社交媒体怀旧广告影响消费者行为的内在作用机制及边界条件进行探索得到了一些有价值的结论，但仍存在一定的不足和可以进一步深入探究的方向。第一，由于目前对互联网素养的测量还不够成熟，被试的互联网素养评判较为主观，缺少客观标准，可能影响实验效果，未来可选择更为客观的方法进行测量。第二，在以后的研究中，可以通过与社交媒体平台的合作，获取更为细节且全面的数据，对社交媒体怀旧广告中的消费者行为模式进行更深入的检验。第三，影响消费者购买意愿的因素很多，本文尚未逐一进行检验，未来可继续引入其他变量，构建社交媒体怀旧广告对消费者行为影响机制的知识体系，为营销实践提供更全面的理论依据。

参 考 文 献

[1] 侯天一，邓富民，王晓妍. 品牌社交媒体广告内容对消费者社交媒体参与度的影响[J]. 贵州财经大学学报，2021，（4）：92-100.

[2] Areni C. Techno-social disruption, autobiographical obsolescence and nostalgia: why parental concerns about smart phones and social media have historical precedents as old as the printed word[J]. Journal of Macromarketing, 2021, 41（2）: 267-283.

[3] Areni C. Ontological security as an unconscious motive of social media users[J]. Journal of Marketing Management, 2019, 35（1/2）: 75-96.

[4] Havlena W J, Holak S L. The good old days: observations on nostalgia and its role in consumer behavior[J]. Advances in Consumer Research, 1991, 18（1）: 323-329.

[5] Baumgartner H. Remembrance of things past: music, autobiographical memory, and emotion[J]. Advances in Consumer Research, 1992, 19（1）: 613-620.

[6] Hirsch A R. Nostalgia: a neuropsychiatric understanding[J]. Advances in Consumer Research, 1992, 19（1）: 390-395.

[7] Khoshghadam L, Kordrostami E, Liu-Thompkins Y. Experiencing nostalgia through the lens of life satisfaction[J]. European Journal of Marketing, 2019, 53（3）: 524-544.

[8] Cho H. How nostalgia forges place attachment and revisit intention: a moderated mediation model[J]. Marketing Intelligence & Planning, 2021, 39（6）: 856-870.

[9] Chang C T, Feng C C. Bygone Eras vs. the Good Ol' days: how consumption context and self-construal influence nostalgic appeal selection[J]. International Journal of Advertising, 2016, 35（3）: 589-615.

[10] Jiang T, Cheung W Y, Wildschut T, et al. Nostalgia, reflection, brooding: psychological benefits and autobiographical memory functions[J]. Consciousness and Cognition, 2021, 90（8）: 103107.

[11] Zhan E. The effect of nostalgia proneness on AD-evoked nostalgia, brand attitude and purchase intention[J]. Istanbul Business Research, 2020, 49（2）: 380-386.

[12] Pecot F, Merchant A, Valette-Florence P, et al. Cognitive outcomes of brand heritage: a signaling perspective[J]. Journal of Business Research, 2018, 85: 304-316.

[13] Muehling D D, Pascal V J. An empirical investigation of the differential effects of personal, historical, and non-nostalgic advertising on consumer responses[J]. The Journal of Advertising, 2011, 40（2）: 107-122.

[14] Zhou X, van Tilburg W A, Mei D, et al. Hungering for the past: nostalgic food labels increase purchase intentions and actual consumption[J]. Appetite, 2019, 140: 151-158.

[15] 廖以臣, 许传哲, 龚璇. 网络环境下广告怀旧有助于品牌的口碑传播吗？基于情感双维度视角[J]. 心理学报, 2019, 51（8）: 93-105.

[16] Vijayalakshmi A, Lin M H, Laczniak R N. Evaluating adolescents' responses to Internet ADs: role of AD skepticism, Internet literacy, and parental mediation[J]. Journal of Advertising, 2020, 49（3）: 292-308.

[17] Ellis A. Reason and Emotion in Psychotherapy[M]. New York: Citadel Press, 1962: 19-29.

[18] Wulf T, Rieger D, Schmitt J B. Blissed by the past: theorizing media-induced nostalgia as an audience response factor for entertainment and well-being[J]. Poetics, 2018,（69）: 70-80.

[19] Li G, Jung J R, Park S T. Factors enhancing mobile social networking friendship maintenance: a study of alumni community on WeChat[J]. Cluster Computing, 2018, 21（1）: 1127-1138.

[20] Youn S, Jin S V. Reconnecting with the past in social media: the moderating role of social influence in nostalgia marketing on Pinterest[J]. Journal of Consumer Behaviour, 2017, 16（6）: 565-576.

[21] Youn S. A trip down memory lane: antecedents and outcomes of AD-evoked nostalgia on Facebook[J]. Journal of Consumer Behaviour, 2020, 19（4）: 314-326.

[22] Kazlauske D, Gineikiene J. Do you feel younger enough to choose nostalgic products? Exploring the role of age identity in nostalgic purchasing behavior[J]. Baltic Journal of Management, 2017, 12（3）: 292-306.

[23] Berlo Z M C V, Reijmersdal E A V, Rozendaal E. Adolescents and handheld advertising: the roles of brand familiarity and smartphone attachment in the processing of mobile advergames[J]. Journal of Consumer Behaviour, 2020, 19（5）: 438-449.

[24] Shrum L J, Liu M, Nespoli M, et al. Persuasion in the Marketplace[M]. New York: Sage, 2012.

[25] Hudders L, de Pauw P, Cauberghe V, et al. Shedding new light on how advertising literacy can affect children's processing of embedded advertising formats: a future research agenda[J]. Journal of Advertising, 2017, 46（2）: 333-349.

[26] Guo W, Main K. To trust or not to trust: how self-construal affects consumer responses to interpersonal influence[J]. Journal of Applied Social Psychology, 2017, 47（10）: 531-538.

[27] Choi J, Park H Y. How donor's regulatory focus changes the effectiveness of a sadness-evoking charity appeal[J]. International Journal of Research in Marketing, 2021, 38（3）: 749-769.

[28] Tutaj K, van Reijmersdal E A. Effects of online advertising format and persuasion knowledge on audience reactions[J]. Journal of Marketing Communications, 2012, 18(1): 5-18.

[29] Boerman S C, van Reijmersdal E A, Neijens P C. Using eye tracking to understand the effects of brand placement disclosure types in television programs[J]. Journal of Advertising, 2015, 44(3): 196-207.

[30] Kim M, Lee J K, Lee K Y. Interplay of content type and product type in the consumer response to native advertising on social media[J]. Asian Journal of Communication, 2019, 29(6): 464-482.

[31] Matthes J, Naderer B. Product placement disclosures: exploring the moderating effect of placement frequency on brand responses via persuasion knowledge[J]. International Journal of Advertising, 2016, 35(2): 185-199.

[32] van Reijmersdal E A, Fransen M L, van Noort G, et al. Effects of disclosing sponsored content in blogs: how the use of resistance strategies mediates effects on persuasion[J]. American Behavioral Scientist, 2016, 60(12): 1458-1474.

[33] Singh J, Crisafulli B, Quamina L T, et al. "To trust or not to trust": the impact of social media influencers on the reputation of corporate brands in crisis[J]. Journal of Business Research, 2020, 119: 464-480.

[34] Chen Z F, Cheng Y. Consumer response to fake news about brands on social media: the effects of self-efficacy, media trust, and persuasion knowledge on brand trust[J]. Journal of Product & Brand Management, 2020, 29(2): 188-198.

[35] 吕洪兵. 旅行社顾客感知服务线索构面实证研究[J]. 软科学, 2008, 22(1): 12-15.

[36] Packard G, Gershoff A D, Wooten D B. When boastful word of mouth helps versus hurts social perceptions and persuasion[J]. Journal of Consumer Research, 2016, 43(1): 26-43.

[37] Phau I, Quintal V, Marchegiani C, et al. Looking beyond pasta and pizzas: examining personal and historical nostalgia as travel motives[J]. International Journal of Culture Tourism & Hospitality Research, 2016, 10(3): 296-309.

[38] Jacobsen B N, Beer D. Quantified nostalgia: social media, metrics, and memory[J]. Social Media + Society, 2021, 7(2): 1-9.

[39] Reid C A, Green J D, Wildschut T, et al. Scent-evoked nostalgia[J]. Memory, 2015, 23(2): 157-166.

[40] Sedikides C, Wildschut T, Routledge C, et al. To nostalgize: mixing memory with affect and desire[J]. Advances in Experimental Social Psychology, 2015, 51(1): 189-273.

[41] Olson J C, Jacoby J. Cue utilization in the quality perception process[J]. ACR Special Volumes, 1972: 167-179.

[42] Tan H, Akram U, Sui Y. An investigation of the promotion effects of uncertain level discount: evidence from China[J]. Asia Pacific Journal of Marketing and Logistics, 2019, 31(4): 957-979.

[43] Shin W, Huh J, Faber R J. Developmental antecedents to children's responses to online advertising[J]. International Journal of Advertising, 2012, 31(4): 719-740.

[44] Kang J. The effect of AD skepticism and celebrity preference on brand attitude change in celebrity-endorsed advertising[J]. Japanese Psychological Research, 2020, 62(1): 26-38.

[45] Boush D M, Friestad M, Rose G M. Adolescent skepticism toward TV advertising and knowledge of advertiser tactics[J]. Journal of Consumer Research, 1994, 21(1): 165-175.

[46] Koinig I, Diehl S, Mueller B. Exploring antecedents of attitudes and skepticism towards pharmaceutical advertising and inter-attitudinal and inter-skepticism consistency on three levels: an international study[J]. International Journal of Advertising, 2018, 37(5): 718-748.

[47] Stanley S L, Lawson C A. Developing discerning consumers: an intervention to increase skepticism toward advertisements in 4-to 5-year-olds in the US[J]. Journal of Children and Media, 2018, 12(2): 211-225.

[48] Yang J, Jiang M, Wu L. Native advertising in WeChat official accounts: how do ad-content congruence and AD skepticism influence advertising value and effectiveness?[J]. Journal of Interactive Advertising, 2021, 21(1): 17-33.

[49] Foreh M R, Grier S. When is honesty the best policy? The effect of stated company intent on consumer skepticism[J]. Journal of Consumer Psychology, 2003, 13（3）: 349-356.

[50] Raziq M M, Ahmed Q M, Ahmad M, et al. Advertising skepticism, need for cognition and consumers' attitudes[J]. Marketing Intelligence & Planning, 2018, 36（6）: 678-693.

[51] Chinchanachokchai S, de Gregorio F. A consumer socialization approach to understanding advertising avoidance on social media[J]. Journal of Business Research, 2020, 110: 474-483.

[52] Rozendaal E, Slot N, van Reijmersdal E A, et al. Children's responses to advertising in social games[J]. Journal of Advertising, 2013, 42（2/3）: 142-154.

[53] Stewart M, Schultze U. Producing solidarity in social media activism: the case of my stealthy freedom[J]. Information and Organization, 2019, 29（3）: 100251.

[54] Rios J S, Wohn D Y, Lee Y H. Effect of Internet literacy in understanding older adults' social capital and expected Internet support[J]. Communication Research Reports, 2019, 36（2）: 93-102.

[55] Wu W, Cui F. Impact of Internet literacy, Internet addiction symptoms on quality of life[J]. Journalism, 2018, 8（4）: 215-225.

[56] Stodt B, Brand M, Sindermann C, et al. Investigating the effect of personality, Internet literacy, and use expectancies in Internet-use disorder: a comparative study between China and Germany[J]. International Journal of Environmental Research and Public Health, 2018, 15（4）: 579-605.

[57] Mallinckrodt V, Mizerski D. The effects of playing an advergame on young children's perceptions, preferences, and requests[J]. Journal of Advertising, 2007, 36（2）: 87-100.

[58] Livingstone S, Helsper E J. Parental mediation of children's Internet use[J]. Journal of Broadcasting & Electronic Media, 2008, 52（4）: 581-599.

[59] Ju I, Kim J, Chang M J, et al. Nostalgic marketing, perceived self-continuity, and consumer decisions[J]. Management Decision, 2016, 54（8）: 2063-2083.

[60] Pascal V J, Sprott D E, Muehling D D. The influence of evoked nostalgia on consumers' responses to advertising: an exploratory study[J]. Journal of Current Issues & Research in Advertising, 2002, 24（1）: 39-47.

[61] Livingstone S, Helsper E. Balancing opportunities and risks in teenagers' use of the Internet: the role of online skills and Internet self-efficacy[J]. New Media & Society, 2010, 12（2）: 309-329.

[62] 韩慧林, 邹统钎, 庄飞鹏. 公司品牌形象对消费者购买意向的作用路径研究——基于中国跨国公司的实证分析[J]. 中央财经大学学报, 2017,（8）: 91-99.

[63] Muehling D D, Pascal V J. An involvement explanation for nostalgia advertising effects[J]. Journal of Promotion Management, 2012, 18（1）: 100-118.

[64] Dursun I, Kabaday E T, Alan A K, et al. Store brand purchase intention: effects of risk, quality, familiarity and store brand shelf space[J]. Procedia-Social and Behavioral Sciences, 2011, 24: 1190-1200.

[65] Obermiller C, Spangenberg E R. Development of a scale to measure consumer skepticism toward advertising[J]. Journal of Consumer Psychology, 1998, 7（2）: 159-186.

[66] Lee S J, Chae Y G. Balancing participation and risks in children's Internet use: the role of Internet literacy and parental mediation[J]. Cyberpsychology, Behavior, and Social Networking, 2012, 15（5）: 257-262.

[67] 杨陈, 唐明凤, 景熠. 关系型人力资源管理实践对员工主动变革行为的影响机制研究[J]. 管理评论, 2019, 31（12）: 207-218.

[68] Pashna M, Esfidani M R, Jafari S M. The role of user involvement, user involvement types, product category

involvement and advertising appeals in social media advertising effectiveness: a middle east context (Iran) [J]. Journal of Creative Communications, 2019, 14 (2): 85-117.

Research on the Influence of Social Media Nostalgic Advertising on Consumers' Purchase Intention

WANG Yaowei, MIAO Miao, JIANG Yushi

(School of Economics and Management, Southwest Jiaotong University, Chengdu 610031, China)

Abstract With the prevalence of social media advertising, the use of nostalgia to solve the problem of separation of individual past and present caused by social media has become the first choice of advertisers, social media nostalgic advertising has become a hot topic. In this context, based on the emotional ABC theory, this paper explores the influence of social media nostalgic advertising on consumers' purchase intention and its mediating variable and boundary conditions. This paper carries out three experiments with snacks, toothpaste and cars as experimental stimulation materials. The experimental results show that social media nostalgic advertising positively affects consumers' purchase intention, and consumer persuasion knowledge plays a mediating role. Consumers' AD skepticism and Internet literacy negatively moderate the relationship between social media nostalgic advertising and consumer persuasion knowledge, and the mediating role of persuasion knowledge on the relationship between social media nostalgic advertising and consumers' purchase intention is also moderated. The research deepens the understanding of the cognitive dimension of nostalgic advertising and lays a foundation for the application of nostalgic advertising in social media.

Key words Nostalgic advertising, Persuasion knowledge, AD skepticism, Internet literacy, Emotional ABC theory

作者简介

王耀卫（1998—），女，西南交通大学经济管理学院硕士研究生，黑龙江鹤岗人，研究方向为怀旧营销、网络广告等。E-mail：1904600840@qq.com。

苗苗（1980—），女，西南交通大学经济管理学院教授，内蒙古自治区乌兰浩特人，研究方向为市场营销、互联网创业等。E-mail：miaomao@swjtu.edu.cn。

蒋玉石（1979—），男，西南交通大学经济管理学院教授、博士生导师，湖南衡阳人，研究方向为神经营销、网络广告、人力资源管理等。E-mail：906375866@qq.com。

附　录

问　卷　一

尊敬的女士/先生：

非常感谢您参与此项调查，本调查以不记名方式填写，对问卷中的问题每个人都有不同的看法，故答案没有对错好坏之分，您尽可以按照您的真实想法回答以下问题。在您做问卷时不用过多考虑，按第一感觉选出每一道题中最符合的一项即可。感谢您的支持，在此表示衷心感谢！

1. 您使用过微信吗？
   使用过　　未使用过

2. 您在浏览微信朋友圈时看到一则零食广告。请看完广告后回答问题。

3. 这则广告让您想起过去。
   非常不同意　1　2　3　4　5　非常同意

4. 这则广告让您感到怀旧。
   非常不同意　1　2　3　4　5　非常同意

5. 这则广告让您追忆起以前的时光。
   非常不同意　1　2　3　4　5　非常同意

6. 这则广告让您想起年轻的时候。
   非常不同意　1　2　3　4　5　非常同意

7. 这则广告让您脑海中欣喜的记忆浮现。
   非常不同意　1　2　3　4　5　非常同意

8. 这则广告是对过去的美好回忆。
   非常不同意　1　2　3　4　5　非常同意
9. 这则广告让您回忆过去的美好时光。
   非常不同意　1　2　3　4　5　非常同意
10. 这则广告的目的是为您提供有关产品的信息。
    非常不同意　1　2　3　4　5　非常同意
11. 这则广告的目的是让您对产品有更多的了解。
    非常不同意　1　2　3　4　5　非常同意
12. 这则广告的目的是销售产品。
    非常不同意　1　2　3　4　5　非常同意
13. 这则广告的目的是刺激产品的销售。
    非常不同意　1　2　3　4　5　非常同意
14. 这则广告的目的是想要影响您的看法。
    非常不同意　1　2　3　4　5　非常同意
15. 这则广告的目的是想让您喜欢某些产品。
    非常不同意　1　2　3　4　5　非常同意
16. 如果您打算购买这种类型的产品,您会考虑选择该产品。
    非常不同意　1　2　3　4　5　非常同意
17. 如果有朋友打算购买此类产品,您会积极建议他购买该产品。
    非常不同意　1　2　3　4　5　非常同意
18. 您是在哪里看到这则广告的?
    电视　微信朋友圈　抖音　微博
19. 您的性别是?
    男　女
20. 您的年龄是?
    20岁及以下　21~30岁　31~40岁　41~50岁　51岁及以上

问 卷 二

尊敬的女士/先生：

  非常感谢您参与此项调查，本调查以不记名方式填写，对问卷中的问题每个人都有不同的看法，故答案没有对错好坏之分，您尽可以按照您的真实想法回答以下问题。在您做问卷时不用过多考虑，按第一感觉选出每一道题中最符合的一项即可。感谢您的支持，在此表示衷心感谢！

1. 您使用过微信吗？
    使用过　　未使用过

2. 您在浏览微信朋友圈时看到一则某品牌的牙膏广告。请看完广告后回答问题。

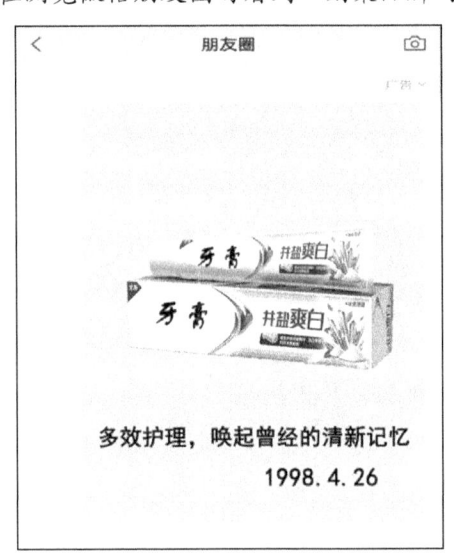

3. 这则广告让您想起过去。
    非常不同意　1　2　3　4　5　非常同意

4. 这则广告让您感到怀旧。
    非常不同意　1　2　3　4　5　非常同意

5. 这则广告让您追忆起以前的时光。
    非常不同意　1　2　3　4　5　非常同意

6. 这则广告让您想起年轻的时候。
    非常不同意　1　2　3　4　5　非常同意

7. 这则广告让您脑海中欣喜的记忆浮现。
    非常不同意　1　2　3　4　5　非常同意

8. 这则广告是对过去的美好回忆。
    非常不同意　1　2　3　4　5　非常同意

9. 这则广告让您回忆过去的美好时光。
    非常不同意　1　2　3　4　5　非常同意

10. 这则广告的目的是为您提供有关产品的信息。
    非常不同意　1　2　3　4　5　非常同意

11. 这则广告的目的是让您对产品有更多的了解。
    非常不同意　1　2　3　4　5　非常同意
12. 这则广告的目的是销售产品。
    非常不同意　1　2　3　4　5　非常同意
13. 这则广告的目的是刺激产品的销售。
    非常不同意　1　2　3　4　5　非常同意
14. 这则广告的目的是想要影响您的看法。
    非常不同意　1　2　3　4　5　非常同意
15. 这则广告的目的是想让您喜欢某些产品。
    非常不同意　1　2　3　4　5　非常同意
16. 如果您打算购买这种类型的产品，您会考虑选择该产品。
    非常不同意　1　2　3　4　5　非常同意
17. 如果有朋友打算购买此类产品，您会积极建议他购买该产品。
    非常不同意　1　2　3　4　5　非常同意
18. 您是在哪里看到这则广告的？
    电视　微信朋友圈　抖音　微博
19. 您相信广告是能够提供信息的。
    非常不同意　1　2　3　4　5　非常同意
20. 您相信广告大体上是真实的。
    非常不同意　1　2　3　4　5　非常同意
21. 您相信一般情况下广告展示了所宣传产品的真实情况。
    非常不同意　1　2　3　4　5　非常同意
22. 看了大部分广告后，您觉得您被准确地告知了。
    非常不同意　1　2　3　4　5　非常同意
23. 请评价您在网上使用电子邮件的能力。
    非常差　1　2　3　4　5　非常好
24. 请评价您下载参与在线游戏的能力。
    非常差　1　2　3　4　5　非常好
25. 请评价您上传文件的能力。
    非常差　1　2　3　4　5　非常好
26. 请评价您在互联网筛选有用信息的能力。
    非常差　1　2　3　4　5　非常好
27. 请评价您在互联网搜索新闻的能力。
    非常差　1　2　3　4　5　非常好
28. 您的性别是？
    男　女
29. 您的年龄是？
    20岁及以下　21~30岁　31~40岁　41~50岁　51岁及以上

问　卷　三

尊敬的女士/先生：

非常感谢您参与此项调查，本调查以不记名方式填写，对问卷中的问题每个人都有不同的看法，故答案没有对错好坏之分，您尽可以按照您的真实想法回答以下问题。在您做问卷时不用过多考虑，按第一感觉选出每一道题中最符合的一项即可。感谢您的支持，在此表示衷心感谢！

1. 您使用过微信吗？

    使用过　　未使用过

2. 您在浏览微信朋友圈时看到一则某品牌的汽车广告。请看完广告后回答问题。

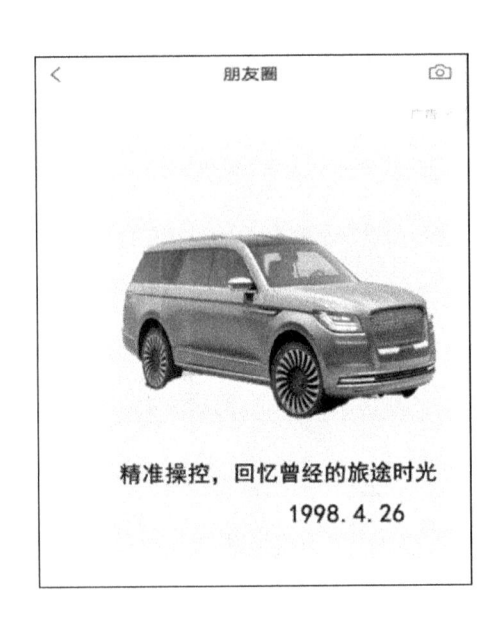

3. 这则广告让您想起过去。

    非常不同意　1　2　3　4　5　非常同意

4. 这则广告让您感到怀旧。

    非常不同意　1　2　3　4　5　非常同意

5. 这则广告让您追忆起以前的时光。

    非常不同意　1　2　3　4　5　非常同意

6. 这则广告让您想起年轻的时候。

    非常不同意　1　2　3　4　5　非常同意

7. 这则广告让您脑海中欣喜的记忆浮现。

    非常不同意　1　2　3　4　5　非常同意

8. 这则广告是对过去的美好回忆。

    非常不同意　1　2　3　4　5　非常同意

9. 这则广告让您回忆过去的美好时光。
   非常不同意　1　2　3　4　5　非常同意
10. 这则广告的目的是为您提供有关产品的信息。
    非常不同意　1　2　3　4　5　非常同意
11. 这则广告的目的是让您对产品有更多的了解。
    非常不同意　1　2　3　4　5　非常同意
12. 这则广告的目的是销售产品。
    非常不同意　1　2　3　4　5　非常同意
13. 这则广告的目的是刺激产品的销售。
    非常不同意　1　2　3　4　5　非常同意
14. 这则广告的目的是想要影响您的看法。
    非常不同意　1　2　3　4　5　非常同意
15. 这则广告的目的是想让您喜欢某些产品。
    非常不同意　1　2　3　4　5　非常同意
16. 如果您打算购买这种类型的产品，您会考虑选择该产品。
    非常不同意　1　2　3　4　5　非常同意
17. 如果有朋友打算购买此类产品，您会积极建议他购买该产品。
    非常不同意　1　2　3　4　5　非常同意
18. 您是在哪里看到这则广告的？
    电视　　微信朋友圈　　抖音　　微博
19. 您相信广告是能够提供信息的。
    非常不同意　1　2　3　4　5　非常同意
20. 您相信广告大体上是真实的。
    非常不同意　1　2　3　4　5　非常同意
21. 您相信一般情况下广告展示了所宣传产品的真实情况。
    非常不同意　1　2　3　4　5　非常同意
22. 看了大部分广告后，您觉得您被准确地告知了。
    非常不同意　1　2　3　4　5　非常同意
23. 请评价您在网上使用电子邮件的能力。
    非常差　1　2　3　4　5　非常好
24. 请评价您下载参与在线游戏的能力。
    非常差　1　2　3　4　5　非常好
25. 请评价您上传文件的能力。
    非常差　1　2　3　4　5　非常好
26. 请评价您在互联网筛选有用信息的能力。
    非常差　1　2　3　4　5　非常好
27. 请评价您在互联网搜索新闻的能力。
    非常差　1　2　3　4　5　非常好

28. *您的性别是?*
    男　女
29. *您的年龄是?*
    20 岁及以下　21~30 岁　31~40 岁　41~50 岁　51 岁及以上

直播商务可视化信息对消费者响应的影响
——基于平台类型与关系强度的调节*

彭宇泓[1,2]　郝辽钢[1]

（1. 西南交通大学经济管理学院，四川 成都 610031；
2. 服务科学与创新四川省重点研究室，四川 成都 610031）

摘　要　以直播界面可视化信息为切入点，基于信号传递理论和双加工理论，采用文本挖掘与内容分析方法构建 LDA 主题模型，运用深度学习等方法量化变量，探索性地提出直播界面可视化信息对消费者响应行为的影响模型，并考虑了直播平台类型和关系强度的边界作用。研究结果表明，启发式线索信息中，弹幕评论数量与产品销量呈 U 形关系，与口碑推荐数量呈倒 U 形关系。弹幕评论长度、点赞数量、粉丝数量均显著正向影响消费者响应；系统式线索信息中，弹幕评论的情感积极性、语义丰富性均存在积极作用。同时，各类信息对消费者响应的影响受到平台类型和关系强度的调节。

关键词　直播营销，弹幕评论，消费者响应，深度学习，启发式-系统式模型

中图分类号　C35

1 引言

随着科技变革，移动互联网加速普及，直播商务在中国城市快速推广，带动了网络零售渗透率进一步提升[1]。尤其是在新冠疫情发生后，网络直播购物作为新形势下的无接触销售渠道展现出了强大的社会效应和营销价值。2020 年上半年中国电商直播用户规模为 3.72 亿人，同比增长 48.8%。交易规模达到 10 500 亿元，2021 年末已扩大至 2 万亿元[2]。一方面，直播商务的产品销量直接影响直播营销者的经济回报；另一方面，直播间转发推荐数量也是消费者持续参与直播活动的重要指标。因此，如何增加直播商务的产品销量和转发推荐数量是理论界和实践界关注的重要话题[3]。

已有研究从技术可视性[4]、主播属性[5]、信息源特性[6]、消费者偏好[7]、目标关注和人口统计特征[8]等方面探讨了影响直播消费者参与和购买行为的因素。然而，消费者行为会随着接收信息动态变化，意味着当前静态的研究结果可能与实际的消费行为存在偏差。具体而言，在网络直播环境中，信息不对称和信息过载问题并存，仅靠主播个人的产品讲解难以提供翔实、充分的参考信息。电商领域的信号传递理论认为，消费者的决策过程是对可观察行为传递的商品价值或质量信息进行加工的过程[9]，因此直播界面中各类观众参与信息如评论数量、点赞数量、粉丝数量、弹幕数量作为产品质量信号为消费者决策提供了依据。但遗憾的是，目前直播营销相关研究中直播界面动态数据对消费者响应的影响尚未得到充分检验。直播界面的弹幕评论是观众通过语言形式与主播进行积极互动的重要渠道[10]，直播观众通常将自身的产品使用体验[11]、产品知识寻求[12]、情感倾向[13]等信息以弹幕评论的

---

* 基金项目：国家自然科学基金项目（71902129）、教育部人文社会科学项目（17YJC630036）、"服务科学与创新"四川省重点实验室项目（KL2212）。

通信作者：郝辽钢，西南交通大学经济管理学院副教授，E-mail: haoliaogang@126.com。

形式显示在屏幕上，具有即时性、简约性、融合性和匿名性[14]。已有研究表明，弹幕评论的语义丰富性、情感特征在消费者信息加工过程中发挥了重要作用，并驱使着消费者的购买行为[13]。因此，直播界面的弹幕评论如何影响消费者有效信息获取继而影响其购买和口碑推荐意愿，这一问题同样亟待研究。此外，以往学术界对直播消费者行为研究的结果变量仅包括消费者分享、评论和点赞、打赏等非购买变量[15]，且研究方法大多依赖于问卷调研和行为实验方法。由于难以在总体层面上匹配确切的产品销量和用户的口碑推荐行为，用实际的直播商务数据来量化直播消费者响应结果的研究并不多。因此，以直播观众日常参与的直播界面信息为切入点，探讨直播界面各类可视化信息对消费者购买及口碑推荐行为的影响，可以帮助直播营销人员更深入地了解消费者在观看直播过程中的信息处理机制，这对于提升直播商务的观看-购买转化率、促进直播营销健康发展具有重要意义。

准社会关系理论认为受众在进行媒介消费时的感知准社会关系是个体满意和忠诚的重要前置变量[16]。例如，Bapna 等的研究指出，直播观众与主播的关系越紧密，消费者的感知准社会互动越强，消费者越容易被主播说服，进而产生打赏、点赞等积极行为[17]。杨楠在进一步探究了消费者参与网红直播的心理机制后认为，强关系是消费者对主播和产品信任的必要条件[18]，而在电商直播情境中消费者对于直播界面动态信息的响应是否受关系强度的影响尚未被验证。因此，探究不同关系强度下直播界面可视化信息对消费者响应的影响方向及程度具有重要的理论与现实必要性。另外，Hu 等依据流量来源和平台属性将主流带货直播平台划分为电商型直播平台和社交型直播平台[1]。已有研究表明，消费者参与动机会影响其对平台信息的关注侧重点[19, 20]，参与动机与平台特征的契合程度越高，消费者响应水平越高，因此有必要探讨直播平台类型的调节作用。

综上所述，为了弥补以上研究缺口，本文拟基于启发式-系统式模型与信号传递理论，将直播界面可视化信息划分为启发式线索信息（评论长度、评论数量、点赞数量、粉丝数量）和系统式线索信息（评论情感、评论语义），通过真实的平台网站数据，构建直播界面综合信息对消费者响应的影响模型，并进一步考虑直播平台类型和关系强度的边界作用，以期扩展已有的研究框架，为增强直播消费者的购买与推荐行为提供新的理论支撑和实践见解。

2 理论背景

2.1 双加工理论与启发式-系统式模型

双加工理论认为，个体的信息加工存在两种不同的模式，直接影响个体的判断与决策[21]。第一种是浅层信息加工模式，信息处理者只需花费较少的认知资源即可利用自身原有的知识积累和情境特征获取决策信息，因此信息处理速度较快、难度较低。第二种是深层信息加工模式，信息处理者需要耗费个体较多的认知资源，遵循一定的逻辑推理和认知判断，此时个体无法根据直觉和过往经验做出决策，而是要对问题的相关信息进行深度的系统化处理，因此决策速度较慢、难度较高。在群体意见说服领域，双加工理论进一步演化为启发式-系统式模型，该模型阐述了个体信息加工过程以及决策行为的影响机制，界定了两条截然不同的信息处理路径，分别为启发式推理和系统式推理[22]。前者基于直觉对信息结果进行判断，后者则基于理性逻辑推理，需要充足的认知资源对信息进行评估。对于直播消费者而言，一方面需要对直播间观看人数、粉丝数量、点赞数量等参与指标进行直觉式信息加工，另一方面还会受到直播间弹幕评论的情绪感染，对弹幕评论内容进行深度的语义加工，从而为购买行为提供决策基础，可见直播营销的消费者说服是动态参与数据和实时弹幕评论的双重作用过程[23]。因此，根据启发式-系统式模型，本文认为直播界面可视化信息对消费者响应的影响呈现出启发式线索推理和系统式线索推理两条路径。具体而言：

第一，启发式线索。直播间弹幕评论数量及长度、粉丝数量、点赞数量等消费者可直观获取的量化信息能够唤起观众的启发式推理。以上可视化数据向观众传递了直播间参与情况、产品关注度、主播流行程度等商业信息。Kilger 和 Romer 的研究指出，用户参与程度是消费者判断产品品质并做出决策的直观依据，不论消费者信息处理能力和动机的强弱，均可以依据以上信息进行判断[24]。因此，直播界面的粉丝数量、点赞数量、弹幕评论数量等信息作为快速、无意识的关联信息，激发了消费者启发式信息处理。第二，系统式线索。弹幕评论作为直播间的重要沟通渠道和观众实时反馈信息，是受非确定因素影响的定性化信息，需要直播消费者采取主动识别和语义推理等方式进行认知加工[25]，因此主要激发了消费者的系统式线索推理模式。具体在本文中，系统式线索包括观众实时弹幕评论的主题和情感，它以语言形式作用于消费者的系统信息处理。这一线索推理的具体过程为，在主播与观众双方互动过程中，直播消费者通常使用实时弹幕表达信息需求、宣泄情感，而语义记忆和情绪感知属于深层次信息处理，会进一步激活消费者的理性判断和内部动机评估，进而影响其最终行为。

2.2 信号传递理论

信号传递理论用于分析可观察行为传递商品价值等确切信息的过程[9]，解释了市场中拥有信息优势的个体如何通过"信号传递"将有价值信息传递给处于信息劣势的个体以改善市场交易情况[26]。清晰的、确定性强的"高质量信号"更易获得理性个体的青睐，进入视域后，这些信号会被分配到更多的关注度，率先使个体开启认知过程，进行信号解读，形成动机，产生行动。该理论在说服和态度改变等研究领域具有重要影响力，对群体意见中的有效沟通具有启示作用。根据信号传递理论，为解决直播情境中信息不对称可能导致的逆向选择问题，消费者通常使用对商家而言高成本的信息作为质量信号帮助他们甄别产品或服务质量，以减少信息不对称。消费者在观看直播的过程中，除了对主播的产品讲解内容进行认知加工，还时刻关注着直播界面的动态参与数据，如粉丝数量、点赞数量、观众弹幕评论内容等。与主播产品讲解信息相比，以上各类信息能够更加清晰、持续、确定地向消费者传递有关主播流行度、产品关注度、产品使用经验等高成本信息[23]，并侧面验证了直播平台和主播的选品实力，降低了观众对产品质量的不确定性，改善了消费者的信息不对称程度，因此增强了其对电商平台和主播的信任程度，并最终转化为实际的购买和口碑推荐行为。已有相关研究也证实了这一点，如 Park 和 Lin 的研究发现主播受欢迎程度、直播观看数量等流行度指标对消费者信任具有直接影响，游戏直播中弹幕评论的数量正向影响观众的打赏意愿[20]。由此可见，信号传递理论为解释直播商务消费者的信息加工过程及决策机制提供了理论支撑。

3 研究模型和假设提出

3.1 启发式线索

1. 评论长度

直播商务的弹幕评论作为一种重要的减少信息不对称的方式，从第三方的角度为潜在客户提供了额外的信息（如其余消费者的产品使用体验、产品评价等）[27]。在直播情境下，主播关于产品特征的描述性文本、观众的弹幕评论和直播间动态参与数据共同构成了直播消费者判断产品优劣并做出行为决策的综合信号。Racherla 和 Friske 的研究发现，评论字数是信息严谨性的重要标志，与评论有用性正相关，对消费者行为的影响也较为显著[28]。Mudambi 和 Schuff 的研究表明，较长的评论可能包含了更多商品细节、使用经验和售后评价，能够为消费者提供更多的决策依据，弥补其他可视化信息不足导致的信息不对称[29]。与此同时，冯钰茹和邓小昭基于三元交互决定论认为弹幕评论本质上是一种具有交互性的信息分享行为，用户在直播间发表评论能够使观众产生良好的信息交互体验，进而产生准社会互动下的临场感[30]。与简短、重复、单调的评论相比，较长的弹幕评论更能激发消费者的自我效能和参与感，使其对产品相关信息进行主动加工，产生购买和口碑推荐行为。

H_{1a}：在控制其他因素条件下，直播商务的弹幕评论越长，产品销量越高。

H_{1b}：在控制其他因素条件下，直播商务的弹幕评论越长，口碑推荐数量越多。

2. 评论数量

弹幕评论数量体现了用户与主播互动以及产品讨论的热烈程度，其中往往蕴含了很多关于产品有价值的信息，随着更多有用弹幕信息的出现，消费者可能会对产品有更充分的理解[31]。因此，用户通常会把评论数量作为衡量产品质量好坏、产品流行程度的信号，认为评论数量较多的产品质量较高[32]。此外，评论数量较多说明消费者互动讨论较多，观众观看直播的趣味性会较强[33]。然而，最佳唤醒水平理论强调[34]，人们倾向对中等的唤醒水平给予正面评价。认知负荷理论同样指出，当环境提供的信息超出了个体控制能力的范围时，个体会产生心理阻抗和负面情绪体验。因此，过多的弹幕评论会造成认知过载和信息污染，损害消费者冷静、谨慎的决策过程，使其产生注意冲突。同时，过多的弹幕会给消费者造成视觉上的混乱，此时消费者更倾向寻求外部信息，如 Sreejesh 等的研究表明，频繁、密集的弹幕会挤占消费者认知资源，使其忽视独特的、高质量的内容或服务[35]。由此，本文提出如下假设：

H_{2a}：在控制其他因素条件下，直播商务的弹幕评论数量与产品销量呈倒 U 形关系。

H_{2b}：在控制其他因素条件下，直播商务的弹幕评论数量与口碑推荐数量呈倒 U 形关系。

3. 点赞数量

在社交商务背景下，电商直播可以通过塑造客户感知价值和信任提升客户参与度。前期研究表明，直播商务在较短的时间内提供了大量的个性化产品信息，缩短了消费者的决策路径，使得产品推广更有说服力，进而提高了客户感知价值[19]。Törhönen 等的研究发现，直播消费者的点赞行为反映了对主播产品知识水平、社交互动能力及产品质量的积极态度，能够间接增强客户对直播商务平台的信任，减少对产品质量的感知不确定性，进而产生购买和推荐行为[36]。另外，情绪传染理论[37]强调，积极情绪的传染不仅能提高顾客的满意度，还能增强其对产品的支持性态度，而点赞数量是消费者积极态度和行为决策的信号之一，如 Yu 等的研究表明观众的点赞数量对购买虚拟礼物具有积极影响[38]。因此，点赞数量作为主播流行度和直播间产品质量信号能够提高直播消费者的购买意愿和口碑推荐意愿。由此，本文提出以下假设：

H_{3a}：在控制其他因素条件下，直播商务的点赞数量越多，产品销量越高。

H_{3b}：在控制其他因素条件下，直播商务的点赞数量越多，口碑推荐数量越多。

4. 粉丝数量

随着互联网技术的发展，直播商务市场出现明显的马太效应，头部主播在与品牌厂家沟通协商时，往往拥有很强的议价权。再加上信任背书的影响，消费者会认为粉丝量较多的主播推荐的产品可信度更高，且产品优惠力度更大。因此，高粉丝数量的主播推荐产品向消费者传递了高质量和高可信度的产品信号，从而达到增强关注及购买转化等营销目的[39]。从消费者情感视角来看，粉丝对主播的认可和粉丝群体归属感是消费者主动参与到电商直播的心理动因，高活跃度的粉丝会在网群社区等平台分享自己愉悦的购物体验和良好的产品效果，使得信息传递更加真实[40]。另外，网红主播依托庞大的粉丝规模形成市场号召力，并借助市场信息反馈机制，快速识别出消费者在购买中的需求，使产品信息的传递面更广。因此，在直播商务购物情境中，粉丝数量对于产品销量和口碑推荐数量具有显著的正向影响。由此，本文提出如下假设：

H_{4a}：在控制其他因素条件下，直播商务的粉丝数量越多，产品销量越高。

H_{4b}：在控制其他因素条件下，直播商务的粉丝数量越多，口碑推荐数量越多。

3.2 系统式线索

1. 评论情感

依据情绪传染理论[37]，群体内个体的情绪状态会传递给其他个体，当观众认为弹幕所表达的情感较为强烈时，可能会被弹幕评论的情绪所感染进而发表类似情感倾向的弹幕，甚至在观看直播的过程中获得自我认同的满足感与归属感。与商业环境中情绪传染对决策者行为影响的研究结果一致，Chen等以直播场景现实数据为例，发现积极的主播情绪会诱导观众的积极情绪，激发出观众高情绪浓度的弹幕评论，进而正向激励观众的打赏、评论、点赞行为[23]。如果直播吸引力较强，观众会发送类似的赞美来表达对主播和产品的赞赏，这种与欣赏相关的情感刺激会增强观众的兴奋程度，观众被弹幕唤醒的兴奋水平越高，购买和推荐产品的意愿就越高。Liang等提出的"激励性帮助"假说[41]也支持这一论点，即积极情绪会激励人们的捐赠行为，特别是在信息密度较高的情况下，积极正面的情绪感染会提高消费者的预期体验。因此，当积极情绪与弹幕评论相结合时，其说服力更强，消费者响应程度更高。由此，本文提出如下假设：

H_{5a}：在控制其他因素条件下，直播商务弹幕评论的情感越积极，产品销量越高。

H_{5b}：在控制其他因素条件下，直播商务弹幕评论的情感越积极，口碑推荐数量越多。

2. 评论语义

直播消费者的弹幕评论作为间接信息，在促进消费者响应过程中扮演着至关重要的作用。一定情境下，正是直播购物环境中消费者对于产品特征的诸多不确定才使得弹幕评论作为信息媒介的优势愈发显著。在直播购物情境中，观众可以从自用、体验晒单等角度通过弹幕的形式发表对产品的看法，如质量水平、售后保障、自我测评、产品延伸等[13]，从而增加直播间的信息量，帮助消费者理解产品特征，弥补了主播单方面产品讲解信息的不足，有助于缩短用户决策时长、促成交易。另外，弹幕将一对一的传播模式转变为一对多的传播模式，形成了一个类似于聊天室的虚拟空间，多样的弹幕评论内容赋予用户一种集体观看、互相分享的感觉，满足了用户特定的心理需求，如信息搜索、社交互动、娱乐等[42]。已有研究也发现，文本语义的丰富性正向影响P2P融资绩效[43]，并且与产品认可度正相关。由此，本文提出如下假设：

H_{6a}：在控制其他因素条件下，直播商务弹幕评论包含的语义越丰富，产品销量越高。

H_{6b}：在控制其他因素条件下，直播商务弹幕评论包含的语义越丰富，口碑推荐数量越多。

3.3 关系强度的调节作用

关系是人与人之间由于交流和接触而产生的一种纽带联系，关系强度则是群体中人与人之间的连接程度[44]，包括互动频率、关系重视程度、感情强弱、互惠交换频次四个维度内涵。直播商务中关系强度代表观众与主播、直播平台之间关系的亲密程度，研究普遍认为主播对社群的发展方向具有重要作用[3]。例如，Aran 等对 Twitch 平台的主播和观众进行访谈，发现直播间的社群氛围折射了主播的能力和态度，观众的响应水平取决于主播的吸引性[45]。Koo 的研究表明，关系强度会影响受众对信息的信任程度，当消费者和主播关系强度越强时，消费者对主播的信任水平也越高，这种信任可以通过弹幕评论传递到直播间的其他观众，使得消费者产生较强的产品信任，进而依赖其他用户的评价信息做出从众决策[46]。Ma 等也认为，强关系源比弱关系源使人感知到的可信度和可靠性更高[47]。当直播商家提供特殊优惠与优秀的技术服务支持时，消费者也会感觉到良好的互惠交换关系。因此在直播商务中，观众与主播以及商家的关系亲密度越高，主播定期直播、发布产品信息、推荐产品购买的积极性越强，观众对产品的信任和依赖程度越高，消费者响应越积极。由此，本文提出如下假设：

H_{7a}：关系强度显著正向调节直播商务启发式线索信息与消费者响应的关系。

H_{7b}：关系强度显著正向调节直播商务系统式线索信息与消费者响应的关系。

3.4 平台类型的调节作用

直播平台是评估产品信息可信度的重要依据。目前，直播营销主要在两种渠道中进行：①电商型直播平台，是指整合直播功能的电商网站，如淘宝直播，它在电商网站基础上加入了直播功能，以拓宽销售渠道。②社交型直播平台，是指添加了产品直播销售功能的社交网站平台，如抖音、快手。已有关于直播商务的研究并未探讨不同类型直播平台的信息传递效果差异，因此本文通过探究平台类型在直播中商务启发式线索信息、系统式线索信息对消费者响应的边界作用来回应以上呼吁。具体地讲，电商型直播平台通常基于相应的购物软件，以营利为目的，平台仅提供购物功能，几乎没有社交性质。社交型直播平台并非为产品销售而建立，主播通过提供娱乐价值吸引用户，再以直播带货的形式向用户推销产品，将用户流量变现，因此社交属性更强。

依据精细加工可能性模型[48]，电商型直播平台用户参与动机主要为产品购买，购买决策的卷入程度较高，消费者倾向于深度地加工决策信息，更关注实时弹幕评论中的产品评价、主播的产品讲解等产品相关信息，因此消费者对于语义信息的关注和依赖程度更高。社交型直播平台的消费行为主要由用户的社交参与和娱乐动机转换而来，消费者大多被关键用户的意见分享、娱乐展示所吸引，对于产品购买的卷入程度较低，购买信息决策属于边缘性信息加工，因此更可能依据直播间流行程度、观众参与水平等边缘信息形成产品态度。由此，本文提出如下假设：

H_{8a}：平台类型在直播商务系统式线索信息与消费者响应之间发挥调节作用。相对于社交型直播平台，电商型直播平台系统式线索信息对消费者响应的正向作用更强。

H_{8b}：平台类型在直播商务启发式线索信息与消费者响应之间发挥调节作用。相对于电商型直播平台，社交型直播平台启发式线索信息对消费者响应的正向作用更强。

综上，本文以启发式-系统式模型为研究框架，将直播界面可视化信息分为启发式线索（评论长度、评论数量、点赞数量、粉丝数量）和系统式线索（评论情感、评论语义），并探讨直播平台类型和关系强度的边界作用，最终建立如图 1 的研究模型图。

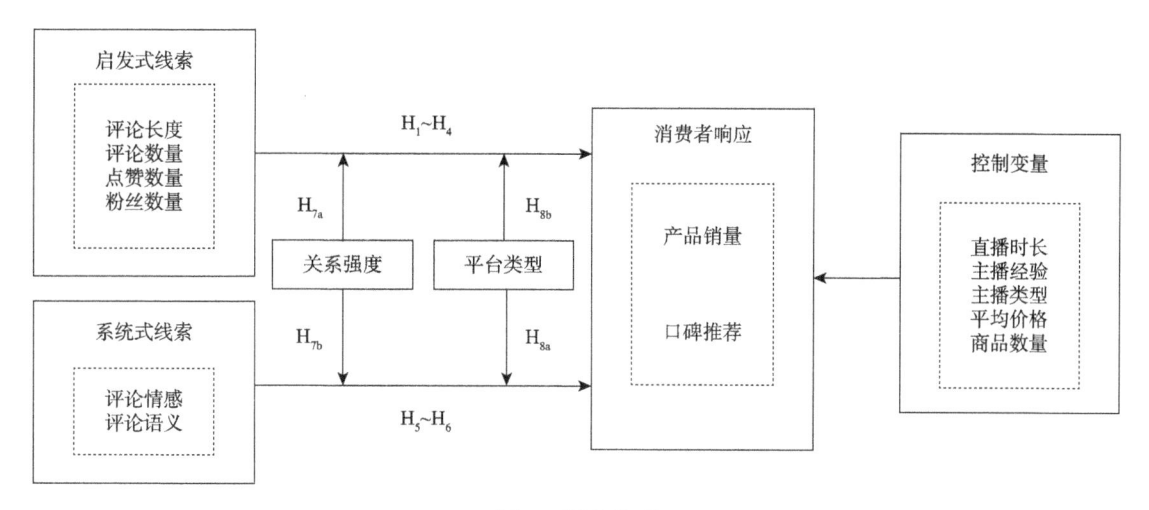

图 1 研究模型

4 研究方法

4.1 样本筛选和数据预处理

本文参考2019~2020年中国直播电商用户常用直播平台榜单，以产品销售数据及观看流量数据为标准，选取电商直播网站淘宝直播为电商型直播平台研究对象，该网站定位于"消费类直播"，依托淘宝网站全平台资源优势，产品和市场覆盖面广。2020年淘宝直播全年商品交易总额为1 800亿元，"双11"期间观看人数为46.58亿，直播商品数达到2 200万件，说明淘宝直播网站在国内电商类直播平台中占据重要位置，具有研究的代表性。另外，选取抖音作为社交型直播平台的研究对象。抖音作为一款短视频社交软件，被加入了直播购物功能，2020年"双11"购物节销售额为187亿元，在社交型电商直播软件中排名第一。需要说明的是，本文中直播间粉丝数量、点赞数量、弹幕评论、产品销量、推荐数量和控制变量等相关数据均来源于专业的电商直播数据库"知瓜数据"，其关于直播的信息粒度可细化至月、周、天、小时，同时涵盖整个直播周期详细的相关信息，有利于本文对消费者购买及推荐行为进行定量化动态刻画。

考虑到数据的时效性和可获得性，本文获取了2020年11月至2021年5月的直播数据，时间跨度为7个月。为了确保研究数据的有效性，本文按照以下原则对初始样本进行处理：①由于低于1小时的直播通常产品讲解时间较短，难以产生充分的弹幕评论，缺乏研究价值，因此删除直播时间低于1小时，直播间观看人数低于100人的数据；②删除30天内没有直播记录的数据；③剔除过短、重复且无意义的弹幕（如"111""抢福袋""老板大气"）；④删除表情符号、文字转译后乱码的弹幕；⑤删除直播数据不完整，缺失值较多的样本，最终获得来自电商型直播平台302场直播、社交型直播平台300场直播，有关76 312个产品，共计11 476条直播实时数据观测值，包括沟通细节（如主播特征、销量数据、观众个人信息等）和评论细节（弹幕评论内容）。在整个样本观测期间，采用爬虫技术共抓取在线弹幕评论78 321 090条，剔除无效评论后，有效弹幕评论共67 230 219条，其中淘宝直播31 932 376条，占47.5%，抖音直播35 297 843条，占52.5%。

4.2 变量定义和测量方法

评论情感（Sentiment）：直播过程中观众弹幕语言情感程度呈动态变化，因此通过情感得分衡量评论情感可以更加细致地刻画情感程度。参考叶健和赵慧[49]有关大规模弹幕数据的研究，本文采用深度学习方法对直播界面弹幕评论的情感程度进行分析。首先使用 Python 去除弹幕评论中的空格、停用词，然后利用 PaddleHub 提供的词法分析对弹幕评论文本进行分词，并设置分词之后词语的选取规则，随后采用 PaddleHub 的深度学习模型作为预训练模型，过程中利用 K 折交叉验证方法，选择 Adam Weight Decay Strategy 进行参数调优，最后利用训练完成的模型预测得到每场弹幕评论的语言情感得分。

评论语义（Semantic）：借鉴史达等[50]关于评论语义的研究方法，首先将所有弹幕组合成语料库，再根据主题相似度和困惑度确定所有弹幕的主题数，最后采用基于TF-IDF方法的LDA模型训练弹幕语料，获得每条弹幕属于每个主题的概率，作为弹幕评论语义变量值。附录一详细阐明了弹幕评论文本分析部分的研究路线。

启发式线索信息：参考Zhou等[33]在游戏直播打赏行为研究中弹幕字数的变量测量方法，本文采用过滤停止词、删除重复无意义弹幕后直播间弹幕的平均数字量衡量评论长度（Length）；参考 Li 等[51]的研究，选取直播期间取样弹幕评论数量总和值（去重值）衡量评论数量（Review）；同样参考Li 等[51]的研究，选择该直播间点赞数总和衡量点赞数量（Like）；直播间最终显示的粉丝数量衡量粉丝数量（Fans）。

消费者响应行为由两类参与行为衡量：借鉴 Chen 等[23]的研究并结合本文实际情况，本文以直播商家在直播期间所有上架商品的销量变化总和衡量产品销量（Sales）。参考 Lin 等[3]的研究，以直播间转发数量作为口碑推荐的结果变量（Recommend），该指标反映了观众在直播期间内将该场直播信息转发给其他受众的情况，具有针对性和时效性，能够准确地衡量直播消费者在观看直播期间实际操作维度的口碑推荐行为。

平台类型和关系强度是本文的重要构念，其中电商型直播平台取值为 1，社交型直播平台取值为 0。借鉴 Mattke 等[52]的研究，本文采用直播间超级会员身份数量占比作为消费者与主播、直播平台的关系强度测度值，超级会员身份数量占比越高，意味着观众对主播及商家的亲密度和忠诚度越高，关系强度越大。

为了尽量控制其他潜在因素对被解释变量的影响，降低遗漏变量导致的内生性偏误干扰，本文还在模型中增加了以下几个控制变量，包括直播时长、主播经验、主播类型、平均价格、商品数量等。直播时长（Duration）反映了主播产品讲解实力，从侧面证实了主播的带货能力，并且随着直播时长的增加，观众数量和购买数量也可能相应增长，因此本文将其控制。主播经验（Experience）体现了主播对产品讲解的熟悉程度，已有研究表明，一线销售人员经验水平与产品销量之间存在显著的正相关关系[53]，因此需要对主播经验进行控制。直播商务中主播依据个人归属可被分为店铺主播和达人主播，达人直播是指商家利用达人自带粉丝和流量进行产品销售，是以达人为中心，产品围绕达人的直播形式，要求主播具有鲜明的个人特色、产品专业知识和促单能力。店铺主播则与其相反，需要个体围绕产品组织活动，更具主动性，因此主播只专门服务于该店铺的直播。不同类型主播对产品的了解程度、讲解专注度、沟通风格均不同，因此本文构建主播类型虚拟变量（Type），对主播身份差异带来的影响进行控制。与此同时，平均价格（Price）和商品数量（Number）是影响消费者购买的重要因素，本文同样将其控制。为了缩小变量的量纲差异，提高模型回归结果的稳健性，本文对所有连续变量进行了对数化处理。表1展示了所有变量的度量说明。

表 1 主要变量说明

	变量	定义
因变量	产品销量（Sales）	所有上架商品在直播期间的销量变化总和
	口碑推荐（Recommend）	直播期间该直播间转发数量总和

续表

	变量	定义
启发式线索	评论长度（Length）	直播间弹幕文字平均数量
	评论数量（Review）	直播期间弹幕评论数量总和
	点赞数量（Like）	直播期间点赞数量总和
	粉丝数量（Fans）	该直播间粉丝数量总和
系统式线索	评论情感（Sentiment）	弹幕评论情感得分
	评论语义（Semantic）	每场弹幕评论含有每个主题的概率
调节变量	平台类型（Platform）	哑变量（电商型直播商务平台=1，社交型直播商务平台=0）
	关系强度（Tie strength）	直播间超级会员身份数量占比
控制变量	直播时长（Duration）	直播时间长度
	主播经验（Experience）	近30天内主播开播场次
	主播类型（Type）	哑变量（达人=1，店铺=0）
	平均价格（Price）	直播间商品价格平均值
	商品数量（Number）	直播间购物车商品数量

4.3 基于 TF-IDF 方法的 LDA 模型主题提取

语义分析需要解决的首要问题是主题数量如何确定，本文采用主题相似度作为约束条件，并结合困惑度的方法来确定最佳主题数，困惑度越小，稳固性越好，主题越易于分类。模型结果显示，当主题数为5时，困惑度最小，因此本文确定主题数为5。本文使用基于 TF-IDF 方法的 LDA 模型从弹幕评论中提取主题。TF-IDF 方法主要通过统计词频、逆文档频率特征来衡量关键词对主题的重要程度。首先对语料库进行词袋化处理并提取 TF-IDF 特征，再采用 LDA 模型分析得到所有弹幕评论文本段落级的主题概率矩阵，最后对特定弹幕评论所有段落级主题概率值进行加权平均，得到其文本级的主题概率值。词汇按出现的后验概率降序排序，如表2所示。本文进一步通过相关性分析检验主题相似度。结果显示，各主题间均不相关，表明主题相似程度低，有助于避免回归过程中的多重共线性问题。

表2 基于 TF-IDF 方法的 LDA 模型主题词汇分布结果

序号	主题	词汇
Topic1	情感互动	捂脸（0.032）、流泪（0.021）、微笑（0.020）、感谢（0.019）、比心（0.019）
Topic2	观众认可	想要（0.047）、关注（0.023）、喜欢（0.020）、推荐（0.018）、加油（0.015）
Topic3	产品属性	面膜（0.035）、手镯（0.029）、主播（0.022）、戒指（0.021）、白色（0.020）
Topic4	促销优惠	福袋（0.028）、包装（0.022）、链接（0.021）、下单（0.013）、划算（0.011）
Topic5	购买关注点	好用（0.034）、质量（0.031）、现货（0.027）、同款（0.026）、价格（0.023）

注：括号内为对应主题词汇的概率

如表2所示，弹幕评论文本的五个主题侧重于不同的方面，其中，Topic1 包含了"捂脸""流泪""微笑""感谢"等词汇，突出观众与主播的情感互动；Topic2 包含了"想要""关注""喜欢""推荐"等词汇，突出观众对主播和直播间的认可；Topic3 包含了"面膜""手镯""主播""戒指"等词汇，突出产品属性；Topic4 包含了"福袋""包装""链接""下单"等词汇，突出直播间的促销优惠；Topic5 包含了"好用""质量""现货""同款"等词汇，反映了消费者购买产品所关注的要素。

  本文根据词频统计结果绘制词云图。如图 2 所示，电商型直播平台中，"手机""防晒""项链""支持""福袋"等词汇出现频率较高，即消费者较为关注和热烈讨论的方面，如产品类型、价格促销等。图 3 显示了社交型直播平台弹幕的词云图。

图 2 电商型直播平台弹幕评论词云图

图 3 社交型直播平台弹幕评论词云图

4.4 情感分析

考虑上下文相关性，本文采用 5 种深度学习模型训练预测得到各弹幕评论的情感得分，使用精确度、召回率、F 值和准确率作为模型有效性的评估标准。根据模型训练结果，senta-bilstm 模型训练效果最佳，精确度、召回率和准确率较高，因此本文引入了双向的长短期记忆网络（bi-directional long short-term memory，BiLSTM），采用 BiLSTM 作为预训练模型，模型分析评价结果如表 3 所示。

表 3 基于深度学习方法的情感分析评价

深度学习模型	精确度	召回率	F 值	准确率
senta-bilstm 模型	0.84	0.71	0.72	0.74
senta-bow 模型	0.82	0.70	0.76	0.72
senta-cnn 模型	0.83	0.77	0.80	0.75
senta-gru 模型	0.70	0.71	0.70	0.73
senta-lstm 模型	0.78	0.77	0.77	0.75

4.5 模型构建

在计量模型选择上，为了有效识别直播界面可视化信息对消费者响应的影响，同时避免部分概念重合和高度相关增大估计误差，本文拟构建分层回归模型，分别以产品销量和口碑推荐数量为被解释变量建立多元回归模型（1）和模型（2）。

为检验直播商务启发式线索信息、系统式线索信息对产品销量的影响：

$$\ln \text{Sales} = \beta_0 + \beta_1 \ln \text{Length} + \beta_2 \ln \text{Review} + \beta_3 \ln \text{Review}^2 + \beta_4 \ln \text{Like} \\ + \beta_5 \ln \text{Fans} + \beta_6 \ln \text{Sentiment} + \beta_7 \ln \text{Semantic} + \beta_8 \ln \text{Duration} \\ + \beta_9 \ln \text{Experience} + \beta_{10} \text{Type} + \beta_{11} \ln \text{Price} + \beta_{12} \ln \text{Number} + \varepsilon \quad (1)$$

为检验直播商务启发式线索信息、系统式线索信息对口碑推荐数量的影响：

$$\ln \text{Recommend} = \beta_0 + \beta_1 \ln \text{Length} + \beta_2 \ln \text{Review} + \beta_3 \ln \text{Review}^2 + \beta_4 \ln \text{Like} \\ + \beta_5 \ln \text{Fans} + \beta_6 \ln \text{Sentiment} + \beta_7 \ln \text{Semantic} + \beta_8 \ln \text{Duration} \\ + \beta_9 \ln \text{Experience} + \beta_{10} \text{Type} + \beta_{11} \ln \text{Price} + \beta_{12} \ln \text{Number} + \varepsilon \quad (2)$$

5 实证分析结果

5.1 描述性统计

表 4 报告了不同直播平台各变量的描述性统计结果。总体而言，各变量的最大值和最小值差异显著，说明本文选取样本具有良好的代表性，不存在显著的样本选取偏差。

表 4 样本描述性统计

变量	电商型直播平台 均值	标准差	最小值	最大值	社交型直播平台 均值	标准差	最小值	最大值
Sales	39 723.73	102 616.8	219	1 200 700	210 744.2	2 605 592	1 170	45 170 000
Recommend	2 828.424	1 855.169	39	10 797	58 149.57	385 176.7	341	6 640 000

续表

变量	电商型直播平台				社交型直播平台			
	均值	标准差	最小值	最大值	均值	标准差	最小值	最大值
Length	8.547	12.453	1	38	10.324	8.94	1	45
Review	51 484.14	144 901	555	1 890 789	83 120.96	75 593.85	1 200	517 100
Like	382 190.6	2 180 500	8 678	37 654 000	2 598 374	6 637 068	12 000	51 733 000
Fans	7 138 201	8 411 333	165 000	56 000 000	5 889 828	52 384 448	24 000	903 400 063
Sentiment	0.609	0.144	0.11	0.967	0.480	0.275	0.013	0.995
Topic1	0.202	0.120	0.001	0.658	0.206	0.114	0.001	0.573
Topic2	0.200	0.113	0.003	0.63	0.197	0.118	0.002	0.648
Topic3	0.208	0.112	0.002	0.818	0.199	0.114	0.001	0.612
Topic4	0.201	0.114	0.004	0.662	0.203	0.116	0.002	0.654
Topic5	0.191	0.116	0.002	0.584	0.196	0.116	0.003	0.546
Duration	371.043	218.635	62	1 292	377.5	197.549	70	988
Experience	609.623	374.822	30	2 714	25.743	14.793	1	59
Type	0.725	0.447	0	1	0.61	0.489	0	1
Price	234.248	510.675	5.74	4 963.9	296.445	675.903	1.022	5 726.4
Number	61.887	49.708	10	346	68.143 33	128.511	2	2 031
Tie strength	0.34	0.266	0.02	0.67	0.43	0.316	0.11	0.59

5.2 模型回归

本文基于每场直播的评论长度、评论数量、点赞数量、粉丝数量和每场直播的弹幕评论情感与语义特征来构建研究模型，因此以直播场次为单位进行模型回归。表 5 汇总了模型中部分主要变量的 Pearson 相关系数值，从数值来看，各主要变量间的相关系数绝大部分未超过 0.5 的阈值，因此本文模型不存在明显的多重共线性问题，保证了后续多元回归模型结果的稳健性。

表 5 变量间相关性矩阵

变量	(1)	(2)	(3)	(4)	(5)	(6)	(7)	(8)	(9)	(10)	(11)	(12)	(13)
Sales	1												
Recommend	0.38*	1											
Length	0.30*	0.37*	1										
Review	0.32*	0.39*	0.34*	1									
Like	0.34*	0.33*	0.42*	0.42*	1								
Fans	0.29*	0.05*	0.17*	0.13*	0.03*	1							
Sentiment	0.34*	0.05	0.11*	0.27*	0.24*	0.47*	1						
Topic1	0.05*	0.01	0.08*	0.06	0.02*	0.05	0.04*	1					
Topic2	−0.01	−0.04	−0.03	0.03	−0.02	0.00	0.01	−0.20*	1				
Topic3	0.03	−0.02	−0.01	0.02	−0.00	0.05	0.05	−0.09*	−0.22*	1			

续表

变量	（1）	（2）	（3）	（4）	（5）	（6）	（7）	（8）	（9）	（10）	（11）	（12）	（13）
Topic4	0.05	0.00	0.02	0.00	0.00	0.02	0.01	−0.23*	−0.12*	−0.16*	1		
Topic5	0.05	0.04	0.05	0.06*	0.05*	0.02*	0.00	−0.13*	−0.14*	−0.21*	−0.19*	1	
Tie strength	0.44*	0.34*	0.45*	0.37*	0.53*	0.33*	0.34*	0.05	−0.00	−0.04	0.06	0.04	1

*表示在 5%水平下显著

表 6 包含了 $H_{1a} \sim H_{7b}$ 模型假设的数据分析结果，控制变量均被包含在内。如模型 1 所示，启发式线索信息方面，弹幕评论长度正向影响产品销量（$\beta=0.149$，$p<0.001$），假设 H_{1a} 得到验证。直播的弹幕评论数量对产品销量的影响系数为负（$\beta=-0.296$，NS），在加入两项乘积的交互项后，评论数量二次项（Review_sq）对产品销量的影响系数显著为正（$\beta=0.042$，$p<0.01$），即评论数量与产品销量呈显著的 U 形关系而非倒 U 形关系，因此假设 H_{2a} 不成立。直播观众点赞数量对产品销量影响系数显著为正（$\beta=0.071$，$p<0.05$），假设 H_{3a} 得到验证。与此同时，直播间的粉丝数量对产品销量的正向影响具有统计学意义（$\beta=0.147$，$p<0.001$），因此假设 H_{4a} 得到支持。系统式线索信息方面，弹幕评论的语言情感对产品销量的积极影响在 10%的水平上显著（$\beta=0.115$，$p<0.1$），表明弹幕中积极情感对产品销量的影响较大，验证了假设 H_{5a}。四个弹幕评论主题均与产品销量呈显著正相关关系，验证了假设 H_{6a}。

表 6 多元回归模型参数估计结果

变量	模型 1	模型 2	模型 3	模型 4
	Sales		Recommend	
主效应				
Length	0.149*** (0.024)	0.118*** (0.021)	0.330*** (0.028)	0.318*** (0.027)
Review	−0.296 (0.335)	−0.949* (0.471)	0.723+ (0.381)	1.832** (0.606)
Review_sq	0.042** (0.016)	0.068** (0.023)	−0.025+ (0.014)	−0.076** (0.029)
Like	0.071* (0.029)	0.075** (0.025)	0.107** (0.034)	0.092** (0.033)
Fans	0.147*** (0.028)	0.109*** (0.025)	0.053+ (0.032)	0.025+ (0.013)
Sentiment	0.115+ (0.063)	0.523*** (0.073)	0.189** (0.072)	0.222+ (0.093)
Topic1	0.065+ (0.037)	0.064+ (0.034)	0.092* (0.042)	−0.063 (0.044)
Topic2	0.057 (0.041)	0.059+ (0.036)	−0.001 (0.047)	−0.002 (0.046)
Topic3	0.070+ (0.041)	0.064+ (0.036)	−0.056 (0.047)	−0.053 (0.046)
Topic4	0.128** (0.043)	0.119*** (0.037)	−0.028 (0.049)	−0.033 (0.048)
Topic5	0.072+ (0.037)	0.080* (0.033)	−0.036 (0.043)	−0.027 (0.042)
交互效应				
Length×TIE		0.023+ (0.014)		0.104*** (0.031)
Review×TIE		−0.956*** (0.272)		0.269 (0.350)
Review_sq×TIE		0.038** (0.012)		−0.015 (0.016)

续表

变量	模型1	模型2	模型3	模型4
	Sales	Sales	Recommend	Recommend
交互效应				
Like×TIE		−0.039 (0.030)		0.071$^+$ (0.039)
Fans×TIE		0.074*** (0.020)		−0.010 (0.025)
Sentiment×TIE		0.451*** (0.072)		0.212* (0.092)
Topic1×TIE		0.014 (0.047)		0.078 (0.060)
Topic2×TIE		−0.018 (0.050)		−0.034 (0.064)
Topic3×TIE		0.092$^+$ (0.051)		0.044 (0.066)
Topic4×TIE		0.038 (0.056)		−0.061 (0.072)
Topic5×TIE		0.048 (0.044)		−0.033 (0.057)
Control included	yes	yes	yes	yes
调整后 R^2	0.6539	0.7525	0.6734	0.7022

+、*、**和***分别表示在10%、5%、1%和0.1%水平下显著
注：括号内为标准差

在对变量进行中心化处理后，模型2在模型1的基础上加入了关系强度的调节作用。关系强度与评论长度的交互效应显著为正（$\beta=0.023$，$p<0.1$）。关系强度与评论数量交互系数显著为负（$\beta=-0.956$，$p<0.001$），关系强度和评论数量的平方之间的交互作用显著为正（$\beta=0.038$，$p<0.01$），表明关系强度放大了评论数量和产品销量之间的U形关系。直播消费者点赞数量与关系强度的交互效应系数为负，但并不显著（$\beta=-0.039$，NS）。直播商务的粉丝数量与关系强度的交互效应系数显著为正（$\beta=0.074$，$p<0.001$），因此，总体来讲，假设H_{7a}得到了验证。与此同时，关系强度与评论情感具有积极且显著的交互作用（$\beta=0.451$，$p<0.001$），与Topic3的交互项系数显著为正（$\beta=0.092$，$p<0.1$），因此，假设H_{7b}得到了验证。

模型3和模型4因变量为消费者口碑推荐情况。在模型3中，启发式线索信息方面，直播间弹幕评论长度正向影响口碑推荐数量（$\beta=0.330$，$p<0.001$），假设H_{1b}得到验证。直播的弹幕评论数量对口碑推荐的影响系数为正（$\beta=0.723$，$p<0.1$），但在加入两项乘积的交互项后，评论数量二次项（Review_sq）对口碑推荐的影响系数显著为负（$\beta=-0.025$，$p<0.1$），即弹幕评论数量与消费者口碑推荐行为存在显著的倒U形关系，假设H_{2b}成立。直播观众点赞数量对口碑推荐数量的影响系数显著为正（$\beta=0.107$，$p<0.01$），假设H_{3b}得到验证。与此同时，直播商务的粉丝数量对消费者口碑推荐意愿的正向影响具有统计学意义（$\beta=0.053$，$p<0.1$），因此假设H_{4b}得到支持。系统式线索信息方面，弹幕评论语言情感积极程度对口碑推荐数量的积极影响显著为正（$\beta=0.189$，$p<0.01$），假设H_{5b}得到验证。仅有一个弹幕评论主题与消费者推荐行为呈显著正相关关系（$\beta=0.092$，$p<0.05$），即弹幕评论主题对观众口碑推荐行为不存在显著正向影响，假设H_{6b}没有得到验证。

模型4在模型3的基础上加入了关系强度作为调节变量。关系强度与评论长度的交互效应显著为正（$\beta=0.104$，$p<0.001$），表明相比于较低的关系强度，主播与消费者的关系越紧密，直播间弹幕评论的长度越长，消费者将直播产品推荐给他人的可能性越高。关系强度与评论数量不存在显著的交互作用

（β=0.269，NS），关系强度和评论数量的平方之间的交互作用也并不显著（β=-0.015，NS），也就是说，评论数量对口碑推荐行为的影响并未受到关系强度的影响。直播消费者点赞数量与关系强度的交互效应系数显著为正（β=0.071，$p<0.1$）。直播商务的粉丝数量与关系强度的交互效应系数未通过检验（β=-0.010，NS）。因此，假设H_{7a}得到了部分验证。与此同时，关系强度与评论情感具有积极且显著的交互作用（β=0.212，$p<0.05$），关系强度与5个弹幕评论主题交互项的系数均不显著。因此，假设H_{7b}得到了部分验证。

表7展示了不同直播平台可视化信息与消费者响应之间关系的检验结果。检验数据结果表明，相比于社交型直播平台，电商型直播平台的弹幕评论情感积极性的影响系数更大，且分别在1%和5%的水平上显著。主题1、主题2、主题4和主题5对消费者响应的系数显著为正，且均高于社交型直播平台，即电商型直播平台系统式线索信息对消费者响应的积极作用更明显，因此假设H_{8a}得到验证。模型7和模型8检验数据结果表明，相比于电商型直播平台，社交型直播平台的评论长度、评论数量、粉丝数量对消费者响应的影响系数更大，即社交型直播平台启发式线索信息对消费者响应的积极作用更显著，因此假设H_{8b}得到验证。

表7 直播平台类型的调节作用

变量	电商型直播商务平台		社交型直播商务平台	
	模型5	模型6	模型7	模型8
	Sales	Recommend	Sales	Recommend
Length	0.092*** (0.028)	0.141*** (0.028)	0.096* (0.046)	0.694*** (0.064)
Review	−0.250+ (0.127)	2.039*** (0.349)	−2.414*** (0.583)	−1.300+ (0.68)
Review_sq	0.049** (0.017)	−0.093*** (0.017)	0.122*** (0.027)	0.070+ (0.038)
Like	0.115** (0.036)	0.145*** (0.036)	0.092* (0.042)	0.010 (0.059)
Fans	0.134*** (0.035)	0.020 (0.034)	0.392*** (0.046)	0.012 (0.064)
Sentiment	0.369** (0.077)	0.291* (0.146)	−0.070 (0.148)	0.242* (0.108)
Topic1	0.092+ (0.047)	−0.026 (0.044)	0.012 (0.044)	−0.078 (0.066)
Topic2	0.082+ (0.049)	−0.001 (0.050)	0.008 (0.051)	0.017 (0.069)
Topic3	0.037 (0.051)	0.047 (0.051)	0.032 (0.050)	−0.074 (0.070)
Topic4	0.139** (0.051)	−0.054 (0.051)	0.065* (0.055)	−0.008 (0.076)
Topic5	0.082+ (0.044)	0.035 (0.044)	0.047 (0.048)	−0.115+ (0.067)
Control included	yes	yes	yes	yes
调整后R^2	0.722 5	0.409 9	0.722 5	0.557 5

+、*、**和***分别表示在10%、5%、1%和0.1%水平下显著
注：括号内为标准差

5.3 稳健性检验

1. 替换个别变量的衡量方式

为了避免测量误差带来的影响，进一步保证核心检验结果的可靠性，本文通过替换个别变量的衡量方式进行稳健性检验。采用直播期间产品销售额变化量衡量产品销量，直播间30日内取样弹幕数平

均值衡量评论数量，直播间 30 日内点赞数量平均值衡量点赞数量。主播经验采用平台提供的主播综合价值指数（该主播在周期时间内带货水平、互动水平表现）衡量。观察表 8 可知，各回归结果与表 6 中的主要发现没有显著差异，表明本文实证结果具有稳健性。

表 8 替换个别变量后的稳健性检验结果

变量	模型 1	模型 2	模型 3	模型 4
	Sales		Recommend	
主效应				
Length	0.355*** (0.034)	0.307*** (0.035)	0.644*** (0.034)	0.657*** (0.033)
Review	−0.154+ (0.083)	−0.139+ (0.083)	0.025*** (0.004)	0.023*** (0.004)
Review_sq	0.006+ (0.004)	0.006+ (0.003)	−0.799*** (0.081)	−0.740*** (0.078)
Like	0.225*** (0.049)	0.222*** (0.049)	0.547*** (0.048)	0.554*** (0.046)
Fans	0.136*** (0.037)	0.154*** (0.038)	0.337*** (0.036)	0.395*** (0.036)
Sentiment	0.053+ (0.028)	−0.013 (0.079)	0.373*** (0.075)	0.419*** (0.074)
Topic1	0.090* (0.045)	0.088+ (0.048)	0.018 (0.044)	−0.005 (0.045)
Topic2	0.074 (0.050)	0.086+ (0.050)	0.032 (0.049)	0.024 (0.048)
Topic3	0.018+ (0.010)	0.033 (0.051)	−0.039 (0.049)	−0.026 (0.048)
Topic4	0.109* (0.053)	0.119* (0.053)	−0.006 (0.051)	−0.002 (0.050)
Topic5	0.068 (0.046)	0.081+ (0.046)	−0.030 (0.045)	−0.024 (0.024)
交互效应				
Length×TIE		−0.004 (0.036)		0.088** (0.034)
Review×TIE		−0.046+ (0.026)		0.013 (0.092)
Review_sq×TIE		0.001+ (0.000)		−0.003 (0.004)
Like×TIE		0.018+ (0.010)		0.111* (0.048)
Fans×TIE		0.160*** (0.040)		−0.057 (0.038)
Sentiment×TIE		0.039+ (0.022)		0.304*** (0.076)
Topic1×TIE		0.054+ (0.032)		−0.029 (0.062)
Topic2×TIE		0.087 (0.072)		−0.048 (0.068)
Topic3×TIE		0.093 (0.070)		0.076 (0.066)
Topic4×TIE		0.080 (0.077)		−0.119 (0.073)
Topic5×TIE		−0.007 (0.063)		−0.071 (0.060)
Control included	yes	yes	yes	yes
调整后 R^2	0.608 5	0.619 5	0.817 3	0.835 3

+、*、**和***分别表示在 10%、5%、1%和 0.1%水平下显著
注：括号内为标准差

2. 排除购物节、周末等特殊日期的影响

在重大购物节如"双11""318"购物节等，消费者容易受到从众心理和仪式感消费心理的影响产生冲动消费行为，周末节假日也为消费者提供了较为充裕的直播购物时间，可见购物日期可能影响电商直播产品销量和口碑推荐行为。同时，某些社会热点话题（如鸿星尔克捐款）会导致直播消费者购买行为出现异常波动，因此，本文删除2020年"双11"和"双12"、2021年"318"、各周末节假日以及涉及焦点事件的直播间样本数据，最终得到367条样本。在此基础上加入开店时长、是否有促销活动两个控制变量并重新进行回归分析，结果如表9所示，在排除购物节、周末、节假日和特殊事件影响后，所得结论绝大部分与前文论证结果一致，在一定程度上证明了本文研究结果的稳健性。

表9 排除特殊日期影响的稳健性检验结果

变量	模型1	模型2	模型3	模型4
	\multicolumn{2}{c}{Sales}	\multicolumn{2}{c}{Recommend}	
主效应				
Length	0.265** (0.003)	0.482** (0.004)	0.482** (0.005)	0.519* (0.026)
Review	−0.177* (0.044)	−0.229* (0.065)	0.019** (0.017)	0.292** (0.002)
Review_sq	0.103* (0.058)	0.105* (0.066)	−0.602** (0.069)	−0.316** (0.014)
Like	0.452** (0.022)	0.184* (0.038)	0.621** (0.024)	0.019** (0.028)
Fans	0.219** (0.008)	0.229** (0.021)	0.477** (0.035)	0.284*** (0.007)
Sentiment	0.012* (0.013)	0.312* (0.051)	0.291** (0.027)	0.568** (0.019)
Topic1	0.011 (0.078)	0.009+ (0.067)	0.022+ (0.054)	0.011 (0.065)
Topic2	0.053+ (0.069)	0.015* (0.043)	−0.019 (0.067)	−0.004 (0.054)
Topic3	0.009+ (0.011)	0.008* (0.055)	0.033 (0.052)	0.038 (0.063)
Topic4	0.213** (0.006)	0.013+ (0.062)	−0.023 (0.066)	−0.009 (0.067)
Topic5	0.193* (0.029)	0.006+ (0.071)	0.052 (0.048)	0.016 (0.074)
交互效应				
Length×TIE		0.016* (0.059)		0.025** (0.017)
Review×TIE		−0.003+ (0.035)		0.111 (0.069)
Review_sq×TIE		0.195+ (0.047)		−0.023+ (0.033)
Like×TIE		0.284* (0.007)		0.053** (0.004)
Fans×TIE		0.291* (0.024)		0.019* (0.031)
Sentiment×TIE		0.072* (0.033)		0.413** (0.029)
Topic1×TIE		0.038 (0.057)		−0.022 (0.073)
Topic2×TIE		0.006+ (0.065)		−0.019 (0.055)
Topic3×TIE		0.013 (0.074)		−0.045 (0.064)

续表

变量	模型1	模型2	模型3	模型4
	Sales		Recommend	
交互效应				
Topic4×TIE		0.029 (0.079)		−0.221 (0.072)
Topic5×TIE		0.002 (0.053)		−0.093 (0.088)
Control included	yes	yes	yes	yes
调整后 R^2	0.6512	0.6987	0.7839	0.8201

+、*、**和***分别表示在10%、5%、1%和0.1%水平下显著
注：括号内为标准差

根据模型验证参数，本文假设验证结果如表10所示，其中假设 H_{2a} 和假设 H_{6b} 没有得到支持，假设 H_{7a} 和假设 H_{7b} 得到部分支持，其余假设均得到验证。

表10 假设检验结果

序号	研究假设	结果
H_{1a}	在控制其他因素条件下，直播商务的弹幕评论越长，产品销量越高	支持
H_{1b}	在控制其他因素条件下，直播商务的弹幕评论越长，口碑推荐数量越多	支持
H_{2a}	在控制其他因素条件下，直播商务的弹幕评论数量与产品销量呈倒U形关系	不支持
H_{2b}	在控制其他因素条件下，直播商务的弹幕评论数量与口碑推荐数量呈倒U形关系	支持
H_{3a}	在控制其他因素条件下，直播商务的点赞数量越多，产品销量越高	支持
H_{3b}	在控制其他因素条件下，直播商务的点赞数量越多，口碑推荐数量越多	支持
H_{4a}	在控制其他因素条件下，直播商务的粉丝数量越多，产品销量越高	支持
H_{4b}	在控制其他因素条件下，直播商务的粉丝数量越多，口碑推荐数量越多	支持
H_{5a}	在控制其他因素条件下，直播商务弹幕评论的情感越积极，产品销量越高	支持
H_{5b}	在控制其他因素条件下，直播商务弹幕评论的情感越积极，口碑推荐数量越多	支持
H_{6a}	在控制其他因素条件下，直播商务弹幕评论包含的语义越丰富，产品销量越高	支持
H_{6b}	在控制其他因素条件下，直播商务弹幕评论包含的语义越丰富，口碑推荐数量越多	不支持
H_{7a}	关系强度显著正向调节直播商务启发式线索信息与消费者响应的关系	部分支持
H_{7b}	关系强度显著正向调节直播商务系统式线索信息与消费者响应的关系	部分支持
H_{8a}	平台类型在直播商务系统式线索信息与消费者响应之间发挥调节作用。相对于社交型直播商务平台，电商型直播商务平台系统式线索信息对消费者响应的正向作用更强	支持
H_{8b}	平台类型在直播商务启发式线索信息与消费者响应之间发挥调节作用。相对于电商型直播商务平台，社交型直播商务平台启发式线索信息对消费者响应的正向作用更强	支持

6 结论与讨论

6.1 研究结论

本文基于启发式-系统式模型和信号传递理论的研究框架，利用真实的直播商务平台数据，将直播

消费者响应的影响因素分为启发式线索（评论长度、评论数量、点赞数量、粉丝数量）和系统式线索（评论情感、评论语义），检验了直播商务环境下，直播界面各类可视化信息对消费者购买和口碑推荐行为的动态影响，实证结果表明：①在启发式线索信息中，弹幕评论长度对消费者响应存在正向影响，评论数量与产品销量之间存在显著的 U 形关系而非原假设中的倒 U 形关系，可能的原因在于，受有限注意力影响，个体的认知思维存在"分散注意力效应"，消费者在直播初始阶段更加关注产品信息和主播的说服过程，对弹幕评论等边缘内容并不敏感，而随着弹幕评论的快速增加，弹幕的信息内容更丰富，消费者更能收获到关于产品实时的口碑评价和观众的情绪感染，此时更容易产生购买行为。评论数量对消费者口碑推荐存在倒 U 形作用。进一步地，本文研究发现点赞数量越多，消费者响应效果越积极。粉丝数量对消费者响应也具有显著的正向影响。②在系统式线索信息方面，弹幕评论的情感积极程度对产品销量和口碑推荐数量存在正向影响。弹幕评论的语义丰富性与产品销量正相关，但并未显著影响消费者推荐行为，这可能是因为消费者推荐行为属于高认知需求行为，消费者通常对各类信息进行综合加工后决定是否向他人推荐该产品或该直播间，丰富的弹幕信息有助于消费者进行决策，但消费者的记忆容量有限，当信息处理需求超过上限会导致消费者的认知超载，进而弱化弹幕评论语义内容对消费者口碑推荐的积极作用，因此消费者对于转发直播间这种"事后行为"的注意力并不强。③关系强度增强了直播商务启发式线索信息与消费者响应的关系。其中关系强度增强了评论数量与产品销量之间的倒 U 形关系，而并没有调节评论数量与口碑推荐行为的倒 U 形关系。可能的解释是，弹幕评论作为直播界面主要的可视化信息，宣泄情感、提供额外产品信息是弹幕的主要功能之一，不论观众与主播和商家的关系是否紧密，过于频繁的弹幕出现在直播界面上均会给观众带来过高的认知负荷，给消费者造成视觉上的混乱，因此不愿意将直播间转发推荐给别人。此外，系统式线索信息方面，关系强度显著增强了评论积极情感与消费者响应之间的关系，但在评论语义与消费者响应间不存在调节作用，这可能是因为弹幕评论语义内容相对于评论情感是更稳健的"信号"，更不容易被观众与主播、直播商家的亲密关系所替代。④直播商务平台类型具有显著的调节作用：相比于社交型直播平台，电商型直播平台系统式线索信息对消费者响应的积极作用更明显，社交型直播平台启发式线索信息对消费者响应的积极作用更显著。

6.2 理论贡献

（1）基于启发式-系统式模型框架，本文探究了直播界面可视化信息如何影响消费者购买和口碑推荐行为。以往关于直播商务的研究探讨了消费者参与直播商务的动机和感知价值，但忽略了直播观看期间各类可视化信息的综合影响。本文将直播界面的弹幕评论数量及长度、粉丝数量、点赞数量、评论情感、评论语义等信息纳入消费者观看直播的信号传递过程，拓展了有关直播商务研究的切入视角。现有关于直播可视化信息的影响效果研究还相对有限，在不充分的信息交换下探索直播营销的影响可能会导致不准确的结果，因此，本文通过关注直播商务界面的动态性和多样性弥补了这一研究缺陷。

（2）本文探索了直播商务动态信息影响消费者响应的不同边界条件。已有学者发现直播商务互动的响应性和个性化水平与顾客参与行为呈非线性关系，观众对直播平台和主播的信任有利于增强直播的参与意愿。可以看出，以往的研究忽略了平台类型和关系强度对直播观众购买及推荐行为的边界影响，这导致对直播商务中消费者行为影响因素的考察过于简化。因此，本文将平台类型和关系强度视为边界条件，阐释了不同类型直播平台和关系强度与直播界面可视化信息的交互作用，丰富了对直播商务信号传递效应的理解。

（3）文章结合动态数据定量分析和文本数据定性分析方法对直播界面信息进行了多维探究。具体地讲，本文采用 BiLSTM 深度学习模型度量弹幕评论情感值，对弹幕评论中情感的真实表达有了更加准确的预测，在一定程度上提高了现有研究对弹幕评论情感分析的精度。另外，本文根据 TF-IDF 特征向量得到弹幕评论文本的主题概率值，深度挖掘了弹幕评论的语义特征，优化了现有研究关于弹幕评论主题的计算方法。以上方法对本文的文本数据有较好的预测能力，同时降低了算法复杂程度。

6.3 管理启示

本文研究结论对直播电商和营销人员具有一定的实践启示。研究发现直播界面动态参与数据有利于传递积极的产品质量信号，因此直播营销者可以通过各种途径吸引观众积极参与购物直播。例如，以折扣优惠、限时抽奖等方式在消费者中扩大宣传范围，借助网络红人、明星效应实现规模化的流量优势，同时积极关注直播商家账号合规情况、关注和访问量、交易量和粉丝数量等显性数据指标。由于主题丰富、情感积极的弹幕评论会影响消费者的反应，所以直播商家应当积极发布商品相关信息，密切回应消费者对于产品选择方面的需求，加强与观众之间的情感互动，增强消费者对主播的个性化感知和产品的信任程度。然而，过多的弹幕评论充斥直播间会使观众感到不满，因此直播商家应引导观众进行健康、合理的弹幕评论行为。另外，直播商家需要重点关注消费者参与直播的显性需求，依托大数据技术提供算法匹配的定制产品，差异化定制产品营销策略，将内容创新与产品推荐相结合，从而满足不同平台消费者需求。最后，本文研究结论表明，当观众与主播及商家的关系更紧密时，各类可视化信息更能够提升观众的购买和口碑推荐意愿。因此，直播商家需要提升产品和服务品质，优化商品展示方式、产品促销流程和售后服务，全方位提高直播消费者购物体验。电商主播作为直播间营销人员，应当着重围绕商品或服务信息进行真实、准确的介绍，满足消费者对产品特征、品牌信息、用户体验等多方面的信息需求，实现直播产品信息共享，降低双方关于产品或服务的信息不对称程度，同时充分利用积极热情的语言拉近与观众的心理距离，将消费者物质需求与情感需求相联系，实现互动与引流相结合。

6.4 局限性与未来研究方向

虽然本文结合了多种研究方法对直播界面可视化信息的综合影响效果进行分析，并取得了一定成果，但仍然存在一些不足，希望能够在未来研究中得到进一步提升。首先，出于数据可获性和时效性考虑，我们仅对近半年的直播数据进行分析，后续可以扩充研究时间范围，提高研究的纵向效度。同时，本文研究范围仅限于中国境内，未来可以针对直播商务环境进行跨文化对比研究。其次，本文虽然应用了启发式-系统式信息加工的研究框架，将直播界面可视化信息对消费者响应的影响因素分为启发式线索信息与系统式线索信息，但在具体每种信息的特征选择方面尚待完善，如在系统式线索信息特征中，由于技术原因，只选择了弹幕评论文本的定性特征，尚未结合主播面部表情、虚拟形象等视觉指标。未来的研究可以考虑更多启发式-系统式信息的具体特征指标，拓展启发式-系统式信息加工模型在直播消费者响应相关研究领域的应用。

<h1 style="text-align:center">参 考 文 献</h1>

[1] Hu M, Zhang M G, Wang Y. Why do audiences choose to keep watching on live video streaming platforms? An explanation of dual identification framework[J]. Computers in Human Behavior, 2017, 75（3）: 594-606.

[2] 中国互联网络信息中心. 第 46 次中国互联网络发展状况统计报告[EB/OL]. http://www.cnnic.net.cn/hlwfzyj/hlwxzbg/hlwtjbg/202009/P020200929546215182514.htm, 2020-04-30.

[3] Lin Y, Yao D, Chen X. Happiness begets money: emotion and engagement in live streaming[J]. Journal of Marketing

Research, 2021, 58（3）: 417-438.

[4] Dong X Y, Wang T. Social tie formation in Chinese online social commerce: the role of IT affordances[J]. International Journal of Information Management, 2018, 42（10）: 49-64.

[5] 韩箫亦, 许正良. 电商主播属性对消费者在线购买意愿的影响——基于扎根理论方法的研究[J]. 外国经济与管理, 2020, 42（10）: 62-75.

[6] 孟陆, 刘凤军, 陈斯允, 等. 我可以唤起你吗——不同类型直播网红信息源特性对消费者购买意愿的影响机制研究[J]. 南开管理评论, 2020, 23（1）: 131-143.

[7] Lee S E, Choi M, Kim S. They pay for a reason! The determinants of fan's instant sponsorship for content creators[J]. Telematics and Informatics, 2019, 45（2）: 101-125.

[8] Hou F F, Guan Z Z, Li B Y, et al. Factors influencing people's continuous watching intention and consumption intention in live streaming: evidence from China[J]. Internet Research, 2020, 30（1）: 141-163.

[9] Spence M. Competitive and optimal responses to signals: an analysis of efficiency and distribution[J]. Journal of Economic Theory, 1974, 7（3）: 296-332.

[10] Wang K, Pan Z, Lu Y B, et al. What motives users to participate in Danmu on live streaming platforms? The impact of technical environment and effectance[J]. Data and Information Management, 2019, 3（3）: 117-134.

[11] Payne K, Keith M J, Schuetzler R M, et al. Examining the learning effects of live streaming video game instruction over Twitch[J]. Computers in Human Behavior, 2017, 77（2）: 95-109.

[12] Sjöblom M, Hamari J. Why do people watch others play video games? An empirical study on the motivations of Twitch users[J]. Computers in Human Behavior, 2017, 75（2）: 985-996.

[13] Peng X, Zhao Y C, Teo H H. Understanding young people's use of Danmaku websites: the effect of perceived coolness and subcultural identity[C]. Pacific Asia Conference on Information Systems（PACIS2016）. Association for Information Systems, 2016: 252-262.

[14] Zhang Q, Wang W B, Chen Y X. Frontiers: in-consumption social listening with moment-to-moment unstructured data: the case of movie appreciation and live comments[J]. Marketing Science, 2020, 39（2）: 285-295.

[15] Wongkitrungrueng A, Assarut N. The role of live streaming in building consumer trust and engagement with social commerce sellers[J]. Journal of Business Research, 2018, 117（9）: 543-556.

[16] Labercque L I. Fostering consumer-brand relationships in social media environments: the role of parasocial interaction[J]. Journal of Interactive Marketing, 2014, 28（2）: 134-148.

[17] Bapna R, Gupta A, Rice S, et al. Trust and the strength of ties in online social networks: an exploratory field experiment[J]. MIS Quarterly: Management Information Systems, 2017, 41（1）: 115-130.

[18] 杨楠. 网红直播带货对消费者品牌态度影响机制研究[J]. 中央财经大学学报, 2021, （2）: 118-128.

[19] Wongkitrungrueng A, Dehouche N, Assarut N. Live streaming commerce from the sellers' perspective: implications for online relationship marketing[J]. Journal of Marketing Management, 2020, 36（5）: 488-518.

[20] Park H J, Lin L M. The effects of match-ups on the consumer attitudes toward Internet celebrities and their live streaming contents in the context of product endorsement[J]. Journal of Retailing and Consumer Services, 2002, 52: 123-130.

[21] Epstein S, Pacini R, Denes-Raj V, et al. Individual differences in intuitive experiential and analytical rational thinking styles[J]. Journal of Personality and Social Psychology, 1996, 71（2）: 390-405.

[22] 黄鹏强, 王刊良. 信息加工模式采用的影响因素及其交互作用: 双加工理论的视角[J]. 管理工程学报, 2021, （10）: 1-15.

[23] Chen C D, Zhao Q, Wang J L. How live streaming increases product sales: role of trust transfer and elaboration

likelihood model[J]. Behaviour and Information Technology, 2020, 29（9）: 1-17.

[24] Kilger M, Romer E. Do measures of media engagement correlate with product purchase likelihood?[J]. Journal of Advertisement Research, 2007, 47（3）: 313-325.

[25] Edmans A, Heinle M S, Huang C. The real costs of financial efficiency when some information is soft[J]. Review of Finance, 2016, 20（6）: 2151-2182.

[26] Connelly B L, Certo S T, Ireland R D, et al. Signaling theory: a review and assessment[J]. Journal of Management, 2010, 37（1）: 39-67.

[27] Yang T T, Yang F, Men J Q. The impact of Danmu technological features on consumer loyalty intention toward recommendation vlogs: a perspective from social presence and immersion[J]. Information Technology and People, 2021, 13（4）: 234-246.

[28] Racherla P, Friske W. Perceived "usefulness" of online consumer reviews: an exploratory investigation across three services categories[J]. Electronic Commerce Research and Applications, 2012, 11（6）: 548-559.

[29] Mudambi S M, Schuff D. What makes a helpful online review? A study of customer reviews on amazon.com. [J]. MIS Quarterly, 2010, 34（1）: 185-200.

[30] 冯钰茹, 邓小昭. 弹幕视频网站用户弹幕评论行为的影响因素研究——以 Bilibili 弹幕视频网站为例[J]. 图书情报工作, 2021, 10（7）: 1-12.

[31] Chen Y, Gao Q, Rau P L P. Watching a movie alone yet together: understanding reasons for watching Danmaku videos[J]. International Journal of Human Computer Interaction, 2017, 33（9）: 731-743.

[32] 王霞, 梁栋. 弹幕数量和弹幕情感强度对视频流行度的影响[J]. 营销科学学报, 2019, 15（2）: 132-156.

[33] Zhou J L, Zhou J, Ding Y, et al. The magic of danmaku: a social interaction perspective of gift sending on live streaming platforms[J]. Electronic Commerce Research and Applications, 2019, 34（2）: 23-46.

[34] Krahenbuhl G S. Adrenaline, arousal and sport[J]. The American Journal of Sports Medicine, 1975, 3（3）: 117-121.

[35] Sreejesh S, Paul J, Strong C, et al. Consumer response towards social media advertising: effect of media interactivity, its conditions and the underlying mechanism[J]. International Journal of Information Management, 2020, 54（10）: 324-335.

[36] Törhönen M, Giertz J, Weiger W H, et al. Streamers: the new wave of digital entrepreneurship? Extant corpus and research agenda[J]. Electronic Commerce Research and Applications, 2020, 46（5）: 234-246.

[37] Xiong X, Li Y Y, Qiao S J, et al. An emotional contagion model for heterogeneous social media with multiple behaviors[J]. Physica A: Statistical Mechanics and its Applications, 2018, 4（3）: 185-202.

[38] Yu E, Jung C, Kim H, et al. Impact of viewer engagement on gift-giving in live video streaming[J]. Telematics and Informatics, 2018, 35（5）: 1450-1460.

[39] Wang D, Lee Y C, Fu W T. I love the feeling of being on stage, but I become greed[C]. Proceedings of the ACM on Human-Computer Interaction, 2019: 1-24.

[40] Li D H, Zhang G Z, Xu Z, et al. Modelling the roles of celebrity trust and platform trust in consumers' propensity of live-streaming: an extended tam method[J]. Computers, Materials and Continua, 2018, 55（1）: 137-150.

[41] Liang J P, Chen Z X, Lei J. Inspire me to donate: the use of strength emotion in donation appeals[J]. Journal of Consumer Psychology, 2016, 26（2）: 283-298.

[42] He M, Ge Y, Wu L, et al. Predicting the popularity of DanMu-enabled videos: a multi-factor view[C]. Proceedings of the 21th International Conference on Database Systems for Advanced Applications. Dallas: Springer, 2016: 351-366.

[43] Liang K, He J. Analyzing credit risk among chinese P2P lending businesses by integrating text-related soft information[J].

Electronic Commerce Research and Applications, 2020, 40（5）：123-171.

[44] Granovetter M S.The strength of weak ties[J]. American Journal of Sociology, 1973, 78（6）：1360-1380.

[45] Aran O, Biel J I, Gatica-Perez D. Broadcasting oneself: visual discovery of vlogging styles[J]. IEEE Transactions on Multimedia, 2014, 16（1）：201-215.

[46] Koo D. Impact of tie strength and experience on the effectiveness of online service recommendations[J]. Electronic Commerce Research and Applications, 2016, 15（2）：38-51.

[47] Ma L, Zhang X, Ding X Y, et al. How social ties influence customers' involvement and online purchase intentions[J]. Journal of Theoretical and Applied Electronic Commerce Research, 2020, 16（3）：395-408.

[48] Cacioppo J T, Petty R E, Kao C F. Central and peripheral routes to persuasion: an individual difference perspective[J]. Journal of Personality and Social Psychology, 1986, 51（5）：1032-1046.

[49] 叶健, 赵慧. 基于大规模弹幕数据监听和情感分类的舆情分析模型[J]. 华东师范大学学报（自然科学版）, 2019, （3）：86-100.

[50] 史达, 王乐乐, 衣博文. 在线评论有用性的深度数据挖掘——基于 TripAdvisor 的酒店评论数据[J]. 南开管理评论, 2020, 23（5）：64-75.

[51] Li R, Lu Y B, Ma J F. Examining gifting behavior on live streaming platforms: an identity-based motivation model[J]. Information and Management, 2019, 58（6）：443-488.

[52] Mattke J, Maier C, Reis L, et al. Herd behavior in social media: the role of Facebook likes, strength of ties, and expertise[J]. Information and Management, 2020, 57（8）：345-367.

[53] Roggeveen A L, Grewal D, Schweiger E B. The DAST framework for retail atmospherics: the impact of in- and out-of-store retail journey touch points on the customer experience[J]. Journal of Retailing, 2019, 11（2）：713-724.

The Influence of Visual Information of Live Streaming Commerce on Consumer Response: Based on the Moderating Effect of Platform Type and Tie Strength

PENG Yuhong[1, 2], HAO Liaogang[1]

(1. School of Economics and Management, Southwest Jiaotong University, Chengdu 610031, China;
2. Service Science and Innovation Key Laboratory of Sichuan Province, Chengdu 610031, China)

Abstract This paper takes the visual information of the live broadcast interface as the breakthrough point, uses text mining and content analysis methods to construct the LDA topic model based on signal transmission theory and double processing theory, uses deep learning and other methods to quantify variables, and exploratively proposes an impact model of visual information of the live broadcast interface on consumer response. The boundary effect of live streaming platform type and the relationship strength are also considered. The results show that in the heuristic cue information, the number of comments has a U-shaped relationship with product sales and an inverted U-shaped relationship with the number of WOM. The comment length, the number of likes, and fans all have a significant positive impact on consumer response; In systematic cue information, the emotion and semantic richness of comments have positive effects. At the same time, the impact of various information on consumer response is moderated by platform type and relationship strength.

Key words Llive streaming marketing, Bullet commentary, Consumer response, Deep learning, Heuristic-systematic model

作者简介

彭宇泓（1995—），女，西南交通大学经济管理学院博士研究生，研究方向为直播营销与消费者行为。E-mail：1325674893@qq.com。

郝辽钢（1978—），男，西南交通大学经济管理学院副教授、博士生导师，研究方向为市场营销、消费者行为。E-mail：haoliaogang@126.com。

附录一 弹幕评论情感分析和语义分析步骤

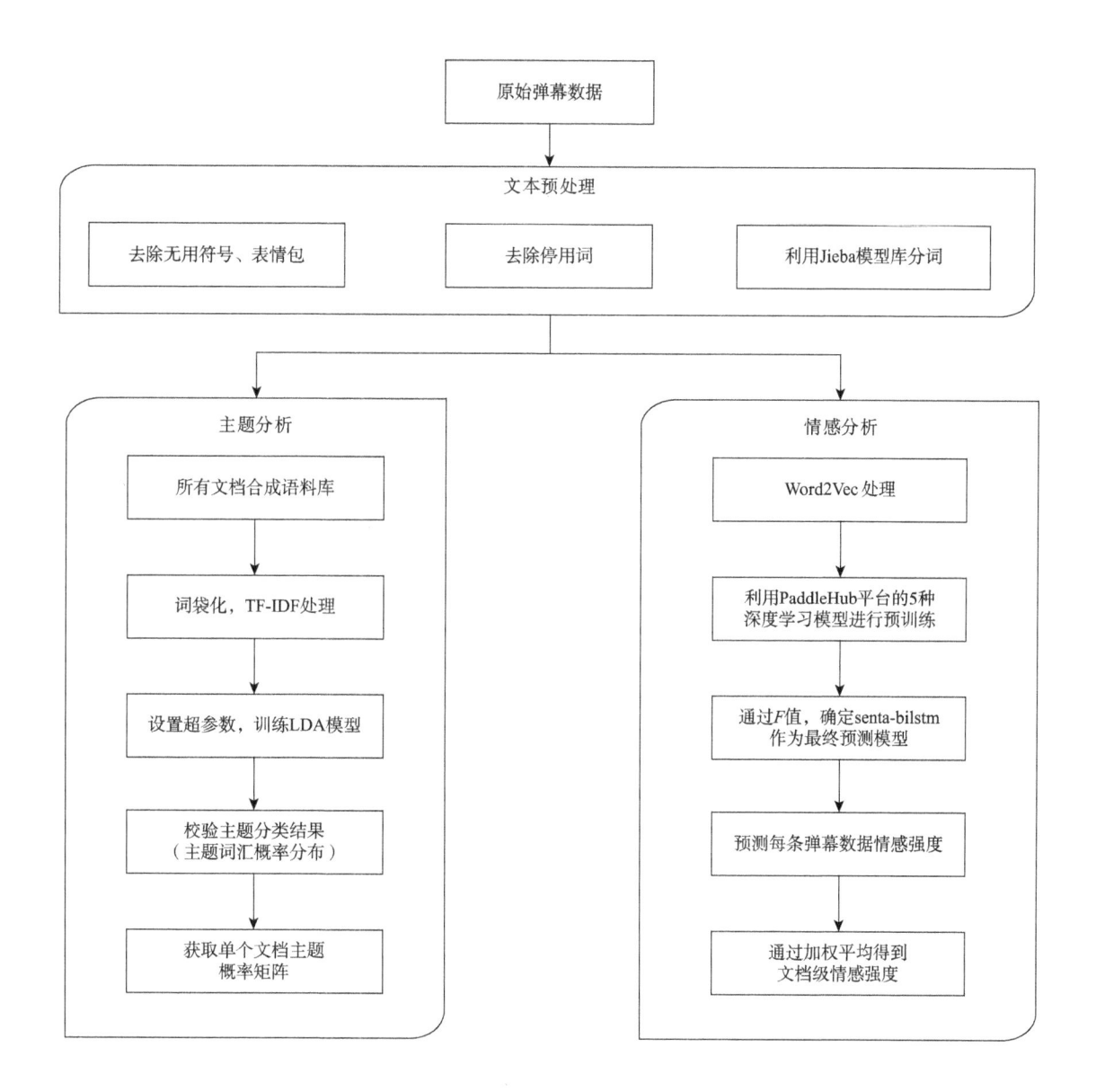

原始弹幕数据

文本预处理
- 去除无用符号、表情包
- 去除停用词
- 利用Jieba模型库分词

主题分析
- 所有文档合成语料库
- 词袋化，TF-IDF处理
- 设置超参数，训练LDA模型
- 校验主题分类结果（主题词汇概率分布）
- 获取单个文档主题概率矩阵

情感分析
- Word2Vec处理
- 利用PaddleHub平台的5种深度学习模型进行预训练
- 通过F值，确定senta-bilstm作为最终预测模型
- 预测每条弹幕数据情感强度
- 通过加权平均得到文档级情感强度

附录二 困惑度测量公式

$$\text{Perplexity} - \text{Var}(D_{\text{test}}) = \frac{\text{Perplexity}(D_{\text{test}})}{\text{Var}(D_{\text{test}})}$$

附录三 深度学习模型评价标准公式

$$精确度（P）= \frac{TP}{TP+FP}$$

$$召回率（R）= \frac{TP}{TP+FN}$$

$$准确率（Accuracy）= \frac{TP+TN}{TP+FP+FN+TN}$$

$$F\text{值}（F\text{-score}）= \frac{2\times P \times R}{P+R}$$

TP（true positive）是指被模型预测为正的正样本；TN（true negative）是指被模型预测为负的负样本；FP（false positive）是指被模型预测为正的负样本；FN（false negative）是指被模型预测为负的正样本。

互动仪式链视角下微信订阅号用户互动行为的实证研究*

谢芃菲　杨波　胡越　黄靖云

（中国人民大学信息学院，北京 100872）

摘　要　本文结合兰德尔·柯林斯提出的"互动仪式链理论"，以微信订阅号及其用户的互动行为为研究对象，提出了一个整体的研究模型，并对互动过程进行了探索。就北京速途网络科技股份有限公司的 9 个微信订阅号 7 个月的实际运营数据进行了统计分析，对影响微信订阅号与用户互动效果的因素进行量化分析。主要研究发现是，订阅号类型、是否假期推送、图片和文字数量均对互动行为产生一定影响；订阅号的关注人数与互动行为无显著关联；推送文章的内容与微信订阅号的主题契合、用户对文章内容认可对于提高互动行为十分重要；不同的观点交流方式、留言区情感倾向均影响互动。本文通过实证研究的方法对微信订阅号及其用户之间的互动仪式进行了量化分析，确定了用户积极互动的影响因素，为微信订阅号运营者改善订阅号推送服务效能、提高用户互动积极性提出了参考建议，以支持其提高关注用户黏性，优化运营效果。

关键词　微信订阅号，用户行为，互动仪式链

中图分类号　C931.6

1　引言

微信由腾讯公司推出，是基于移动互联网技术的一款即时通信应用软件，通过互联网能够进行便捷的文字、图片及语音视频通信，同时支持各类信息的分享转发及多人群聊。腾讯财报显示，截至 2020 年 12 月 31 日，微信月活跃用户已超过 12 亿。微信公众平台于 2012 年上线，成为微信在新媒体领域的重要功能布局[1]。目前微信公众平台提供三类账号，分别为微信服务号、微信订阅号及微信企业号。微信订阅号面向任何组织和个人开放注册，每个微信订阅号一天可发送一次推送信息，每次可以包含几条有前后顺序关系的相互独立的图文推送，其定位是为媒体和个人提供一种新的信息交互方式，构建社交媒体与用户之间更好的沟通与管理模式[2]。由于其具有极强的吸粉能力和较低的构建成本，微信订阅号已经成为微信平台上新媒体竞争的焦点[3]。但随着微信订阅号数量不断增加，订阅号的运营与管理面临着更大的挑战，如流量获取难度增加、已关注用户黏性较低、文章内容同质化等[4]。如何吸引用户、增加用户黏性，并通过用户的互动行为改进订阅号的服务，进而激发用户的深度互动，即提高阅读、转发及评论行为，提高微信订阅号影响力，成为微信订阅号运营者及学界研究者关注的焦点。

目前，针对微信订阅号用户行为的研究已经有一些，但相对而言比较分散，从用户层面[5, 6, 7]、环境层面[8]、内容层面[9]进行的研究均有展开。但是目前学界缺乏一个整体的框架，从一个整体的角度来

---

* 基金项目：国家自然科学基金（91546125）。

通信作者：杨波，中国人民大学信息学院副教授，E-mail: yangbo_ruc@126.com。

对已经识别的因素和还未识别因素做一个有机的整合。互动仪式链理论由社会学家兰德尔·柯林斯提出，互动在社会学的角度是一个过程，在该过程中参与者形成共同关注的焦点，并彼此感受参与者之间的情感及体验，这一理论将互动仪式的发生需要具备的组成要素和产生的结果做了系统的阐述。我们可以认为微信公众号与用户的互动过程中存在交互程度高、覆盖范围大的特点，微信公众号与用户间的互动也十分符合理论强调的要素和结果，其适用互动仪式链理论。在微信公众号与用户互动的过程中，参与者围绕推送文章或订阅号主题，通过点击在看、留言区评论等方式表达自己的情感和观点，并与其他关注用户针对相应主题形成共同关注焦点。并通过不断的评论回复、反馈等互动行为，参与者共享情感体验，不断循环强化，形成共鸣。公众号运营者在互动中更加了解用户的关注焦点，感受到用户的情感体验，并对用户给予反馈，优化自身推送内容及服务，引发集体兴奋，互动仪式成功完成。而且，目前已经有研究将其运用于社交媒体的研究[10-14]。我们认为这一理论与我们的研究相契合，打算将其应用于我们的研究之中。

为此，我们的研究内容是，结合微信订阅号的特征与用户互动行为的特性，基于互动仪式链理论分析微信订阅号与用户互动仪式之间的组成要素、互动过程及仪式结果，构建微信订阅号互动仪式的整体模型。本文提出了一个整体的微信订阅号用户互动的研究架构，可以为之后的社交媒体研究提供参考。同时研究识别出的结论对于自媒体运营者有实践指导意义。

2 文献综述

2.1 微信订阅号用户行为的影响因素

微信订阅号的发展重点在与用户互动、为用户提供服务与原创内容生产等方面[15]，运营者需要撰写与定位相符的文章内容，并满足用户的需求，才能促进自身发展[9]。微信订阅号中用户的互动行为主要分为阅读、分享、点击在看以及参与留言区的评论，也包含用户持续使用、不取关的行为[16]。从文献来看，对微信公众平台用户行为研究多采用问卷调查和访谈的方法。例如，李嘉等通过问卷调查了用户的基本信息、用户使用微信公众平台的基本情况以及用户对微信公众号平台的感知[7]；柳竹通过焦点小组访谈，对用户参与的微信互动传播做了更细致的考察[17]。苏云和陆泽明以社群信息学作为切入点进行了分析[18]。闫旭对公众号谣言传播机制进行了剖析[19]。唐亚阳和陈三营基于启发式系统模型对高校官方公众号传播效果进行了研究[20]。聂勇浩和陈函对档案馆官方微信做实证研究，提出原创内容和相对固定的推送频率有利于信息传播[21]。曾蕴林等从内容、呈现形式、互动、数据分析等角度针对医学类学术期刊微信公众号提出传播策略建议[22]。并且，多数学者是从用户的主观感知及使用体验两方面出发，研究用户行为[23]。在这些研究之中，很多理论和模型都被运用，如"使用与满足理论"[5]、技术接受模型和顾客满意度指数模型[24]、S-O-R理论[25]等。

研究发现，订阅号中用户的互动及参与能反向作用于用户满足及需求，二者良性循环[26]，信息需求、社交需求、娱乐需求是促进用户互动提升的重要因素[6]。通过对现有文献的总结，微信订阅号用户行为的影响因素如表1所示。

表 1 微信订阅号用户行为影响因素

影响因素	评估指标概述	参考文献
用户层面	功能满足（信息及服务）	黄楚筠和彭琪淋[5]
	社交满足（共同爱好的朋友）	管斌[6]
	享乐满足（感知有趣、有故事）	李嘉等[7]

续表

影响因素	评估指标概述	参考文献
环境层面	公众号粉丝量	唐亚阳和陈三营[20] 张晶[8]
	公众号类型	
	推送内容来源	
	推送发送时间（高峰碎片化时间）	
	推送频率	
内容层面	标题特性（疑问、感叹等）	吴中堂等[9] 聂勇浩和陈函[21]
	文章类型	
	关键词热度	
	内容文字数量	
	多媒体数量	
	推送情感色彩	
互动层面	收藏行为	瓦子珺[26] 曾蕴林等[22]
	用户的自我表达	
	不同情境中的交流	

虽然目前的研究对于用户互动的许多角度都有涉及，但是仍然缺乏一个整体的框架来将各个方面的因素有机融合在一起。同时，学者对微信订阅号的相关研究多是采用案例分析法、问卷调查法或访谈法等研究方法进行定性分析，在数据量和表征能力上存在一定的不足，在拓展性和可信度方面还存在一定的提升空间。对此我们想借助一个适合的理论，提出一个整体的研究框架。我们发现，目前研究微信订阅号用户互动行为所采用的理论较少，利用"互动仪式链理论"的文献更少。所以我们决定以微信订阅号中用户互动行为为研究对象，借鉴现有研究的理论基础和方法并利用互动仪式链理论，运用大量真实的微信订阅号运营数据，并结合微信订阅号自身特点进行分析，研究微信订阅号用户互动行为的影响因素。

2.2 互动仪式链理论

兰德尔·柯林斯结合相关的社会学、宗教学的传统理论，在2009年的《互动仪式链》一书中提出"互动仪式链理论"，从社会学的角度指出互动是一个过程，每个个体在互动中获得，并以互动行为推动社会发展[27]。互动仪式的发生需要具备以下四个组成要素[28]：①共同在场：在互动行为中需两位及以上参与者在同一场景之中；②局外人界限：对未参与互动仪式的局外人设置界限，将其排除在外；③共同关注焦点：参与者的注意力集中在相同的事物或主题上，在一定程度上能够主动互相分享关注内容；④共享情感体验：参与者彼此间分享参与互动的情感及体验，并激发参与者之间的关注焦点。当参与者身处同一场景之下，相互间产生互动，在互动仪式过程中，参与者不断发表自己的观点，并且听取他人的意见，通过不断地分享互动，将关注焦点聚焦在某一特定对象上，并对共同关注的焦点产生同一情感体验，相互之间更加积极地进行传播，在此过程中，进一步了解互相对关注焦点的认知，共享参与者之间的情感及体验[29]。当互动不断进行、情感不断累加，参与者之间产生情感共鸣，最终产生的互动仪式的仪式结果主要有以下四种[30]：①群体认同：参与者对自身所处群体有强烈的认同感；②个人情感能量：参与者在互动行为过程中具有满腔热忱以及自信主动的情感感受，这种情感能量是人们参与传播互动的重要动力；③群体符号：在互动过程中群体产生的能够代表群体的独特符号，如图表、文字或代表物等，使参与者感受到自己与群体间的联系；④道德感：参与者在互动中产生的一种维护群体形象、尊重群体符号的道德感，与此同时，会因为背叛群体而产生罪恶的感受，以此来强化参与者之间的互动情感。具有因果关系与反馈循环的互动仪式链模型描述如图1所示。

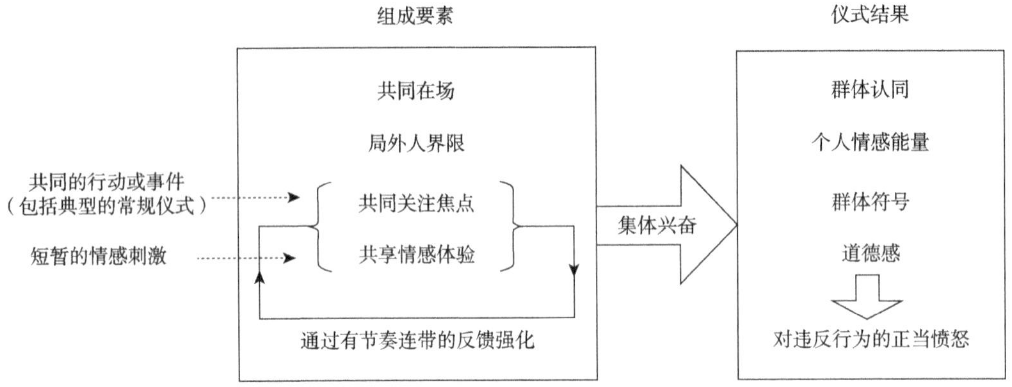

图 1　互动仪式链模型

互动仪式链理论不断发展，被越来越多的学者应用于不同的场景之下，包括对于音乐表演的互动仪式[31]、棒球比赛现场的气氛[32]、教堂的互动仪式[33]等。目前，已经有学者在国内的社交媒体研究中引入了这一理论，如直播[14, 34]、短视频[12]、微博话题[10]、弹幕电影[35]等。这些应用互动仪式链理论的文献对于将这一理论应用于社交媒体研究中提供了很好的经验，而互动仪式链理论本身的模型框架不是某几个特定的变量构成的结构固定的模型，而是研究互动仪式的一般框架，具有很强的理论扩展性和解释力，也适合作为一个整体的概念模型为本文研究问题提供理论支撑，模型中的各个要素十分契合于微信订阅号用户互动的场景。

3　模型构建

3.1　微信订阅号互动仪式

互动仪式链理论中提出的仪式组成要素，包括共同在场、局外人界限、共同关注焦点与共享情感体验，在微信订阅号中对应如下。

（1）共同在场：用户关注微信订阅号，微信公众平台为订阅号与用户、用户与用户搭建了一个虚拟的共同在场情境。微信订阅号可以发送推送文章给已关注的用户，用户也可以通过阅读推送文章、分享转发、点击在看以及留言区评论等方式与订阅号进行互动，订阅号的运营者可通过对用户留言进行反馈与用户互动，用户之间可通过互相点赞留言评论并回复留言的方式进行互动。

（2）局外人界限：由于订阅号的特性，推送文章只能送达已关注订阅号的用户，用户的点击在看、评论等互动行为也只有关注了订阅号或该推送文章的用户能够看到，这样的交互行为被限制在一个用户群体中，营造出一个较为封闭的互动仪式情境。

（3）共同关注焦点：订阅号推送文章给已关注的用户，用户阅读推送文章，并进行点赞、评论等互动行为，双方就推送文章主题形成共同关注的焦点。

（4）共享情感体验：订阅号运营者可感知用户情感并反馈，用户之间也在评论、回复评论等互动行为中不断分享各自的观点，这样的循环往复使得用户共享情感体验的状态不断强化。

在互动仪式链发生后，将会产生群体认同、个人情感能量、群体符号及道德感四种仪式结果，对应在微信订阅号中如下。

（1）群体认同：微信订阅号的推送若能满足关注用户的喜好与需求，则用户会和微信订阅号之间建立一个稳定的关注和互动关系。在互动过程中，用户对订阅号推送文章的分享被其他用户认可、用户评论被其他用户点赞、用户评论被订阅号运营者回复等，都会使其群体认同感加深。

（2）个人情感能量：对于用户而言，在阅读推送文章后产生情感，以评论留言的方式在推送后表达自己的感受，若评论得到订阅号运营者或其他用户的回复或点赞，则能进一步激发用户的积极情感能量。对于微信订阅号运营者而言，已关注订阅号的用户在互动中进行的阅读、分享、点击在看、评论等行为，也能够激励运营者再接再厉。

（3）群体符号：用户可以通过推送文章中的文字内容、点赞后的红心标志或评论留言中的表情符号等来代表自己属于该订阅号互动情境中的一员，也可以使用文献订阅号的标志等。

（4）道德感：用户阅读自己已关注的微信订阅号后，留言评论表达自己的感受，若遇到无理的用户随意发表的不当言论，会激发群体的道德感，共同维护订阅号，彰显自己的群体成员身份。

综上所述，将微信订阅号中互动仪式的组成要素及仪式结果汇总，提出理论模型，如图2所示。

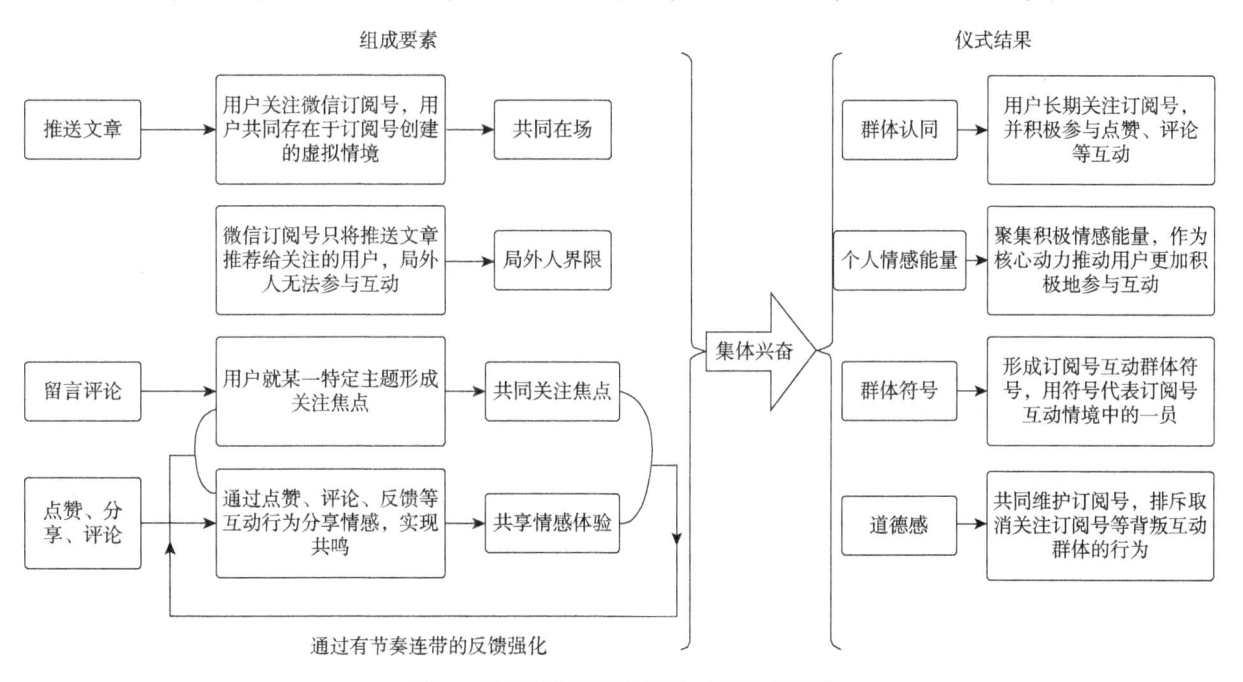

图2 微信订阅号场景下的互动仪式模型

3.2 微信订阅号与用户互动效果影响因素与评价指标模型和变量

基于互动仪式链理论，结合微信订阅号的用户互动行为特征，根据互动仪式的组成要素，可以将每个要素下的特征指标和评价指标进行量化，以量化订阅号用户互动效果。我们参考已有文献，并通过集中讨论定义了各要素的指标，各项指标如下。

（1）共同在场：我们将因素划分为订阅号类型、客观条件、展现形式及在场人数。订阅号类型分为娱乐类、情感类及资讯类。客观条件包含推送文章是否包含热点内容、是否是一天中高峰时间发送、是否是周末时间发送、是否是头条及推送文章次序。展现形式主要表现为文章中多媒体的使用，如图片、视频、音乐等，以及推送文章包含的文字数量。在场人数由订阅号发送推送时的当日关注人数所定。

（2）共同关注焦点：推送文章标题与订阅号主题是否契合可能会对用户互动行为产生一定的影响。推送内容的认可程度方面，主要针对推送文章的转发分享率、朋友圈分享阅读人数及好友转发阅读人数。

（3）共享情感体验：分为观点交流情况及情感能量的情况。观点交流具体分为订阅号运营者是否对用户评论进行回复、对用户评论的点赞情况及对订阅号运营者反馈留言的点赞情况。用户评论中的情感倾向也会影响其参与互动的积极性。

结合微信公众平台所提供的功能，我们对互动效果影响因素的因变量定义如下：①阅读量，取值为一篇推送文章的所有渠道的阅读量之和；②分享量，取值为一篇推送文章的所有渠道的转发分享量之和；③点击在看量，取值为一篇推送文章的用户点击在看的总数；④评论量，取值为一篇推送文章的文末评论及回复数量之和。

我们将其总结如图 3 所示。

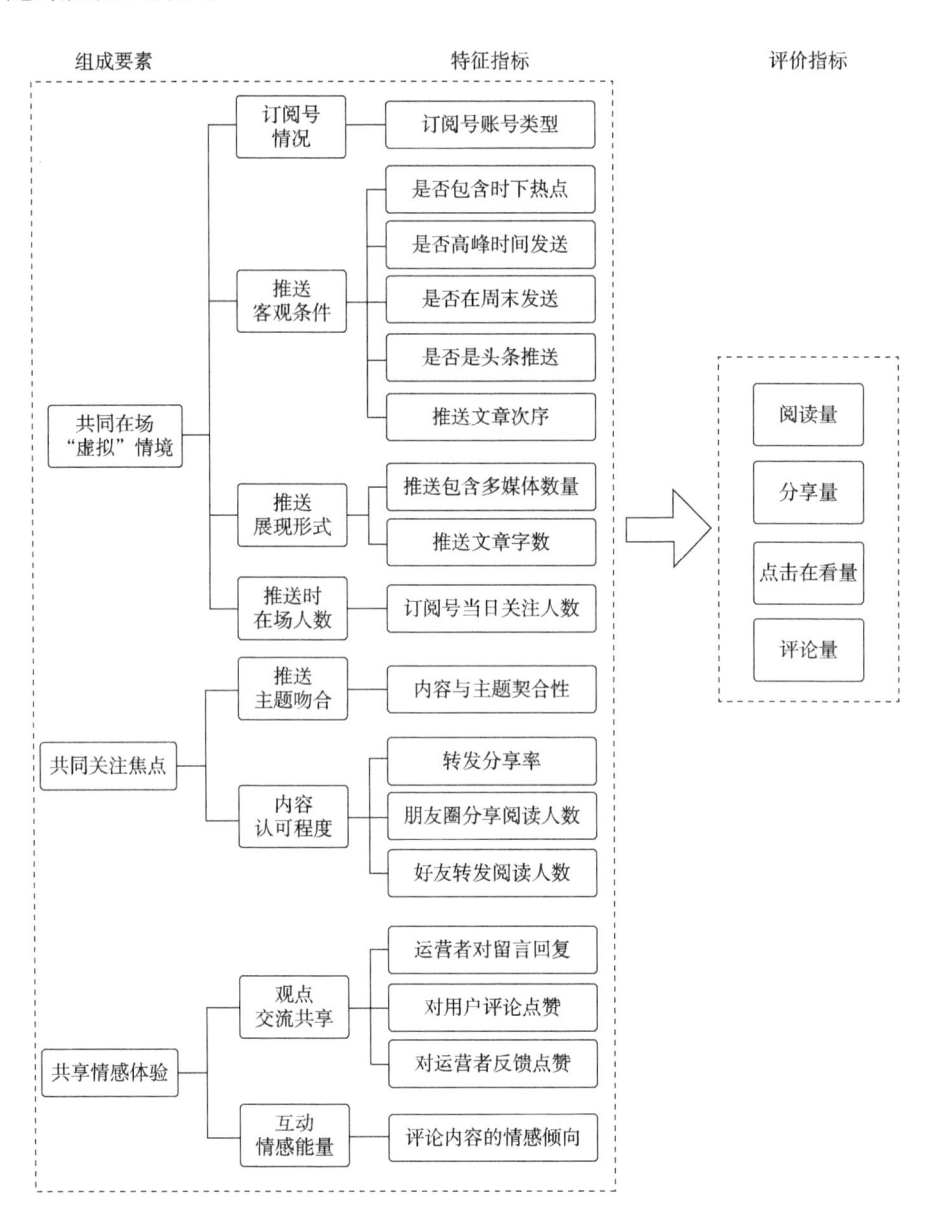

图 3　微信订阅号与用户互动效果影响因素基本模型

各组成要素的自变量和因变量定义如表 2 所示。

表 2 变量定义表

要素		含义	变量	类型	文献背景
共同在场"虚拟"情境	订阅号情况	订阅号账号类型	account_type	整数变量	赵敬和李贝[3]；吴中堂等[9]；张晶[8]；宋维翔和贾佳[36]
	客观条件	是否包含热点	is_tittle_hotspot	0~1 变量	
		是否 17~22 时推送	is_rush_hour	0~1 变量	
		是否周末	is_weekend	0~1 变量	
		是否是头条	is_first	0~1 变量	
		推送文章次序	idx	整数变量	
	展现形式	多媒体数量	img_num	整数变量	
		文章字数	word_count	整数变量	
	在场人数	当日关注人数	total	整数变量	
共同关注焦点	主题吻合	内容与主题是否契合	fit_theme	0~1 变量	瓦子珺[26]；程慧平等[37]；张坤等[38]
	内容认可	转发分享率	share_rate	小数变量	
		朋友圈分享阅读数	feed_read_count	整数变量	
		好友转发阅读数	friends_read_count	整数变量	
共享情感体验	观点交流	运营者对留言回复	reply	0~1 变量	张雯雯[39]；龚婉[40]；陈子璇[41]
		用户评论点赞	comment_like	0~1 变量	
		运营者反馈点赞	reply_like	0~1 变量	
	情感倾向	评论内容情感倾向	emotional_energy	0~1 变量	
因变量	阅读量		read_count	整数变量	颜月明和赵捧未[42]；张海涛等[43]
	分享量		share_count	整数变量	
	点击在看量		like_count	整数变量	
	评论量		comment_num	整数变量	

4 数据与实验

4.1 数据来源

本文中所用到的数据来自北京速途网络科技股份有限公司旗下运营的微信订阅号后台数据库。北京速途网络科技股份有限公司是中国领先的"新媒体生态运营商"，主营业务包括新媒体产品与服务、内容营销服务、新媒体营销平台业务三大业务板块，具有业内领先的新媒体全生态链服务能力，拥有超过 160 个微信订阅号，涉及娱乐、情感、财经、时尚等不同领域，账号规模从几万至上百万不等。本文从娱乐类、情感类、资讯类三类订阅号中分别选取了三个运营情况较好的订阅号，采集了其从 2019 年 6 月 1 日至 2019 年 12 月 31 日真实的运营数据，包含微信订阅号的推送文章标题、发布时间、文章内容、图片数量、推送次序、阅读量、分享量、收藏量、评论数量、在看数量等信息，整体数据描述性统计如表 3 所示。

表 3 微信订阅号数据表

分类	账号名称	推送数	粉丝量	增长粉丝量	总阅读量	总分享量	总在看量	总收藏量	总评论数
娱乐类	电影天堂	547	1 252 926	110 207	11 438 334	122 595	87 263	37 377	26 671
	猫来了	790	1 202 837	80 647	16 149 409	432 525	197 349	78 013	29 044
	每日瑜伽	893	593 335	167 649	8 244 631	214 584	36 631	127 608	21 010
情感类	一句心情签名	782	980 571	62 634	12 568 199	223 379	82 108	59 302	27 088
	郭半仙儿	318	1 001 620	13 962	35 456 793	43 998	13 144	8 342	4 756
	星座爱情运势	594	401 446	73 638	5 340 798	48 548	12 245	10 546	3 462
资讯类	财经文摘	838	1 085 823	224 822	8 459 844	497 414	23 347	164 530	5 851
	金融内参	255	228 286	4 984	1 148 127	23 172	5 752	2 362	988
	头条资讯	596	201 849	4 450	1 036 614	52 614	5 008	4 159	1 094

4.2 统计方法

随着数学已经慢慢渗透至各个学科，以及电子计算的普及，统计分析法已经成为科学研究中不可或缺的一种研究方法，也是当下使用较为广泛的一种客观、准确的分析方法。本文建立微信公众号与用户互动结果影响因素的数学模型，将获得的微信订阅号数据进行整理、筛选、数理统计和分析，最终形成定量的结论。本文选择使用 IBM SPSS Statistics 25.0 软件中的相关性分析和回归分析来验证影响因素与互动行为的关系，这一统计软件在常用统计方法和研究中具有较好的适用性。我们利用 Python 进行文本的处理，获取推送文章的内容关键词及评论区的情感倾向；利用 SPSS 软件对数据进行统计分析，得出相关关系，将各影响因素量化。

5 分析结果

我们从互动仪式的组成要素即共同在场、共同关注焦点、共享情感体验三个方面，从阅读量、分享量、点击在看量及评论量四个评价维度分别讨论这些因素对微信订阅号用户互动效果的影响。

5.1 共同在场

为验证是否是在周末发送这一自变量对阅读率与分享率的影响，我们提出原假设阅读率与分享率在是否周末类别上的分布相同。检验结果如表 4 所示。

表 4 是否在周末发送的相关检验摘要

检验指标	阅读率	分享率
总计 N	5 119	5 119
曼-惠特尼 U	2 737 222.000	2 643 999.500
威尔科克森 W	3 758 957.000	3 665 734.500
检验统计	2 737 222.000	2 643 999.500
标准误差	47 432.242	47 432.242
标准化检验统计	2.123	0.158
渐进显著性（双侧检验）	0.034	0.874

由统计结果可知，阅读率这一指标显著性水平为 0.034<0.05，拒绝原假设，分享率的显著性水平为 0.874>0.05，保留原假设。即阅读率在推送文章是否是周末发送上的分布有显著差异，分享率在推送文章是否是周末发送上的分布并无显著差异。

结合中位数情况，我们可以得出结论，在周末发送的推送文章在阅读率上会高于非周末发送的推送文章，但在分享率方面并没有优于非周末的推送文章。

我们做进一步的数据分析，分别检验三类微信订阅号的阅读率和转发率在是否头条变量上的分布情况是否相同，结果如表 5 所示。

表 5 推送文章是否是头条的曼-惠特尼 U 检验-秩

账号类别		是否头条	案例数	秩平均值
娱乐类	阅读率	0	1 565	795.11
		1	434	1 738.82
	分享率	0	1 565	907.82
		1	434	1 332.38
情感类	阅读率	0	1 197	611.94
		1	421	1 371.20
	分享率	0	1 197	785.86
		1	421	876.70
资讯类	阅读率	0	1 064	542.09
		1	438	1 260.19
	分享率	0	1 064	739.72
		1	438	780.11

结合秩平均值的比较情况来看，在三类订阅号中，头条推送的阅读率显著高于非头条推送，娱乐类和情感类订阅号的头条分享率也显著高于非头条推送，仅情感类与资讯类在分享率方面秩平均值差异较小。

结合数据的特征，我们将图片数量分层次进行统计分析。将一篇推送文章中包含的图片数量分为五个层次，如表 6 所示。

表 6 img_type 层次分类标准及样本数量

图片数量	img_type	总文章数
0~10	1	1 055
11~20	2	1 311
21~30	3	979
31~40	4	890
>40	5	884

研究图片数量为哪一层次时，用户点击在看量最优，具体差异情况看秩平均值。

img_type = 1，秩平均值为 436.38；

img_type = 2，秩平均值为 524.94；

img_type = 3，秩平均值为 770.71；

img_type = 4，秩平均值为 701.74；

img_type = 5，秩平均值为 682.64。

据分析我们得出结论，图片数量在 11~20 张的推送文章，用户点击在看量优于图片数量少于 10 张的推送文章；图片数量大于 20 张的推送文章，用户点击在看量优于 11~20 张图片的推送文章。由此我们发现，在一篇推送文章中，当图片数量超过 20 张则会对用户点击在看行为起到正向的作用。

5.2 共同关注焦点

为探究推送文章内容与订阅号主题是否契合对阅读量、分享量、点击在看量及评论量的影响，我们针对娱乐类及资讯类订阅号做如下进一步的研究（表 7）。

表 7 内容与主题是否契合的曼-惠特尼 U 检验-秩

互动指标	是否契合主题	娱乐类 个案数	秩平均值	秩的总和	资讯类 个案数	秩平均值	秩的总和
阅读量	0	905	1 014.84	918 426.50	542	574.01	311 111.50
	1	1 295	1 160.37	1 502 673.50	1 130	962.40	1 087 516.50
	总计	2 200			1 672		
分享量	0	905	859.42	777 773.50	542	710.65	385 172.50
	1	1 295	1 268.98	1 643 326.50	1 130	896.86	1 013 455.50
	总计	2 200			1 672		
点击在看量	0	905	922.11	834 510.50	542	702.53	380 769.00
	1	1 295	1 225.17	1 586 589.50	1 130	900.76	1 017 859.00
	总计	2 200			1 672		
评论量	0	905	922.72	835 062.00	542	691.44	374 759.50
	1	1 295	1 224.74	1 586 038.00	1 130	904.04	1 018 855.50
	总计	2 200			1 672		

通过观察秩平均值的情况，在有显著性差异的几项参数中，我们发现娱乐类与资讯类的微信订阅号呈现出相同的特点：推送文章内容与订阅号主题相吻合，则该推送文章的阅读量、分享量、点击在看量及评论量都会大于不相吻合的推送文章。说明在推送文章内容与订阅号主题相吻合时，用户的共同关注焦点相同，则互动效果更佳。

5.3 共享情感体验

用户可以留言评论、运营者可以对留言进行回复、其余用户也可以对他人的留言进行点赞。因此，我们将运营者是否对留言进行回复、是否有用户对他人评论进行点赞以及是否有用户对运营者的反馈进行点赞作为自变量，分析这些因素对微信订阅号互动效果是否有影响。

我们分析观点交流方面的三个影响因素与推送文章的分享量及点击在看量之间的关系。经斯皮尔曼等级相关性分析，结果如表 8 所示。

表 8 娱乐类订阅号中观点交流三个影响因素与分享量、点击在看量的相关性分析

	互动指标		reply	comment_like	reply_like
斯皮尔曼 Rho	分享量	相关系数	0.047[*]	0.170[**]	0.252[**]
		显著性（双尾）	0.026	0.000	0.000
		个案数	2 200	2 200	2 200

续表

互动指标			reply	comment_like	reply_like
斯皮尔曼 Rho	点击在看量	相关系数	−0.223**	0.293**	0.110**
		显著性（双尾）	0.000	0.000	0.000
		个案数	2 200	2 200	2 200

**表示在 0.01 级别（双尾）相关性显著；*表示在 0.05 级别（双尾）相关性显著

通过统计数据的分析发现，用户对评论点赞以及用户对运营者反馈点赞，都对分享量和点击在看量有正向的影响，二者会在一定程度上激发用户的发现及点击在看的互动行为，提高互动效果。相比之下，运营者对用户留言进行回复对分享量的影响较小，对于点击在看量，运营者的回复会产生负向影响。

同样，我们对情感类及资讯类订阅号进行相关性分析，数据分析结果如表 9、表 10 所示。

表 9　情感类订阅号中观点交流三个影响因素与分享量、点击在看量的相关性分析

互动指标			reply	comment_like	reply_like
斯皮尔曼 Rho	分享量	相关系数	0.085**	−0.140**	0.220**
		显著性（双尾）	0.000	0.000	0.000
		个案数	1 660	1 660	1 660
	点击在看量	相关系数	0.184**	0.080**	0.052*
		显著性（双尾）	0.000	0.001	0.034
		个案数	1 660	1 660	1 660

**表示在 0.01 级别（双尾）相关性显著；*表示在 0.05 级别（双尾）相关性显著

表 10　资讯类订阅号中观点交流三个影响因素与分享量、点击在看量的相关性分析

互动指标			reply	comment_like	reply_like
斯皮尔曼 Rho	分享量	相关系数	0.012**	0.257**	−0.005
		显著性（双尾）	0.000	0.000	0.842
		个案数	1 672	1 672	1 672
	点击在看量	相关系数	0.109**	0.294**	0.031
		显著性（双尾）	0.000	0.000	0.201
		个案数	1 672	1 672	1 672

**表示在 0.01 级别（双尾）相关性显著

在情感类订阅号中，各自变量的相关性与娱乐类订阅号的差异性较大。运营者对用户留言进行回复与点击在看量有正相关关系，且影响相对评论点赞及反馈点赞程度更大。对用户评论点赞与分享量呈现负相关关系，且对点击在看量只具备较弱的正向影响。对运营者反馈点赞对分享量有较大的正向影响。这样的统计结果可能是因为情感类订阅号的关注用户更期望与运营者反馈互动。

由资讯类订阅号的数据分析结果可知，用户对评论点赞的互动行为对分享量及点击在看量都具有较强的正向相关关系，用户对评论点赞会增强订阅号互动效果。运营者对留言进行回复对分享量与点击在看量有较弱的正向影响。用户对运营者反馈点赞对分享量有较弱的负向影响，对点击在看量的正向影响也较弱。

5.4 研究结论

我们得出了以下的发现：

（1）共同在场：娱乐类、情感类、资讯类，三类订阅号的用户阅读及分享的互动行为存在一定差异，其中资讯类订阅号会更容易吸引用户阅读，而娱乐类订阅号中，用户会更多参与分享互动。同时，是否周末发文在阅读量方面明显有差异，但在分享量方面没有。微信订阅号的运营者要迎合用户时间，把握周末发送推送文章的机会，促使用户与订阅号产生互动的际遇，将近日质量最优的王牌内容在周末发送，以获得更多的互动。另外，对于推送文章的次序，头条推送对互动行为有积极影响。微信订阅号的运营者可以将当日质量最好的推送文章放至头条位置，充分利用头条推送文章的优势，从而收获更多的分享、点击在看及评论，将订阅号与用户互动的效果收益最大化，增强微信订阅号与用户的互动黏性。如果图片数量较少，用户的分享行为会显著降低，而当图片数量超过 20 张则会对用户点击在看行为起到正向的影响。微信订阅号的运营者需要提高自身技术能力，图文并茂地合理安排内容布局，提高用户互动效果。而且，有趣的是，在推送文章发送时，订阅号的关注人数对用户参与订阅号虚拟情境互动的效果没有显著相关关系。

（2）共同关注焦点：主题契合度和参与者对内容的认可程度对用户互动效果有正向的影响。每一类型的微信订阅号都有其主要涉及的领域及主题，而用户长期关注订阅号也是对其主题的认可，所以在推送文章内容上要尽量与主题相契合，可以适当地"蹭热点"，关注时下热门内容等，但整体还是需要迎合关注用户的订阅需求，让用户能在订阅号的虚拟情境中找到自己的关注焦点，并能够长久地与其他用户交流分享自己关注的对象。

（3）共享情感体验：不同的观点交流方式对各类型微信订阅号互动效果的影响有所区别。在娱乐类订阅号中，用户对评论点赞及用户对运营者反馈点赞，都对分享量和点击在看量有正向的影响；在情感类订阅号中，对用户评论点赞与分享量呈现负相关关系，且对点击在看量只具备较弱的正向影响；在资讯类订阅号中，用户对评论点赞的互动行为对分享量及点击在看量都具有较强的正向影响。此外，评论积极的情感倾向对用户互动效果有正向的影响。共享情感体验与共同关注焦点形成强化反馈循环，对提升微信订阅号互动效果有重要意义。微信订阅号的运营者需要重视用户的情感，促使其表达自己，吸引更多用户参与；并且应该积极参与留言区评论互动，适当引导用户正向情感。

同时，我们在统计分析中进行了 Robust 回归验证。使用 RANSAC 随机采样一致性算法对统计数据相应的变量进行了检验，显著性分析结果是符合原有结论的。这可以证明数据整体的异常值筛选是较为有效的，实验结论也是较为可靠的。

6 总结

微信订阅号作为当下热门的社交媒体方式之一，为运营者及用户提供了一个进行互动仪式的平台，将兰德尔·柯林斯提出的"互动仪式链理论"与微信订阅号的特性相结合，发现该理论能够很好地应用于微信订阅号的平台中。微信订阅号为运营者及用户提供了一个虚拟的平台，形成"虚拟"在场，由于订阅号的推送只发送至关注的用户，形成了局外人的界限，针对订阅号的主题或推送文章的内容，用户产生认同感并通过分享或评论的方式与其他用户产生交流，形成共同的关注焦点并共享自己的情感及体验，最终成功完成互动仪式。共同在场、局外人界限、共同关注焦点及共享情感体验作为四个组成因素在微信订阅号中体现在推送文章的订阅号类型、客观条件、展现形式、在场人数、主题契合、内容认可、观点交流及情感倾向等方面，并且影响着最终的互动效果。

本文在理论方面的贡献主要有以下两个方面。第一，理论应用创新。互动仪式链理论在2009年被提出后，被应用于多种情境中进行互动行为的研究。但通过相关文献了解到，目前国内外的研究人员多将该理论应用于对音乐或体育类多人互动场景之中以及网络直播等同步互动的情境中，鲜有以微信订阅号及其用户的互动行为为研究对象。本文将互动仪式链理论应用到微信公众平台，并结合了微信订阅号的特点，对影响用户互动行为效果的因素进行分析，增强了其普适性，填补了现有研究的不足。第二，现有关于微信订阅号的研究多是采用案例分析法或是问卷调查法，进行定性分析，或是基于某一个具体的微信订阅号进行个案研究，在可信度方面存在一定的不足，在数据量和研究方法方面有一定的提升空间。本文提出了一个整体的框架，将影响微信订阅号用户互动行为的因素进行了有机融合，并且拓宽了研究微信订阅号的数据来源，通过与北京速途网络科技股份有限公司合作，获得大量真实的微信订阅号后台历史运营数据，采用实证分析的方式研究用户互动效果的影响因素，弥补了微信订阅号定量实证研究的不足。

实践方面的贡献主要是可以对微信公众号等自媒体运营者一些启发。首先，在互动仪式链理论中"共同在场"是仪式的前提条件，那么微信订阅号的运营者需要积极营造出良好的情境，使互动的用户参与其中，需要把握周末推送机会，注重头条推送文章质量，注重图文并茂、内容布局合理。其次，微信订阅号的运营者需要创造出符合用户需求的内容，促使用户间共同焦点的形成，需要内容主题一致，明确用户需求，强化共享情感体验的状态，积极参与留言区评论互动，适当引导用户正向情感。

本文的研究不足与展望主要有三个方面。首先，基础数据选择。本文共选择了北京速途网络科技股份有限公司旗下的九个账号规模较大的微信订阅号，涉及三个领域类型，时间上数据跨度为2019年6月1日至12月31日，因此在数据总量上没有达到很大的规模。今后的研究中，期望能够观察更大、更新以及时间跨度更长的数据样本范围，得到更准确的研究结果并增强模型的普适性。其次，互动效果影响因素的选取。基于现有研究及微信订阅号的特性，以及获得的微信订阅号的运营数据，我们尝试性地提出了推送文章是否周末发送、推送文章内容是否与订阅号主题相契合、留言区评论内容的情感倾向等15个影响因素，而其他因素如参与互动用户的自身特征、推送文章内容的具体分析、推送的原创性等并未纳入研究范畴，因此影响因素特征指标的完善将是今后的研究重点。最后，研究中包含推送文章内容是否与订阅号主题一致以及留言区的评论情感倾向的分析，均采用当下通用的算法，但由于汉语的复杂性，并不能完全准确地获取文字特征。之后可借助更准确的文本分析算法，从更多的维度分析文字内容对互动效果的影响。

参 考 文 献

[1] 张光前, 张席婷. 微信公众号内植入广告对用户持续使用公众号影响的研究[J]. 信息系统学报, 2019, （2）: 53-66.

[2] 牛江波. 公众平台订阅号著作权侵权问题研究[D]. 云南大学, 2017.

[3] 赵敬, 李贝. 微信公众平台发展现状初探[J]. 新闻实践, 2013, （8）: 8-10.

[4] 明蔚. 推动学术传播：学术会议情境下微信社群信息分享动机的探索与考察[J]. 东南传播, 2020, （3）: 119-122.

[5] 黄楚筠, 彭琪淋. 高校微信公众平台使用动机与传播效果研究——以中南大学微信平台为例的实证分析[J]. 东南传播, 2014, （8）: 122-124.

[6] 管斌. 微信公众平台用户使用意愿影响因素研究[D]. 华中师范大学, 2015.

[7] 李嘉, 任嘉莉, 刘璇, 等. 微信公众平台的用户持续使用意愿研究[J]. 情报科学, 2016, 34（10）: 26-33, 55.

[8] 张晶. 基于AISAS模型的自媒体知识传播模型研究[D]. 中国人民大学, 2018.

[9] 吴中堂, 刘建徽, 唐振华. 微信公众号信息传播的影响因素研究[J]. 情报杂志, 2015, 34（4）: 122-126.
[10] 郭倩. 互动仪式链理论视角下的微博话题互动研究——以"少放鞭炮事件"为例[J]. 新闻知识, 2015, （9）: 38-40.
[11] 钱姣姣, 郝永华. 互动仪式链视角下虚拟社群的情感能量研究——以三个豆瓣购物组为例[J]. 新媒体研究, 2021, 7（14）: 33-35.
[12] 田高洁. 互动仪式链视角下的音乐短视频研究——以抖音App为例[J]. 新媒体研究, 2018, 4（4）: 22-23.
[13] 石磊, 黄婷婷. 社群微商与病毒式传播——基于互动仪式链理论的解析[J]. 新闻战线, 2019, （3）: 60-62.
[14] 邱诗佳. 电商直播的互动仪式分析——以李佳琦直播间为例[J]. 视听, 2020, （2）: 167-168.
[15] 黄楚新, 王丹. 微信公众号的现状、类型及发展趋势[J]. 新闻与写作, 2015, （7）: 5-9.
[16] 魏新. 自媒体时代对党校学术期刊的影响与对策探析——以微信公众平台为例[J]. 中北大学学报（社会科学版）, 2018, 34（3）: 134-138, 144.
[17] 柳竹. 浅析微信互动传播的情感动因[J]. 新闻知识, 2016, （2）: 33-35.
[18] 苏云, 陆泽明. 社群信息学视角下民族社区微信传播机制研究[J]. 兰州文理学院学报（社会科学版）, 2019, 35（4）: 107-131.
[19] 闫旭. 微信公众号谣言的传播机制研究[J]. 新闻前哨, 2019, （11）: 86-87.
[20] 唐亚阳, 陈三营. 高校官网微信公众号传播效果影响因素的实证研究——基于启发系统模型[J]. 湖南大学学报（社会科学版）, 2018, （5）: 155-160.
[21] 聂勇浩, 陈函. 内容为王: 档案馆官方微信传播效果的影响因素研究[J]. 档案学研究, 2019, （6）: 53-59.
[22] 曾蕴林, 周丽, 张耀元, 等. 提升科学类学术期刊微信公众号传播力的策略探讨[J]. 天津科技, 2020, 47（8）: 108-110.
[23] 岳淼, 黄琬丽. 《人民日报》微信公众平台的传播与用户行为研究[J]. 现代传播（中国传媒大学学报）, 2017, 39（5）: 133-136.
[24] 李雪, 龙权, 温淑婧. 高校微信公众平台学生满意度影响因素研究——基于结构方程模型的实证研究[J]. 北京邮电大学学报（社会科学版）, 2016, 18（4）: 6-12.
[25] 郭顺利, 张向先, 相甍甍. 高校图书馆微信公众平台用户流失行为模型及其影响因素分析[J]. 图书情报工作, 2017, 61（2）: 57-66.
[26] 瓦子珺. 成都大学生微信公众号用户参与和分享行为影响因素研究[D]. 西南交通大学, 2018.
[27] Collins R. Interaction Ritual Chains[M]. Princeton: Princeton University Press, 2009.
[28] Boyns D, Luery S. Negative emotional energy: a theory of the "dark-side" of interaction ritual chains[J]. Social Sciences, 2015, 4（1）: 148-170.
[29] Wollschleger J. Interaction Ritual Chains and Religious Participation 1[C]//Sociological Forum. Oxford: Blackwell Publishing Ltd, 2012: 896-912.
[30] Goss D. Reconsidering Schumpeterian opportunities: the contribution of interaction ritual chain theory[J]. International Journal of Entrepreneurial Behavior & Research, 2007, 13（1）: 3-18.
[31] Heider A, Warner R S. Bodies in sync: interaction ritual theory applied to sacred harp singing[J]. Sociology of Religion, 2010, 71（1）: 76-97.
[32] Kwon K N, Lim S W. Enthusiast mechanism among baseball crowd: an interaction ritual chains theory approach[J]. Korean Society for the Sociology of Sport, 2016, 27（4）: 45-64.
[33] Wellman Jr J K, Corcoran K E, Stockly-Meyerdirk K. "God is like a drug…": explaining interaction ritual chains in American megachurches[J]. Sociological Forum, 2014, 29（3）: 650-672.

[34] 黄莹, 王茂林. 符号资本与情感能量：互动仪式链视角下网络直播互动分析[J]. 传媒, 2017, （8）：80-83.
[35] 诸葛达维. 互联网时代的弹幕电影分析——基于互动仪式链视角[J]. 新闻界, 2015, （3）：2-6, 30.
[36] 宋维翔, 贾佳. 微信公众号信息质量与用户互动行为关系研究[J]. 现代情报, 2019, 39（1）：78-85.
[37] 程慧平, 闻心玥, 苏超. 微信公众号用户取消关注意向研究[J]. 管理学报, 2021, 18（6）：904-911.
[38] 张坤, 王雪, 李力. 高校图书馆微信公众号服务质量评价指标体系的构建与分析[EB/OL]. http://kns.cnki.net/kcms/detail/23.1331.G2.20210423.1455.008.html, 2021-06-28.
[39] 张雯雯. 赋权视角下的移动新闻客户端用户评论行为研究[D]. 南京理工大学, 2017.
[40] 龚婉. 新华社微信公众号的互动传播研究[D]. 江西财经大学, 2020.
[41] 陈子璇. 如何激发自媒体中的用户评论[J]. 视听, 2020, （12）：153-154.
[42] 颜月明, 赵捧未. 一种微信公众号影响力的评估方法[J]. 情报杂志, 2016, 35（9）：141-145.
[43] 张海涛, 张会然, 魏萍, 等. 微信公众号影响力评价模型研究[J]. 图书情报工作, 2019, 63（4）：23-31.

An Empirical Research on the Interactive Behavior of WeChat Subscription Number Users from the Perspective of the Theory of Interactive Ritual Chain

XIE Pengfei, YANG Bo, HU Yue, HUANG Jingyun

(School of Information, Renmin University of China, Beijing 100872, China)

Abstract: In this paper, combining with Randall Collins's "interactive ritual chain" theory, a holistic research model is proposed to explore the interaction process of WeChat Subscription Account and users. The main findings are as follow. First, the type of subscription account, whether push is on holiday or not, the number of pictures and text have a certain influence on the interaction behavior. Second, there is no significant correlation between the number of subscribers and the interaction behavior. Third, the fitness between the content of the article and the theme of WeChat subscription account, users' recognition to the content of the article are very important to improve the interactive behavior; Different ways of exchange of views and emotional tendencies in the comment area all affect interaction.

Key words: WeChat subscription account, Users' behavior, the theory of interactive ritual chain

作者简介

谢芃菲（1994—），女，中债金科信息技术有限公司，曾为中国人民大学信息学院硕士研究生，硕士课题为电子商务创新创业方向。Email：xiepf94@126.com。

杨波（1968—），男，中国人民大学信息学院案例中心主任、副教授，研究方向包括电子商务、创新创业、服务外包、CIO[①]与IT治理、数字化转型。Email：yangbo_ruc@126.com。

胡越（1997—），男，中国人民大学信息学院硕士研究生，硕士课题为电子商务与数字化转型方向。Email：yueehu@163.com。

黄靖云（1999—），男，中国人民大学信息学院硕士研究生，硕士课题为电子商务与数字化转型方向。Email：1119252371@qq.com。

---

① CIO, chief information officer, 首席信息官。

数据要素市场的价格规律：来自上海数据交易中心的探索研究

尹文怡[1]　窦一凡[1]　汤奇峰[2]　黄丽华[1]

（1. 复旦大学管理学院，上海 200433；
2. 上海数据交易中心有限公司，上海 200436）

摘　要　数字经济时代，企业内快速积累的数据正在承担起新型生产要素的角色。然而，长期以来，数据在组织之间的流动缺乏必要市场支持，造成了普遍存在的"数据孤岛"现象，并制约了数据要素的有效配置。本文基于上海数据交易中心的前期经验和交易数据开展探索性研究。分析的核心结论是数据提供方的权威性和数据独特性对于成交价格具有决定性的影响；此外，不同场景下的数据价格在分布特征上存在显著不同。本文随后结合这些探索性的结论对于数据市场的健康发展进行了讨论，对我国当前各地兴建和完善数据市场的管理实践提供了一定的数据支持和方向指引。

关键词　数据交易，数据定价，生产要素，探索分析

中图分类号　F276.6

1 引言

在数字经济和人工智能时代，各类组织积累的海量数据已经成为科技创新和社会治理的核心动力和战略资源。然而，组织内"数据孤岛"现象的普遍存在，使得数据在组织之间的流动和融合往往受到很大限制，无法实现数据的市场化配置和价值挖掘。在这一背景下，我国于 2020 年 4 月提出《关于构建更加完善的要素市场化配置体制机制的意见》，将数据的战略作用提升到新型生产要素的高度，鼓励各级政府和组织积极探索和推动数据的市场化流通机制和交易方法。2021 年发布的"十四五"规划同样明确提出要"健全数据要素市场"。与土地、资本、劳动等传统生产要素相比，数据要素以其独特的技术、经济和市场特性，对数字经济时代国家经济社会发展具有更加关键的作用，也是我国提升数字经济全球竞争力的重要抓手。各地政府对此也高度重视，北京国际大数据交易所于 2021 年 3 月正式上线，其他交易所也在紧锣密鼓筹备，共同的目标是建立数据要素交易流通体系，推动建立市场化运作的数据交易市场，并为长期的数据资产化和数字化转型服务。

然而，自 2014 年贵阳大数据交易所建立以来，我国在数据交易市场的前期摸索过程举步维艰，交易规模的目标并未如期实现。在这当中，一个核心的难点在于市场供需双方对于数据价格仍未形成共识。例如，在本文研究团队前期的研究[1]调研中，18 个参与数据交易的企业中有 14 家都表示了类似于"目前数据价格不明确不成熟，更倾向于和另一方协商从而形成最终的价格结果"的态度。因此，如何总结经验并深入认识数据交易的特殊挑战并寻找应对策略，从而充分激活数据市场、激发潜在价值，是下一阶段我国健全数据要素市场中必须面对的重要议题。针对这一关键问题，本文得到了来自

通信作者：窦一凡，复旦大学管理学院教授、博士生导师，E-mail：yfdou@fudan.edu.cn。

国内当前处于领先水平的数据交易平台——上海数据交易中心的大力支持并开展相关研究。上海数据交易中心为本文提供了一套独特数据——2016年12月至2019年8月的平台交易历史数据抽样样本——以开展探索研究。根据本文作者的不完全搜索，这也是在数据交易市场这一方向上，首篇基于实际交易数据所开展的研究，因此本文也主要致力于探索和寻找数据交易市场中的研究突破点——何种因素可能影响了数据市场的交易价格与交易量。

数据交易模式和运营机制的改进和提升，关键在于认识数据交易双方在从事交易过程中的主要顾虑并探索应对机制。在本文研究团队的前期访谈中[1]发现，数据买方普遍对于数据"质量"最为关注：18位被访谈专家中共9位在访谈中提及"厂商权威性"，5位提及"数据独特性"，一位来自物联网企业的买方专家坦言"除了考虑数据所处行业与应用场景与我们需求的匹配程度，如果数据卖方不够权威，我们不愿意与其合作或购买他们的数据"；另一位来自应用数据科学与人工智能提供解决方案企业的买方专家称"在购买数据时，数据的独家性（即数据独特性）会是除了数据维度、应用匹配度以外考虑的重要因素"。从访谈结果来看，本文认为对于实际的交易过程，数据"质量"首先体现在来源——即数据是否来自权威供方以及数据本身是否独特。因此，本文从这两个视角入手，探索数据权威性与数据独特性如何影响交易价格与交易量。在此基础上，本文试图从实证结果出发进一步探究数据交易市场目前存在的问题，并为数据交易平台的长期发展提供相应建议。

在研究内容的组织上，本文将首先对相关文献进行梳理与总结；在此基础之上，本文将进一步对数据供方权威性与数据独特性这两个关键变量的理论依据进行深入阐释；在明确理论依据的前提下，本文将对样本进行描述性统计，紧接着对数据进行实证检验，并开展一系列稳健性检验；最后，通过回归结果对数据交易市场"劣币驱逐良币"的演进过程做出了推测，并尝试为今后数据交易中如何激活数据市场、激发潜在价值提供相应管理启示。

虽然本文只是针对数据交易市场的探索性研究，但依然从不同的角度对于已有研究形成了拓展，并对于未来在这一领域开展更加深入的研究工作具有启发意义。首先，从理论角度看，数据交易和数据市场的研究依然非常稀缺，而已有经济学文献大多也是从数据的隐私保护[2, 3]等角度切入。相比之下，本文从数据的独特性（即数据的有限排他性）与数据的供方权威性（即数据的信息不对称程度）两个角度出发，探讨了这两点关键因素对数据交易价格的影响。从应用价值来看，本文结合来自上海数据交易中心的实际数据进行了较为全面的探索，揭示和证实了现有数据交易和数据市场中的种种困境，并对于未来数据市场的实践进行了较为深入的讨论，具有一定的实践指导意义。

2 文献综述与研究假设

2.1 文献综述

相比于传统商品，数据作为流通和交易的对象具有许多鲜明的差异，这在已有的文献当中已经有不少的讨论。例如，数据具有独特的规模经济与范围经济效应（economies of scale/economies of scope）[4]，这是因为企业投入建设基础数据设备的固定成本较高，但随后单位数据累积的边际成本较低，且随着数据的积累，企业能以更低的成本获得更大的收益与价值；同时，数据具有网络效应与互补性[5]：即在算法与技术的支持下，不同方面的数据集能合并补充，发挥网络效应并进一步增强人工智能算法，从而发挥更大的规模经济与范围经济效应；此外，数据具有非竞争性与有限排他性[6]：数据不同于石油等其他资源，不具有消耗性——即其能被无限需要的用户使用且不会对原有数据造成任何损失，但大部分企业也是顾虑于此，从而为保证自身数据资源的优势而囤积数据。数据在不同情境下具有不同的外部性[7]：例如，在农业活动中对于肥料与驱虫剂效果的数据收集有利于所有种植业发展[8]（正外部性），但互联网企业对私人数据的采集会造成对个人隐私的侵犯（负外部性）。数据作为产品呈现出的形式多样：数据可以呈现为原始数据的形式——其价值最低、中间物的形式——即经过加工处理能够对企业经营活动产生效益的数据产品[9]，或仅仅是企业进行经济活动的副产品——这类数据的采集成本往往可以忽略不计[10]。

上述的各种特殊性导致数据无法像普通商品一样经由市场的自动调节形成价格，从而通过"看不见的手"来实现资源的有效配置。Falck与Koenen指出了纯粹的市场机制无法保证数据资源的有效分配[7]——在此情况下各个国家针对不同情况对数据市场进行干预尤为重要。综合现有文献，现有数据市场交易举步维艰的原因[11]主要包括以下几点。其一，信息不对称：主要体现为数据质量的不确定性导致买卖双方无法建立信任，这一不确定性还体现在数据的价值往往在训练和处理之前无法确定，且其价值往往还取决于与其他数据的综合分析。其二，供应非透明化：目前的数据交易大多集中在场外交易或私下交易，没有统一的集中市场与数据中介来了解供需双方的潜在需求和潜在供应并促成交易。其三，交易成本对中小企业较高：数据交易不同于普通的商品交易，目前仍非标准化，因而对于中小企业而言签订契约的难度和成本尤其大，同时中小企业可能需要负担更大的监管成本，在资金压力下他们往往不会雇佣专业人士来观察市场潜在的需求并提供自身宝贵的数据资源。其四，负外部性的存在即已有市场力量对新进入者的阻碍：垂直整合的数据分析公司往往将数据购买者视为潜在的竞争者并在战略上阻碍其获得自己的数据，以此阻碍了更多的数据买方进入市场。

针对上述问题，Falck与Koenen经过大量调研后指出，数据的市场价格无法自主形成，主要是因为数据本身仍是高度非标准化的[7]。因此，实际的数据交易价格往往取决于买方的支付意愿。后续的研究成果则集中于数据外部性与数据价格之间的联系，并以此为出发点对数据交易市场进行进一步的机制设计研究。例如，Acemoglu等在最新发表的文献中建立了理论模型并证明了数据的某种负外部性（当一个用户在平台分享他的数据时会同时揭露其他用户的相关隐私数据）最终降低了数据的价格，而被压低的价格又进一步导致了更加过度的数据共享[12]。作者认为引入数据市场与平台之间的竞争并不能解决这一问题甚至可能进一步降低福利，因此提出了一种中介数据共享的方案以提高效率。又如，有文献从另一侧面考虑了企业在售卖数据给竞争对手时面临的负外部性[13]。这篇文章认为负外部性的存在增加了垄断性数据卖方的收入，并通过拍卖设计发现使得数据卖方福利和收入最大化的机制设计取决于其私人信息及外部性。

综合来看，现有文献对数据价格与市场机制的探讨局限于理论模型的建立与推导，仍没有对现实数据交易的实证性研究。Koutroumpis等[14]在对现实数据市场的综述性文章中回顾了数据交易的历史发展与机构背景，比较了数据交易与想法交易的异同，并从Roth于2002年[15]和2008年[16]分别提出的机制设计视角出发，探讨了未来数据交易市场发展的两种可能性——少控制的大市场与全部控制的小市场。相比之下，本文从实证上拓展了现有研究的不足，用交易数据揭示与证实了现有数据交易过程中的种种困境并进一步探究了数据产品价格形成的机制。理论上，本文突破了已有文献对数据非竞争性与外部性这两大因素对数据价格与交易均衡形成的影响，从数据的独特性（即有限排他性）与数据的供方权威性（即信息不对称程度）两个角度出发，探讨了其对数据交易过程中价格形成机制的影响。

2.2 研究假设

2.2.1 数据独特性

当一份数据在市场当中重复出现并被不同的卖家售卖时，该数据的独特性会下降。对于那些在市场上重复出现的数据，可能属于两种情况之一：一种是可能违背数据权属约定的二手倒卖；另一种是该数据公开且易得，如通过简单爬虫或者对政府公开数据搜集并进行不同的加工即可获得。其中，第二种情况更接近于相似产品的定价策略问题，利用传统的定价方法，如纳什谈判等手段可以求解[17]得到，数据供方的讨价还价能力越高且数据需方的最低支付意愿越高，数据价格越高。

然而，对于第一类二手倒卖的情况，我们依据 Coase 提出的二手市场交易理论构建如下的解释机制：大部分企业为保证自己的数据优势，往往会选择囤积数据造成数据孤岛，这是由于原始数据可复制性强，仅仅具备有限排他性，除非有法律保障，卖方在出售独有数据后很难防止买方在使用后复制并转让数据——因此在没有有效契约保障的情况下任何买家都可以购买数据后实现重新转卖，从而形成数据交易的二手市场[18]。Rust 于 1986 年提出，二手市场上的旧产品越多意味着市场上的替代品越多，垄断企业所面临的需求弹性越大，一手市场中垄断企业的利润空间将被压缩[19]。如果同一种数据产品在市场上存在更多的卖家，即意味着市场上对原始数据的替代品也越多，在原有垄断数据卖方无法控制交易成本的情况下，其利润将被二手市场卖方的竞争压缩。

另外，由于买方可以等待"二手数据"出现在市场上，数据的这种易复制性会导致交易价格的快速下跌。有趣的是，数据本身无形，并不会随着时间的推移而发生物理损耗，因此可被视作一类特殊的超级耐用品——而这与"科斯猜想"的假设颇为一致。Coase 认为对于耐用品而言，销售价格通常存在"时间不一致性"，其后果是若消费者具有理性预期，则会等待未来更低的市场价格，导致垄断厂商的收取价格也会最终降低到边际成本[18]。一旦出现一个数据买方，其他潜在买方将预期该买方在使用完毕后即会转手出售——换言之，即使市场上最初只有一份数据，买方也能够预期到最终可能出现多个卖方提供同一份数据，且他们相互存在替代关系。如果存在更多的卖方，理性买方总是预期能在未来等待到更低的价格，从而使得买方的支付意愿更低，进一步降低该数据产品的成交价格。另外，由于数据产品的复制成本极低且成本极小，即便考虑买方可能对数据时效性即需要尽快获取数据的情况，该数据产品的价格也能在短时间内经不断复制与重新出售降低到边际成本上。因此，越不容易复制即越独特的数据产品价格越高。

但值得注意的是，高价格与高独特性在该市场上可能并不意味着高质量数据，对于高度同质化（即容易被复制）的数据产品而言，由于数据产品的复制门槛低，被复制的数据少甚至无人复制往往意味着数据质量低或无法满足买方需求，因而无人愿意继续复制该数据并出售，因此我们猜测数据的独特性反而与销售总量与销售金额呈负相关关系。

由此我们可得以下三项假设：

H_{1a}：数据产品的独特性与其单价呈正相关关系；

H_{1b}：数据产品的独特性与其销售总量呈负相关关系；

H_{1c}：数据产品的独特性与其销售总金额呈负相关关系。

2.2.2 数据权威性

Shapiro[20]、Allen[21]与Klein 和 Leffler[22]的理论研究表明，公司的个体声誉基于过去公司产出的产品质量，且会影响消费者对公司未来产品质量的预期，从而调整该产品的市场价格。由于数据产品在出售之前存在事前信息不对称，买方无法在使用数据之前明确知晓数据的真正价值，因此买方很可能依赖数据供方权威与否对数据产品的质量形成预期，从而影响其支付意愿，进一步影响市场交易价格。

进一步地，Tirole 在 1996 年提出了集体声誉的概念[23]。集体声誉指消费者对所有单个卖方个体声誉感知的加总。在数据交易行业中，买家对某一数据质量的预期也可能基于数据交易行业整体过去提供数据产品的平均质量情况。持有资源基础理论认为声誉是能为企业提供可持续优势的宝贵财富[24]。基于数据平台交易的相对匿名性，买卖双方不可接触性，在对市场平均情况毫不知情的情况下首次购买数据时，买方将优先选择权威供方提供的数据产品。也因此，数据供方的权威性在平台交易市场中尤为重要。与此同时，也有研究表明卖家的绝对声誉水平与买家对该卖家商品的支付意愿之间存在正向关系[25]。这为产品提供了溢价的可能性。因此，数据供方是否对于该数据具有足够权威很可能影响数据产品的成交价格与成交量。

H_{2a}：数据卖方的权威性与该数据在交易中的成交价格呈正相关关系；

H_{2b}：数据卖方的权威性与该数据在交易中的销售总量呈正相关关系；

H_{2c}：数据卖方的权威性与该数据在交易中的销售总金额呈正相关关系。

3 数据介绍与描述性统计

3.1 数据来源

本文得到了来自上海数据交易中心的大力支持。作为数据的提供方，上海数据交易中心有限公司于 2016 年 4 月 1 日正式成立，是一家经上海市人民政府批准，上海市经济和信息化委员会、上海市商务委员会联合批复成立的国有控股混合所有制企业。上海数据交易中心的发起成立单位包括上海市信息投资股份有限公司、中国联合网络通信集团有限公司、中国电子信息产业集团有限公司、申能集团有限公司、上海仪电控股集团公司、上海晶赞科技发展有限公司、万得信息技术股份有限公司、万达信息股份有限公司、上海联新投资管理有限公司等多家国资和民营企业。目前，上海数据交易中心流通的数据覆盖各行业的各类结构化和非结构化数据，中心的主要收入来源则是从数据供方的数据销售收入中提成。由于交易中心自身背景所赋予的公共属性，几年来交易中心所设定的提成的比例较小，并且在许多数据交易培育期的行业推行了减少和免除提成等优惠，因此可以认为平台在提成方面的收费比例设定对于市场最终的成交价格影响可以忽略不计。

由于采用开放市场形式进行的数据交易在全球范围内目前都属于起步阶段，市场的交易数量和频率无法与其他成熟的电子市场直接对比，因此我们选择了 3 年作为时间窗口，自 2016 年 12 月至 2019 年 8 月从上海数据交易中心的交易记录中抽取了 6 222 条交易记录。在随机抽取的方法中，我们的依据是随机抽取 38 家卖方（约为市场卖家数量的 1/10），并遍历这些卖家在市场中提供的总计 113 个数据产品，并提取在时间窗口内所有购买 113 项产品的买家共 64 家。每条交易记录包含了交易编号、结算日期、数据类型、交易品名称、数据单价、供需方名称、计费方式、计费数量、佣金比例、需方结算、供方金额等信息。针对 6 222 条数据，我们进行了必要的数据清洗工作，去除了计费数量为零或单价为零的单条记录，最终得到了 6 042 条交易记录。根据上海数据交易中心的说明，这些数据记录的价格是最终成交价格。以下，我们将围绕这些数据来进行描述性统计，并尝试结合上述的理论假设来构建回归模型加以验证。无疑这一数据规模依然较小，但对于针对这一新兴市场的研究依然具有探索意义。

3.2 描述性统计与回归模型构建

受限于数据较为稀疏，本文并未构建专门的时间序列数据，而是将三年时间窗口中的所有交易数据视作截面数据进行回归分析。为了尽量考虑时间带来的影响，我们在后续的稳健性分析中增加了时间固定效应。另外，受限于我们所能够获得的数据产品样本量较小，仅有 113 个。考虑到这些数据方面的约束,为了尽可能挖掘这批数据的价值,我们选择增加研究的颗粒度,以单笔交易作为回归分析的对象。

首先,我们对主要变量(表1)进行变量描述[①],并在表2中进行相关性矩阵分析。结果表明,各个变量数值合理,并且除数据买方性质与数据行业之间存在一定相关性外(购买大量数据的大买方往往购买的是广告类数据),其他自变量之间不存在高度相关。

表 1 变量描述

	变量名称	变量标记	变量含义	变量类型	变量说明
因变量	数据产品价格	Price	某一数据产品的价格	数值变量	数据产品交易价格/元
	数据产品销量	Volume	某一数据产品的销量	数值变量	数据产品交易个数/条
	数据产品销售额	Sales	某一数据产品的销售额	数值变量	数据产品销售金额/元
自变量	数据行业	Industry	数据产品所处行业	0~1变量	征信类数据为1,广告类数据为0
	数据独特性	Uniqueness	某一数据产品独特与否	0~1变量	若某一数据产品的供方个数只有一个则定义为1,而存在多个供方则定义为0
	数据权威性[1)]	Authority	某一数据产品权威与否	0~1变量	数据产品只存在一手权威卖家则原始卖家定义为1,若存在转手卖家则定义为0
控制变量	数据买方性质	Dummy_Hoarder	某一数据产品是否存在大买方	0~1变量	大买方定义为平均购买金额远超其他[2)]且购买数据产品个数远超其他的买方,存在这样买方的数据产品定义为1,不存在的定义为0
	数据需求	Dummy_Demand	某一数据产品单次交易的需求量	0~1变量	每一笔交易的需求量,大于中位数的定义为1,反之为0
	供方固定效应	Supplier	某一数据产品的供应方	类别变量	某一具体数据产品的供应方
	数据查询方式	Dummy_Search_Type	某一数据产品的查询方式	0~1变量	按查询收费的定义为1,按查得收费的定义为0
	时间因素	Year_Online	某一数据产品每一笔交易的发生时间	类别变量	每一笔交易的发生时间,2017年定义为0,2018年定义为1,2019年定义为2

1)我们首先聘请了5位上海数据交易中心专家独立为我们编码每个产品的权威供方,若该产品对应的供方是原始数据提供者则标记权威性为1,若为二手转卖供方则标记权威性为0,我们核对了5位专家的编码结果并聘请相关数据买方确认该编码的稳健性
2)其中三家企业的平均购买金额与个数在数量级上远超其他买家约10^6倍

表 2 变量相关系数矩阵

变量	样本量	(1)	(2)	(3)	(4)	(5)	(6)	(7)	(8)	(9)
(1)数据产品价格	6 042	1.000								
(2)数据产品销量	6 042	−0.144***	1.000							
(3)数据产品销售额	6 042	−0.061***	0.696***	1.000						
(4)数据行业	6 042	0.251***	−0.519***	−0.236***	1.000					
(5)数据独特性	6 042	0.029*	0.132***	0.071***	−0.254***	1.000				

---

① 由于公司销售数据需要保密,描述性统计具体内容可联系作者经公司授权后获取。

变量	样本量	(1)	(2)	(3)	(4)	(5)	(6)	(7)	(8)	(9)
(6) 数据权威性	6 042	−0.026*	−0.104***	−0.029*	0.199***	0.109***	1.000			
(7) 数据买方性质	6 042	−0.156***	0.422***	0.171***	−0.564***	0.113***	−0.130**	1.000		
(8) 数据查询方式	6 042	−0.093***	−0.134***	−0.078***	0.305	−0.004***	−0.258***	−0.155***	1.000	
(9) 时间因素	6 042	−0.101***	0.006	−0.016	−0.069***	0.103***	0.213***	0.087***	−0.125***	1.000

***表示 $p<0.01$，**表示 $p<0.05$，*表示 $p<0.10$

其次，我们对该样本中不同行业类型的数据进行了进一步详细的描述性统计，以直观的形式探究数据的价格与销量如何受到行业分布的影响，不同行业数据产品的重要变量分布如图1所示。第一类征信类数据的需求主要来自金融领域；第二类广告场景类数据需求主要源于新媒体场景中的精准营销。上述两类数据交易虽然在市场当中都普遍存在，然而二者在数据特性上却存在显著的差异。征信类数据大多直接与个人数据绑定（如身份证二维核验、个人投资与任职查询等），并且价值也较大程度上受到分析模型的设定影响（不同征信企业所选择的评分模型可能存在差异），因此数据价值对于不同交易主体的异质性较高。广告类数据更加碎片化与标准化（如设备类型、消费类网站访问时长等），同时用以处理这些数据的主要模型思路也较为成熟（各类推荐算法等）。

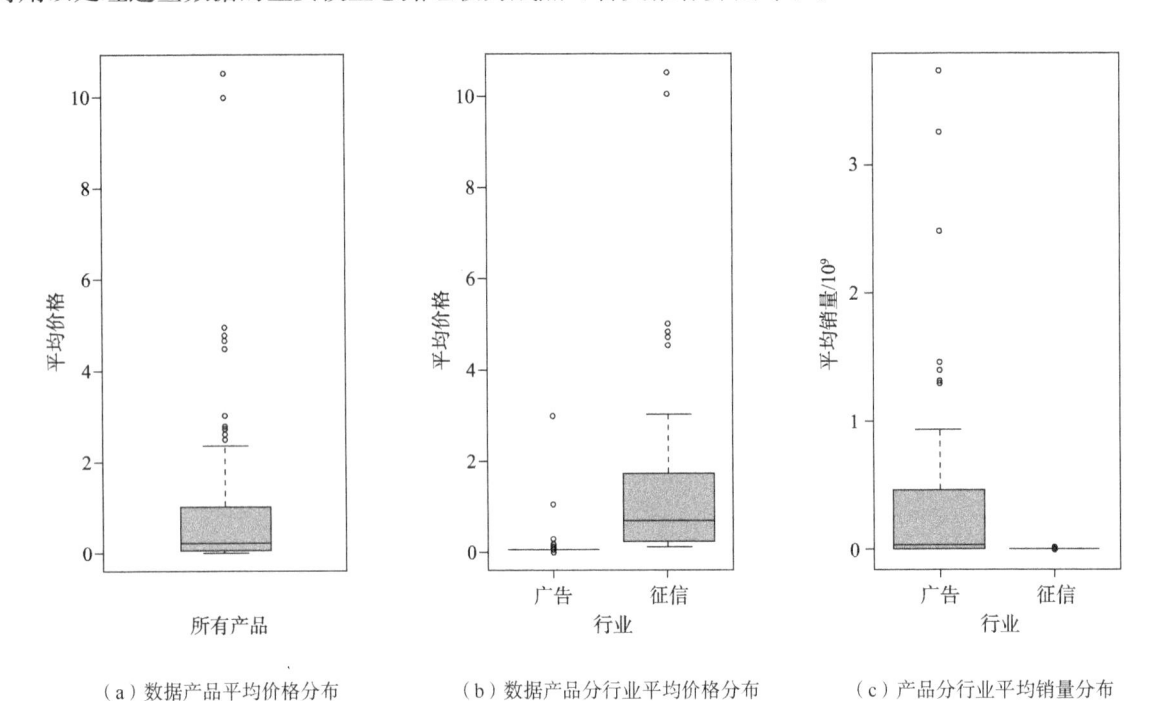

(a) 数据产品平均价格分布　　(b) 数据产品分行业平均价格分布　　(c) 产品分行业平均销量分布

图1　数据产品平均价格与分行业平均价格销量分布

从图1中可以看出，广告类数据存在基准定价，约为 0.05 元/条，而征信类数据定价空间相对较大。从平均销量来看，广告类数据销量远大于征信类数据销量，因此两类产品市场总交易价值出现显著差异。由此可以看出，相较于广告类数据，征信类数据产品无论平均价格还是单笔交易价格都更高，但相应地，其销量也有显著下降，导致最终征信类数据的销售额显著小于广告类数据。为进一步支持行业异质性对于数据价格与销量的影响，我们选取了样本中113个产品的平均价格、销量与销售额进行 ANOVA 检验。结果（表3）显示不同行业应用场景下数据产品价格的均值，方差与分布均都存在显著不同（$p<0.01$），同时其销量分布也显著不同（$p<0.01$）。

表3 数据价格行业特征 ANOVA 方差分析

自变量	平方和	自由度	均方和	F 比值	p 值
模型1：平均价格为因变量					
行业因素	44.39	1	44.39	17.77	$5.13\times10^{-5***}$
误差	277.46	111	2.50		
模型2：平均销量为因变量					
行业因素	6.574×10^{18}	1	6.574×10^{18}	16.8	$7.93\times10^{-5***}$
误差	4.344×10^{19}	111	3.913×10^{17}		
模型3：平均销售额为因变量					
行业因素	2.023×10^{16}	1	2.023×10^{16}	17.11	$6.88\times10^{-5***}$
误差	1.312×10^{17}	111	1.182×10^{15}		

***表示 $p<0.01$

基于上述分析，本文在控制了行业异质性、是否存在数据大买方、数据交易需求、数据查询方式、时间因素等控制变量和数据供方的固定效应后，根据我们对于数据供方权威性和数据独特性的研究假设，我们对每笔发生的交易 k，分别建立如下模型：

$$\ln(\text{Price}_k) = \beta_0 + \beta_1 \text{Industry}_k + \beta_2 \text{Uniqueness}_k + \beta_3 \text{Authority}_k + \alpha_1 \text{Dummy\_Search\_Type}_k \\ + \alpha_2 \text{Dummy\_Hoarder}_k + \alpha_3 \text{Dummy\_Demand}_k + \sum_{T=2018,2019} \alpha_T \text{Year\_Online}_{k,T} \\ + \sum_{q=1,2,\ldots,37} \alpha_q \text{Supplier}_{k,q} + \varepsilon_k$$

$$\ln(\text{Volume}_k) = \beta_0 + \beta_1 \text{Industry}_k + \beta_2 \text{Uniqueness}_k + \beta_3 \text{Authority}_k + \alpha_1 \text{Dummy\_Search\_Type}_k \\ + \alpha_2 \text{Dummy\_Hoarder}_k + \alpha_3 \text{Dummy\_Demand}_k + \sum_{T=2018,2019} \alpha_T \text{Year\_Online}_{k,T} \\ + \sum_{q=1,2,\ldots,37} \alpha_q \text{Supplier}_{k,q} + \varepsilon_k$$

$$\ln(\text{Sales}_k) = \beta_0 + \beta_1 \text{Industry}_k + \beta_2 \text{Uniqueness}_k + \beta_3 \text{Authority}_k + \alpha_1 \text{Dummy\_Search\_Type}_k \\ + \alpha_2 \text{Dummy\_Hoarder}_k + \alpha_3 \text{Dummy\_Demand}_k + \sum_{T=2018,2019} \alpha_T \text{Year\_Online}_{k,T} \\ + \sum_{q=1,2,\ldots,37} \alpha_q \text{Supplier}_{k,q} + \varepsilon_k$$

4 分析结果

4.1 数据独特性对数据成交价与成交额的影响

对该横截面数据集的单笔交易而言，在控制了所有供应方的固定效应后，表4的模型1、模型2证实了我们的假设 H_{1a}：即对于同一个商家提供的不同数据产品，数据产品越独特（即提供该商品的厂家越少），数据产品的价格越高。表4中模型3~模型7显示，在未控制供应商固定效应的情况下，数据越独特，单笔交易的成交额与成交量越大；但在控制供应商固定效应的情况下，该相关性并不显著，这可能是因为供应商的异质性吸收了数据产品的独特性：有部分供应商只提供一个商品且供应商数量一共只有38家。为进一步探索数据独特性与数据成交量与销售额之间的关系，我们将在5.1.1稳健性分析中进一步对征信类数据和广告类数据分别进行回归分析并提供相应的解释。

表 4　数据独特性对单笔交易成交量与成交价格的影响（OLS 回归）

自变量	ln（Price）		ln（Volume）		ln（Sales）		
	模型 1	模型 2	模型 3	模型 4	模型 5	模型 6	模型 7
行业（Industry）	2.52***（0.047）	2.39***（0.065）	−9.64***（0.655）	−8.96***（0.128）	−7.45***（0.09）	−7.11***（0.09）	−6.57***（0.13）
数据独特性（Uniqueness）	0.42***（0.026）	0.49***（0.033）	0.29***（0.052）	−0.40***（0.064）		0.71***（0.054）	0.09（0.06）
常数（Constant）	−2.37***（0.056）	−3.81***（0.400）	11.71***（0.111）	1.20***（0.791）	9.71***（0.111）	9.34***（0.11）	−2.60***（0.825）
观察个数	6 042	6 042	6 042	6 042	6 042	6 042	6 042
调整后 R^2	0.480	0.656	0.874	0.919	0.818	0.823	0.880
控制变量	Y	Y	Y	Y	Y	Y	Y
厂商固定效应	N	Y	N	Y	N	N	Y

***表示 $p<0.01$

注：括号内为 OLS 回归的标准误

4.2　数据权威性对数据成交价与成交额的影响

对于假设 H_2，从表 5 的回归结果不难发现，在控制相关变量后，数据权威性对价格（表 5 中模型 1~模型 3）和销售额（表 5 中模型 7~模型 9）有显著的正向影响，但对成交量的影响并不显著。

表 5　数据权威性对单笔交易成交量与成交价格的影响（OLS 回归）

自变量	ln（Price）			ln（Volume）			ln（Sales）		
	模型 1	模型 2	模型 3	模型 4	模型 5	模型 6	模型 7	模型 8	模型 9
行业（Industry）	2.26***（0.046）	2.41***（0.038）	2.43***（0.047）	−12.5***（0.107）	−12.6***（0.111）	−9.63***（0.09）	−10.2***（0.103）	−10.2***（0.107）	−7.19***（0.097）
数据权威性（Authority）	0.38***（0.026）	0.14***（0.026）	0.34***（0.025）	0.07（0.074）	0.10（0.08）	−0.04（−0.052）	0.265***（0.071）	0.237**（0.072）	0.30***（0.053）
数据独特性（Uniqueness）		0.36***（0.028）	0.37***（0.026）		0.10***（0.075）	0.30***（0.05）		0.182*（0.072）	0.67***（0.054）
常数（Constant）	−2.02***（0.055）	−3.14***（0.037）	−2.23***（0.056）	15.65***（0.099）	15.74***（0.108）	11.70***（0.113）	12.7***（0.095）	12.61***（0.104）	9.47***（0.112）
观察个数	6 042	6 042	6 042	6 042	6 042	6 042	6 042	6 042	6 042
调整后 R^2	0.478	0.422	0.495	0.702	0.702	0.874	0.627	0.730	0.823
控制变量	Y	Y	Y	N	N	Y	N	N	Y
厂商固定效应	N	N	N	N	N	N	N	N	N

***表示 $p<0.01$，**表示 $p<0.05$，*表示 $p<0.10$

注：括号内为 OLS 回归的标准误

5　讨论与总结

5.1　稳健性检验

5.1.1　分行业稳健性检验

不同的样本对于所得的结果具有不同的敏感性，因此在稳健性检验时，也常常先进行分样本回归，常见的分类方法有按照人口规模分类、按照地理位置分类、按照城乡分类、按照性别不同分类等。

例如，刘怡等在研究婚姻匹配对代际流动性的影响时提出婚姻匹配是中国代际传递的重要机制[26]，在稳健性检验中，根据子代的城乡分布，将子代样本划分为城镇和乡村样本，比较分析城镇和乡村地区的代际流动性及其婚姻匹配机制在代际传递中的影响。

在本文描述性统计部分，已经论述了不同的数据行业应用场景对其价格与销量的分布影响十分显著，因此可将样本分为广告类数据与征信类数据两个子样本并对假设 H_1 与 H_2 分别进行分样本回归，从表6和表7中可以得到如下结论：从各检验的回归系数及其显著性中可以发现，对于征信行业而言数据独特性对数据价格起到的作用更显著且正相关性更大（系数为 0.73，p 值接近 0）；相反地，对于广告类数据，数据独特性对数据价格起到的作用不显著且有负相关性（系数为-0.1，p 值为0.046），我们推测这可能是由于广告类数据产品更为标准化——每一条数据所包含的信息往往较为固定，如浏览网页次数、点击量、停留时间等，且更易于复制——如能够方便地通过网络爬虫获得，因此该数据集无法在独特性上体现价值，价格也往往较为稳定——通过描述性统计可发现广告类数据集的价格聚集在 0.05 元/条的市场定价。

表6 数据独特性与权威性对单笔交易成交量与成交价格的影响（征信类数据）

自变量	ln（Price）			ln（Volume）			ln（Sales）		
	模型1	模型2	模型3	模型4	模型5	模型6	模型7	模型8	模型9
数据权威性（Authority）		0.45***（0.026）	0.39***（0.026）		0.15**（0.078）	0.12*（0.047）		0.60***（0.049）	0.50***（0.049）
数据独特性（Uniqueness）	0.73***（0.042）		0.50***（0.029）	-0.59***（0.075）		0.24***（0.052）	0.14*（0.079）		2.65***（0.080）
常数（Constant）	-2.49***（0.253）	0.49***（0.044）	0.48***（0.043）	4.68***（0.457）	2.17***（0.078）	2.16***（0.078）	2.18***（0.483）	2.66***（0.082）	2.65***（0.080）
观察个数	5 352	5 352	5 352	5 352	5 352	5 352	5 352	5 352	5 352
调整后 R^2	0.437	0.167	0.211	0.752	0.652	0.654	0.702	0.587	0.600
控制变量	Y	Y	Y	Y	Y	Y	Y	Y	Y
厂商固定效应	Y	N	N	Y	N	N	Y	N	N

***表示 $p<0.01$，**表示 $p<0.05$，*表示 $p<0.10$
注：括号内为OLS回归的标准误

表7 数据独特性与权威性对单笔交易成交量与成交价格的影响（广告类数据）

自变量	ln（Price）			ln（Volume）			ln（Sales）		
	模型1	模型2	模型3	模型4	模型5	模型6	模型7	模型8	模型9
数据权威性（Authority）		0.34**（0.112）	0.33***（0.119）		-3.36**（0.501）	-3.33***（0.500）		-3.02***（0.464）	-3.00***（0.464）
数据独特性（Uniqueness）	0.02（0.035）		-0.1*（0.046）	-0.84（1.18）		0.33（0.195）	-0.07*（0.146）		0.23（0.181）
常数（Constant）	-3.98***（0.281）	-4.42***（0.319）	-4.36***（0.320）	-0.838（1.187）	4.17**（1.35）	3.94**（1.35）	-4.8***（1.163）	-0.25（1.246）	-0.41（1.25）
观察个数	690	690	690	690	690	690	690	690	690
调整后 R^2	0.486	0.063	0.067	0.593	0.264	0.266	0.567	0.302	0.302
控制变量	Y	Y	Y	Y	Y	Y	Y	Y	Y
厂商固定效应	Y	N	N	Y	N	N	Y	N	N

***表示 $p<0.01$，**表示 $p<0.05$，*表示 $p<0.10$
注：括号内为OLS回归的标准误

另外值得注意的是，对于这些容易获取的广告类数据，一方面，复制份数越少即独特性越小的数据往往意味着其质量和可用价值越低，因而无人选择复制并出售，而这可能导致的结果是，数据独特性越高反而意味着总销售额和成交量越低；另一方面，广告类数据的数据独特性和数据权威性对于数据质量的影响较小，由于广告类数据原始商家的数据权属不够明确，部分由权威商家提供的数据可能遭受买方复制修改二手倒卖后降价，导致广告类的数据权威性对于最终销量的影响反而是负向的。与之相反，我们不难观察到，在获取数据更加困难的征信类行业，数据权威性对于价格、销量和销售额的正向影响都更显著。

5.1.2 去除大买家后的稳健性检验

陈强远等在研究中国技术创新主要激励政策对企业技术创新质量和数量的影响中提到，高新技术企业认定等技术创新激励政策可能存在自选择问题，即整体绩效较好的企业更容易享受优惠政策，这可能导致估计结果存在偏误[27]。

同样地，本文认为购买数据金额与产品个数远超其他的大买方可能存在自选择问题：即大买方比普通买方更容易影响产品的市场定价与总销售额。因此本文在交易记录中去除3个大买家后重新对剩余交易记录进行回归并进行了稳健性检验。我们从表8中不难发现去除大买家后数据权威性对数据成交量的影响结果有所变化（数据权威性对成交量影响不够显著），而这可能与大买家会购买更多数据的行为相关。

表 8 数据独特性与权威性对单笔交易成交量与成交价格的影响（去除大买家）

自变量	ln(Price)			ln(Volume)			ln(Sales)		
	模型1	模型2	模型3	模型4	模型5	模型6	模型7	模型8	模型9
行业（Industry）	2.43***（0.072）	2.28***（0.047）	2.49***（0.048）	−9.07***（0.138）	−9.8***（0.092）	−9.63***（0.096）	−6.6***（0.145）	−7.5***（0.095）	−7.14***（0.098）
数据权威性（Authority）		0.39***（0.026）	0.34***（0.026）		0.013（0.051）	−0.03（0.052）		0.40***（0.053）	0.31***（0.053）
数据独特性（Uniqueness）	0.54***（0.035）		0.41***（0.027）	−0.49***（0.068）		0.23***（0.055）	0.06（0.071）		0.71***（0.056）
常数（Constant）	−3.80***（0.409）	−1.99***（0.056）	−2.22***（0.057）	1.105（0.788）	11.8***（0.11）	11.71***（0.114）	−2.7**（0.826）	9.88***（0.114）	9.49***（0.116）
观察个数	5 804	5 804	5 804	5 804	5 804	5 804	5 804	5 804	5 804
调整后 R^2	0.606	0.405	0.423	0.893	0.833	0.833	0.847	0.765	0.772
控制变量	Y	Y	Y	Y	Y	Y	Y	Y	Y
厂商固定效应	Y	N	N	Y	N	N	Y	N	N

***表示 $p<0.01$，**表示 $p<0.05$
注：括号内为OLS回归的标准误

5.1.3 调整时间窗口后的稳健性检验

本文数据样本期为2016年12月至2019年8月，在建立回归模型时本文为控制时间效应选择了2017年至2019年所有交易记录作为回归样本。表9~表11的稳健性检验通过调整时间窗口的方式验证了结果的稳健性。

表 9 数据独特性与权威性对单笔交易成交量与成交价格的影响（2017年）

自变量	ln(Price)			ln(Volume)			ln(Sales)		
	模型1	模型2	模型3	模型4	模型5	模型6	模型7	模型8	模型9
行业（Industry）	2.31***（0.560）	2.85***（0.380）	3.31***（0.379）	−10.4***（1.220）	−9.5***（0.872）	−9.87***（0.089 2）	−8.1***（1.188）	−6.6***（0.866）	−6.57***（0.890）
数据权威性（Authority）		−0.55（0.443）	−0.40（0.43）		−3.6***（1.019）	−1.0*（0.052）		−4.19***（1.012）	−4.17***（1.01）
数据独特性（Uniqueness）	1.15***（0.210）		1.08***（0.200）	−0.55（0.456）		−3.78***（1.017）	0.60（0.443）		0.07（0.471）

续表

自变量	ln（Price）			ln（Volume）			ln（Sales）		
	模型1	模型2	模型3	模型4	模型5	模型6	模型7	模型8	模型9
常数 （Constant）	−2.43*** （0.608）	−1.41* （0.594）	−2.43*** （0.608）	−4.3* （1.810）	6.80*** （1.36）	7.75*** （1.429）	−7.84** （1.76）	5.39*** （1.352）	5.32*** （1.423）
观察个数	471	471	471	471	471	471	471	471	471
调整后 R^2	0.557	0.522	0.606	0.779	0.736	0.737	0.694	0.619	0.618
控制变量	Y	Y	Y	Y	Y	Y	Y	Y	Y
厂商固定效应	Y	N	N	Y	N	N	Y	N	N

***表示 $p<0.01$，**表示 $p<0.05$，*表示 $p<0.10$
注：括号内为OLS回归的标准误

表10 数据独特性与权威性对单笔交易成交量与成交价格的影响（2018年）

自变量	ln（Price）			ln（Volume）			ln（Sales）		
	模型1	模型2	模型3	模型4	模型5	模型6	模型7	模型8	模型9
行业 （Industry）	2.78*** （0.153）	2.30*** （0.057）	2.40*** （0.058）	−10.2*** （0.263）	−10*** （0.099）	−10.8*** （0.102）	−7.4*** （0.297）	−8.48*** （0.104）	−8.33*** （0.107）
数据权威性 （Authority）		0.10** （0.035）	0.07 （0.035）		0.12* （0.062）	0.107*** （0.062）		0.22*** （0.065）	0.17*** （0.065）
数据独特性 （Uniqueness）	0.51*** （0.04）		0.25*** （0.035）	−0.39*** （0.071）		0.16* （0.062）	0.11 （0.081）		0.41** （0.065）
常数 （Constant）	−0.04 （0.49）	−2.41*** （0.060）	−2.54*** （0.062）	7.19*** （0.848）	12.02** （0.104）	12.02** （0.104）	7.14** （0.960）	9.61*** （0.110）	9.39*** （0.114）
观察个数	3 029	3 029	3 029	3 029	3 029	3 029	3 029	3 029	3 029
调整后 R^2	0.604	0.454	0.463	0.931	0.900	0.901	0.880	0.851	0.853
控制变量	Y	Y	Y	Y	Y	Y	Y	Y	Y
厂商固定效应	Y	N	N	Y	N	N	Y	N	N

***表示 $p<0.01$，**表示 $p<0.05$，*表示 $p<0.10$
注：括号内为OLS回归的标准误

表11 数据独特性与权威性对单笔交易成交量与成交价格的影响（2019年）

自变量	ln（Price）			ln（Volume）			ln（Sales）		
	模型1	模型2	模型3	模型4	模型5	模型6	模型7	模型8	模型9
行业 （Industry）	3.02*** （0.380）	2.11*** （0.052）	2.33*** （0.053）	−3.6*** （0.888）	−11*** （0.106）	−10.8*** （0.111）	−0.5 （0.954）	−9.0*** （0.111）	−8.5*** （0.114）
数据权威性 （Authority）		0.78*** （0.033）	0.72*** （0.033）		0.23*** （0.068）	−0.14* （0.069）		1.02*** （0.072）	0.87*** （0.07）
数据独特性 （Uniqueness）	0.28*** （0.043）		0.42*** （0.035）	−0.13 （0.100）		0.62*** （0.072）	0.15 （0.107）		1.04*** （0.074）
常数 （Constant）	−0.07 （0.29）	−2.16*** （0.053）	−2.43*** （0.057）	6.25*** （0.68）	12.2*** （0.109）	11.8*** （0.118）	6.17*** （0.732）	10.1*** （0.115）	9.38*** （0.120）
观察个数	2 542	2 542	2 542	2 542	2 542	2 542	2 542	2 542	2 542
调整后 R^2	0.823	0.583	0.605	0.945	0.900	0.902	0.912	0.852	0.863
控制变量	Y	Y	Y	Y	Y	Y	Y	Y	Y
厂商固定效应	Y	N	N	Y	N	N	Y	N	N

***表示 $p<0.01$，*表示 $p<0.10$
注：括号内为OLS回归的标准误

缩短时间窗口可以排除其他政策的影响，如王雄元和卜落凡在研究"一带一路"如何影响企业创新行为的研究中提到，中国于2013年正式提出"一带一路"倡议，因此仅保留2013年及以后开通"中欧班列"的样本，有助于将研究统一置于"一带一路"倡议的背景下，排除可能的其他政策干扰[28]。同样地，本文通过缩短时间窗口至每年从而排除了2017~2019年有关数据隐私保护等政策变化对交易量与成交价格带来的影响。本文发现2017年的子样本无法支持假设H_2即数据权威性正向影响数据价格、成交量与销售额的假设，这一方面可能是因为样本量较小（471条交易记录）所导致的；另一方面可能是因为数据交易所刚刚成立，买方仍处于模糊的摸索阶段，在购买过程中对于数据供方是否权威不够了解。

5.1.4 去除尝试性交易后的稳健性检验

本文考虑到在很多交易中，买方只购买了10条以内的数据，支付金额小于1元，我们猜测该类交易为买家的尝试性交易，因此在表12的稳健性检验中我们排除了这些交易记录并再次进行回归分析，有趣的是我们发现在排除了尝试性交易的情况下，数据独特性的相关结果稳健且对销售额与销售量起到正向影响；但数据权威性对成交额与成交量都起到了负向影响，即数据由越权威的原始商家提供，其成交金额最后却越少，我们猜测这是因为经过了几次尝试性交易后，由于原始商家的数据权属不够明确，部分由权威商家提供的数据遭到了买方二手倒卖后降价造成的。

表12 数据独特性与权威性对单笔交易成交量与成交价格的影响（去除尝试性交易）

自变量	ln（Price）			ln（Volume）			ln（Sales）		
	模型1	模型2	模型3	模型4	模型5	模型6	模型7	模型8	模型9
行业（Industry）	1.89*** (0.068)	2.15*** (0.045)	2.26*** (0.047)	−8.03*** (0.151)	−9.9*** (0.121)	−9.46*** (0.124)	−6.1*** (0.153)	−7.79*** (0.118)	−7.2*** (0.119)
数据权威性（Authority）		0.43*** (0.033)	0.39*** (0.033)		−0.3*** (0.088)	−0.48*** (0.087)		0.12*** (0.08)	−0.08 (0.084)
数据独特性（Uniqueness）	0.29*** (0.042)		0.26*** (0.034)	−0.21* (0.094)		1.12*** (0.090)	0.07 (0.096)		0.71*** (0.056)
常数（Constant）	−3.79*** (0.613)	−2.63*** (0.053)	−2.77*** (0.056)	4.10** (1.359)	16.6*** (0.14)	15.97*** (0.147)	0.310 (1.386)	13.9*** (0.139)	13.21*** (0.142)
观察个数	3 014	3 014	3 014	3 014	3 014	3 014	3 014	3 014	3 014
调整后R^2	0.729	0.586	0.593	0.893	0.827	0.836	0.885	0.765	0.783
控制变量	Y	Y	Y	Y	Y	Y	Y	Y	Y
厂商固定效应	Y	N	N	Y	N	N	Y	N	N

***表示$p<0.01$，**表示$p<0.05$，*表示$p<0.10$
注：括号内为OLS回归的标准误

5.2 对于数据交易市场的管理启示

虽然由于数据规模有限，本文研究依然属于探索类工作，但通过对于来自数据交易市场的交易数据展开的上述分析，已经可以帮助从业者和学术界对于数据交易市场这一新兴市场的规律形成初步认识。我们把本文的研究结论和与之有关的启示共同用图2来表示。

在图2中，浅色背景文本框代表了本文假设H_1和H_2的显著结果，而深色背景文本框则是与之相对应的市场后果，整体连起来看，就形成了数据交易市场"劣币驱逐良币"的演进过程。我们根据回归结果推测的具体解释如下：首先，对于任何一个新兴的数据交易市场而言，市场所有者和发起者会积极动员具有一定权威性的数据提供方进入市场，从而吸引更多数据的买家。这一点与大多数的平台市场的初期策略是一致的。但本文的假设 H₂ 结果表明，权威卖家的市场价格也相对较高，从而才能满足权威卖家参与该市场的收益预期；然而，由于数据的特殊性，任何购买获得数据的买方如果对这一利润感兴趣，也可以转售手中的数据，并且这个"仿冒"的过程难以控制和界定，如通过对于原数据的重抽样形成的新数据集，是否对原始数据构成侵权是没有成熟标准的。一旦高价数据出现替代品和二手交易，本文的假设 H₂ 研究结果表明，价格会相应更低，从而导致数据的权威卖方无法获得理想的利润，最终缺乏参与动力而离开市场。由此可见，简单地以电商平台的逻辑来销售数据是行不通的——数据在易于复制、非标准化、无法判断是否仿制等方面的特性，使得数据交易市场更加容易陷入过度竞争，从而影响到数据交易市场的健康发展。

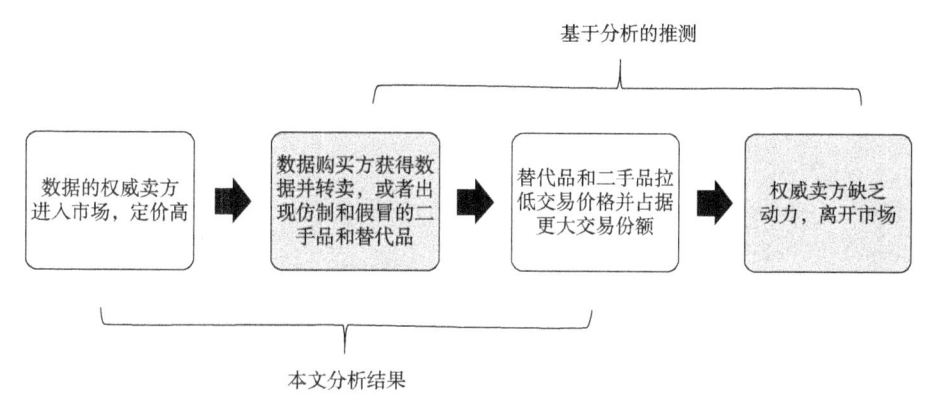

图 2 基于本文分析结果进行的数据市场发展趋势

如何破解数据市场"劣币驱逐良币"的趋势？本文研究虽然无法直接给予解答，但是可以对解决方案提出一定的思考和启发——图 2 的逻辑显示，核心的问题出现在第二个环节，就是需要在数据交易过程中，对于数据权属的确定和转移过程给予充分的重视并采用必要的技术手段来合理设计。具体而言，如果需要对于数据的所有权进行交易，则需要通过技术和制度手段来保证数据的所有权透明可追踪，如利用区块链技术来进行标记；如果数据交易对于数据本身的所有权不进行交易，只是对于数据的使用权进行交易，则需要对于数据本身的产品和服务形态进行更加完善的封装——一言以蔽之，没有封装、无法追踪权属的原始数据不应当参与数据市场交易。例如，在北京国际大数据交易所的官方描述当中就特别强调"北京国际大数据交易所将以数据技术为支撑，采用隐私计算、区块链等手段分离数据所有权、使用权、隐私权"，而本文的研究结论对于这一设计思路的必要性从实证数据的角度提供了直接的支持。

6 总结

数据要素市场的建立和发展已经成为我国"十四五"规划中"数字中国"建设工作所明确的基础任务之一，而数据要素市场的健康发展将扮演着打破"数据孤岛"和发挥数据的"乘数效应"的重要作用。对于这一新型的市场形态，本文基于一组来自国内领先数据交易市场的真实交易数据展开探索性研究，对数据市场当中的价格如何受到供方权威性和数据独特性的影响进行了重点分析，并通过图 2 的讨论，对我国数据交易市场未来的发展进行了展望和讨论。

囿于数据的规模有限，本文目前只是探索性的研究工作，但对于数据交易市场而言，有大量的研究工作有待开展，如基于数据的各类独特性质来探索其定价策略和商业模式等，对于我国未来的数据市场机制设计和发展都将具有重要的引导和启发意义。

参 考 文 献

[1] Tang Q, Shao Z, Huang L, et al. Identifying influencing factors for data transactions: a case study from shanghai data exchange[J]. Journal of Systems Science and Systems Engineering, 2020, 29(6): 697-708.

[2] Acquisti A, Taylor C, Wagman L. The economics of privacy[J]. Journal of Economic Literature, 2016, 54(2): 442-492.

[3] Chen L, Huang Y, Ouyang S, et al. The data privacy paradox and digital demand[Z]. NBER Working Papers, 2021.

[4] Duch-Brown N, Martens B, Mueller-Langer F. The economics of ownership, access and trade in digital data[Z]. Digital Economy Working Paper, JRC Technical Reports, 2017.

[5] Goldfarb A, Trefler D. The Economics of Artificial Intelligence: An Agenda[M]. Chicago: University of Chicago Press, 2019: 463-492.

[6] Carrière-Swallow Y, Haksar V. The economics and implications of data[Z]. IMF Working Papers, 2019.

[7] Falck O, Koenen J. Resource "data": economic benefits of data provision[C]. CESifo Forum. München: ifo Institut-Leibniz-Institut für Wirtschaftsforschung an der Universität München, 2020, 21(3): 31-41.

[8] Wolfert S, Ge L, Verdouw C, et al. Big data in smart farming – a review[J]. Agricultural Systems, 2017, 153: 69-80.

[9] Jones C I, Tonetti C. Nonrivalry and the economics of data[J]. American Economic Review, 2020, 110(9): 2819-2858.

[10] Farboodi M, Mihet R, Philippon T, et al. Big data and firm dynamics[J]. AEA Papers and Proceedings, 2019, 109: 38-42.

[11] Koutroumpis P, Leiponen A, Thomas L D W. The (unfulfilled) potential of data marketplaces[Z]. ETLA Working Papers, 2017.

[12] Acemoglu D, Makhdoumi A, Malekian A, et al. Too much data: prices and inefficiencies in data markets[Z]. NBER Working Papers, 2019.

[13] Agarwal A, Dahleh M, Horel T, et al. Towards data auctions with externalities[EB/OL]. https://arxiv.org/abs/2003.08345, 2020.

[14] Koutroumpis P, Leiponen A, Thomas L D W. Markets for data[J]. Industrial and Corporate Change, 2020, 29(3): 645-660.

[15] Roth A E. The economist as engineer: game theory, experimentation, and computation as tools for design economics[J]. Econometrica, 2002, 70(4): 1341-1378.

[16] Roth A E. What have we learned from market design?[J]. The Economic Journal, 2008, 118(527): 285-310.

[17] Horn H, Wolinsky A. Bilateral monopolies and incentives for merger[J]. The RAND Journal of Economics, 1988: 408-419.

[18] Coase R H. The coase theorem and the empty core: a comment[J]. The Journal of Law and Economics, 1981, 24(1): 183-187.

[19] Rust J. When is it optimal to kill off the market for used durable goods? [J]. Econometrica, 1986, 54: 65-86.

[20] Shapiro C. Premiums for high quality products as returns to reputations[J]. The Quarterly Journal of Economics, 1983, 98(4): 659-679.

[21] Allen F. Reputation and product quality[J]. The RAND Journal of Economics, 1984: 311-327.

[22] Klein B, Leffler K B. The role of market forces in assuring contractual performance[J]. Journal of Political Economy,

1981, 89（4）：615-641.

[23] Tirole J. A theory of collective reputations (with applications to the persistence of corruption and to firm quality) [J]. The Review of Economic Studies, 1996, 63（1）: 1-22.

[24] Rindova V P, Williamson I O, Petkova A P. Reputation as an intangible asset: reflections on theory and methods in two empirical studies of business school reputations[J]. Journal of Management, 2010, 36（3）: 610-619.

[25] Obloj T, Capron L. Role of resource gap and value appropriation: effect of reputation gap on price premium in online auctions[J]. Strategic Management Journal, 2011, 32（4）: 447-456.

[26] 刘怡, 李智慧, 耿志祥. 婚姻匹配、代际流动与家庭模式的个税改革[J]. 管理世界, 2017, （9）: 60-72.

[27] 陈强远, 林思彤, 张醒. 中国技术创新激励政策: 激励了数量还是质量[J]. 中国工业经济, 2020, 385（4）: 81-98.

[28] 王雄元, 卜落凡. 国际出口贸易与企业创新——基于"中欧班列"开通的准自然实验研究[J]. 中国工业经济, 2019, 379（10）: 82-100.

Understanding Pricing in the Data Factor Market: An Exploration Study at Shanghai Data Exchange

YIN Wenyi[1], DOU Yifan[1], TANG Qifeng[2], HUANG Lihua[1]

(1. School of Management, Fudan University, Shanghai 200433, China;
2. Shanghai Data Exchange, Shanghai 200436, China)

Abstract In the era of the digital economy, firms are accumulating a large amount of data which performs as an increasingly important factor in the production process. However, since the effective data markets are largely missing, the data generated at firms are mostly isolated, which undermines the process of effective reallocation of data among organizations. This paper conducts an exploratory study with a novel real-world dataset provided by one of the leading data exchanges in China, Shanghai Data Exchange. The results suggest that the data prices differ significantly in distribution characteristics, and the authority and uniqueness of data providers are significantly associated with the transaction price. These findings shed light on the policy-making and infrastructure improvement of the data market.

Key words Data transaction, Data pricing, Factors of production, Exploratory analysis

作者简介

尹文怡（1999—），女，复旦大学管理学院统计系在读学生。E-mail: 18307100087@fudan.edu.cn。

窦一凡（1985—），男，复旦大学管理学院信息管理与信息系统系教授、博士生导师。E-mail: yfdou@fudan.edu.cn。

汤奇峰（1968—），男，上海数据交易中心有限公司CEO，人工智能正高级工程师，现任中欧数字经济专家组中方专家，上海大数据联盟理事长、上海市信息化专家委员会大数据专业委员会专家。E-mail: keven@chinadep.com。

黄丽华（1965—），女，复旦大学管理学院信息管理与信息系统系教授、博士生导师。E-mail: lhhuang@fudan.edu.cn。

方案隐藏与评价反馈对众包参与者方案贡献行为的影响研究[*]

王蒙蒙

（南京信息工程大学商学院，江苏 南京 210044）

摘 要 参与者的方案贡献行为是推动众包竞赛发展的关键问题，也是学者们关注的重要问题。近年来，贡献行为却被潜在风险或不确定所抑制。本文基于不确定性减弱理论探讨了发包方方案隐藏（有助于减弱创意抄袭风险）和评价反馈（有助于减弱竞争风险）对贡献行为的影响，并基于99designs平台进行了实证检验。研究发现：方案隐藏不利于鼓励参与者为竞赛任务贡献较多的解决方案，却能够吸引较多的高水平参与者；评价反馈数量对参与者贡献的解决方案数量具有正向作用，而评价反馈水平对贡献行为有倒 U 形曲线影响；评价反馈数量进一步地在方案隐藏影响贡献行为的关系中起正向调节作用。

关键词 方案隐藏，评价反馈，众包竞赛，不确定性减弱理论，调节作用

中图分类号 C931

1 引言

在当前"互联网＋"时代，企业的创新方式正逐渐向开放式与平台式转变。众包竞赛模式是近十几年得到快速发展与应用的一种新型的开放式创新模式，是指通过互联网平台，发包方企业将内部问题或研发项目以竞赛任务的形式发布出去，有偿地向外部群体寻求创意或解决方案的一种模式[1]。基于贡献的解决方案相互竞标、赢得奖励是众包竞赛的显著特性，即竞赛性，该特性能够很好地激发和挖掘外部群体智慧，从而有效地帮助发包方企业解决问题或获取创意[2]。eYeKa 的《2015 年众包行业报告》（*The State of Crowdsourcing in 2015*）显示，85%的"全球最佳百强"企业均采用过众包竞赛模式获取创意。

越来越多的第三方在线平台，如猪八戒网、一品威客、任务中国、99designs、Kaggle 等，通过搭建起聚合发包方企业与外部参与者的远程服务平台，正不断助力我国企业运用众包竞赛模式创新升级与转型。然而，在当前众包竞赛实践中，参与者的方案贡献行为正被某些参与风险或不确定性问题所抑制，如参与者之间的创意抄袭等知识产权问题、参与者与发包方间的信息不对称等问题[3,4]。在具有竞赛性、虚拟性及知识性的众包竞赛模式中，是否能够获得额外信息会对参与者的贡献行为产生重要影响[5]。为减弱或消除这类风险，99designs 等一些众包平台提供了免费的方案隐藏功能与反馈功能。

当发包方设置了方案隐藏，参与者提交的解决方案仅对发包方可见，对其他参与者均不可见，并建议发包方企业在发布竞赛任务时设置方案隐藏。但众包实践中，发包方企业却倾向将竞赛任务设置成方案公开。一方面，方案隐藏使得参与者之间无法相互浏览解决方案，能够间接地减弱创意

---

[*] 基金项目：国家自然科学基金青年项目（72101122）。

抄袭风险，但另一方面，方案隐藏也减少了参与者之间的互动交流，减少了参与者能够获取的额外信息[6]。由此可见，方案隐藏可能是一把"双刃剑"，有必要理清其对众包竞赛参与者贡献行为的影响机制。发包方企业是否应该使用方案隐藏功能呢？设置的方案隐藏会如何影响参与者的方案贡献行为呢？

评价反馈是众包竞赛中发包方与参与者之间一种重要的沟通方式。由于地理上的分离，参与者经常会难以准确地把握竞赛任务的隐性需求或发包方的主观偏好，从而抑制其贡献行为[5, 7]。通过评价反馈，发包方不仅能够向参与者传递额外的信息，帮助参与者更好地把握任务需求和主观偏好，而且能够揭示发包方对已提交解决方案的态度和评价，帮助参与者预估其中标可能性。近年来，国内外学者们也关注到评价反馈的重要性，但相关研究还处于起步发展阶段。针对当前众包实践问题与研究不足，本文将在众包竞赛情境下运用不确定性减弱理论基于发包方视角分析方案隐藏与反馈评价对参与者贡献行为的影响，并进一步地探讨两者如何交互地影响参与者贡献行为。

基于 99designs 平台获取的样本数据，本文对研究假设进行了实证分析与检验。研究结果显示，发包方企业设置的方案隐藏不利于鼓励参与者为竞赛任务贡献较多的解决方案，但扩展研究却表明，方案隐藏能够吸引高水平参与者；发包方提供较多的评价反馈不仅有助于鼓励参与者为竞赛任务贡献较多的解决方案，而且有助于减弱方案隐藏对参与者方案贡献行为的负向作用；而评价反馈水平对参与者的方案贡献行为却呈现倒 U 形作用。研究结果有助于从发包方视角明晰方案隐藏与评价反馈对参与者贡献行为的影响，深化认识与理解，从而为发包方企业提供指导建议与启示，推动我国众包竞赛模式的持续发展，助力我国企业创新升级。

2 研究综述与假设

2.1 参与者贡献行为研究

如何有效地提供激励机制、设置竞赛任务特征来鼓励外部参与者为竞赛任务贡献解决方案一直是国内外众包学者们关注的重要问题之一，主要包括参与动机、任务特征等研究主题。

基于动机理论分析参与者的方案贡献行动是现有众包研究中的重要内容。作为一种新型的开放式创新平台，众包竞赛平台不仅具有能满足参与者兴趣爱好的社会性属性，而且具有市场交易的经济性属性[8]。因此，众包竞赛中的参与动机具有多元化的特点，通常被分为外部动机和内部动机两大类[9, 10]。参与者的外部动机包括获得任务报酬、获得名誉或声望、获得工作机会等；内部动机包括提升技能或能力、自我满足、参与乐趣、社会交往等[11]。例如，Zheng 等的实证研究显示，获得名誉及参与乐趣能够显著地鼓励参与意愿[12]。在参与动机的研究基础上，部分众包学者从价值理论角度，包括价值期望理论、收益-成本视角等对参与者行为的影响因素进行了分析[13, 14]。例如，Ye 和 Kankanhalli 的实证研究指出，参与收益，包括任务奖励、技能提升、参与乐趣、工作自主性对鼓励参与行为有积极作用；而感知努力成本负向地影响参与行为[15]。

众包竞赛模式是围绕竞赛任务的一种创新模型模式，竞赛任务的特征，如任务奖励、任务描述、任务时长、任务复杂度、任务隐性等会直接或间接地影响参与者对任务的感知和理解，从而影响其方案贡献行为[12, 16, 17]。一般来讲，学者们认为当众包任务具有较高的任务奖励、较长的任务期限、详细的任务描述时，参与者的参与动机也就越强、更有充裕的时间完成任务、更能了解发布者的需求，从而愿意参与众包任务[18, 19]。例如，卢新元等的实证研究指出，较高的任务隐性会增加参与者的感知失败风险，不利于鼓励参与意愿，而任务自主性和多样性对参与意愿有积极的影响[17]。然而，较高的任务奖励也意味着参与者会面临更加激烈的竞争，其中标概率反而有可能下降，徒劳无功的风险会增大[6, 20]。例如，Liu等的实证研究均显示，任务奖励与参与者数量之间存在倒U形关系[14]。

近年来，随着众包竞赛实践的发展与研究的深入，潜在的参与风险正逐渐成为阻碍参与者参与竞赛任务的重要因素。众包学者们开始探讨发包方如何设置竞赛特征来减弱参与风险，包括方案隐藏与评价反馈等研究视角。例如，Deng等认为，当发包方为竞赛任务设置了方案隐藏，参与者无法评断其他参与者提交的解决方案，从而会加剧参与者之间的竞争；相应地，为了赢得中标，参与者会愿意为竞赛任务投入更多的努力[6]。但除此之外，现有众包文献大都在发包方是否设置了方案隐藏的假设条件下分析参与者行为，并未明确探讨发包方方案隐藏对参与者行为的影响。例如，Bockstedt等指出，在设置了"unblind"的众包竞赛中，即参与者的解决方案对所有参与者均是可见的，参与者的方案贡献策略会受这些额外信息的影响，并在"unblind"情境下探讨了参与者的参与策略如何影响其中标可能性[21]。

另外，围绕发包方评价反馈的现有研究多将其视为一种重要的交流方式，认为评价反馈能够有效地提供额外信息，从而影响参与者的方案贡献行为[22, 23]。例如，Yang等指出，任务反馈是众包竞赛模式的一个重要特征，发包方给予参与者反馈能够明显地增加参与者为竞赛任务投入的努力[24]。类似地，Jiang和Wang认为，参与者能够从任务反馈中借鉴、吸收有用的信息，从而影响其参与决策，并实证分析了众包竞赛中反馈数量对参与者参与努力的影响[25]。Jian等进一步指出，反馈数量对参与者行为的影响会受奖励担保的影响，即当竞赛任务设置了奖励担保，任务反馈数量对参与者贡献的方案数量的正向作用减弱[22]。尽管近年来众包学者们逐渐意识到发包方评价反馈的重要性，但现有众包研究还多集中于探讨反馈数量的影响作用[25, 26]，有待进一步对评价反馈进行分析与研究。

分析以上文献可知，参与者的方案贡献行为是推动众包竞赛模式发展的基本条件，这方面的研究得到了学者们的广泛关注。近年来，随着众包竞赛模式的发展，学者们逐渐关注到发包方方案隐藏与评价反馈的重要性，进行了一些有意义的探索，但还比较有限，且并不清楚方案隐藏与评价反馈如何交互地影响参与者的贡献行为。因此，本文将基于不确定性减弱理论从发包方视角分析方案隐藏与评价反馈对参与者贡献行为的影响及交互作用。

2.2 不确定性减弱理论

Berger和Calabrese研究人际交往时，首次提出了不确定性减弱理论（uncertainty reduction theory，URT），认为人际关系中充满了不确定性，而减少不确定性是人际交往的核心动力，它促使个体不断地寻求信息、获得知识来减少不确定性[27]。URT指出，个体间的信息交流能够有效地减少不确定性[28]。目前，URT已被广泛地用于研究各种社会经济交换活动，包括P2P借贷[29]、在线约会[30]、在线拍卖[28]等研究情境。

在众包竞赛情境下，参与者以解决方案的形式贡献其知识或创意，并通过方案中标来获得任务报酬。外部参与者与发包方企业之间存在知识交易行为，也面临着一些不确定性因素[13, 22]。因此，一些学者开始运用不确定性减弱理论分析众包竞赛情境下的参与者行为。例如，Pollok等基于URT探讨了与竞赛任务有关的不确定性问题，并指出发包方身份披露有助于减弱参与者感知的不确定性，当发包方披露较多信息时，其竞赛任务能够吸引较多的参与者[31]。在众包竞赛中，除了披露个人信息外，发包方可通过设置方案可见、提供评价反馈来传递额外的信息，帮助参与者评估竞争强度，减少竞争不确定性[26]。本文将基于不确定性减弱理论分析方案隐藏与评价反馈对参与者贡献行为的影响。

2.3 研究假设

2.3.1 方案隐藏对参与者贡献行为的影响

众包竞赛是一种基于任务需求的创新模式,即基于发包方企业需要解决的问题或完成的任务,参与者贡献其解决方案并相互竞标,从而赢得任务奖励。因此,参与者对任务需求与目标的把握,会影响其解决方案的中标概率,进而战略性调整参与决策[12, 17]。现有众包文献多从任务特征角度分析参与者的方案贡献行为。除了任务特征蕴含的直接信息,与竞赛任务有关的额外信息也会影响参与者的方案贡献行为[31, 32]。

在众包竞赛中,参与者提交的解决方案是一种重要的额外信息,不仅有助于参与者评断其中标概率,而且能够启发参与者改进解决方案[33, 34]。因此,本文基于不确定性减弱理论认为,众包竞赛过程中,贡献的解决方案是否可见会对参与者的方案贡献行为产生影响,即为了评估竞争强度,减少竞争不确定性,参与者在众包竞赛过程中有可能会有意识地对其他参与者贡献的解决方案进行评断,从而调整其方案贡献行为[21]。具体来讲,当竞赛任务设置了方案可见,参与者提交的解决方案不仅对发包方可见,对其他参与者也是可见的。此时,参与者可以浏览、评断已提交的解决方案,从解决方案中获取额外信息或灵感去把握任务需求与目标,有助于增强参与者的自我认知,从而能够鼓励参与者为竞赛任务贡献解决方案。而且,众包竞赛中,很多参与者是受内部动机驱动参与竞赛任务的,他们期望能够通过参与竞赛任务来提升技能与中标概率[35]。方案可见性有助于促进参与者的自我学习,参与者可结合其他参与者的方案开阔思路、更新或重构知识,进而较容易地改善或提出自身方案[33, 36]。反而言之,当竞赛任务设置了方案隐藏,解决方案仅对发包方可见,参与者无法通过评断其他参与者的解决方案来预估其中标机会,从而会面临较高的竞争不确定性。这种情形下,参与者通常需要付出较多的努力来获得回报[6]。另外,方案可见性可能会引起知识产权问题[34]。面临创意抄袭风险时,参与者可能不愿为竞赛任务贡献解决方案,但也可能选择通过贡献更多的解决方案来间接地减弱知识侵权风险,提升中标概率。因此,总的来说,本文认为,设置了方案可见性的竞赛任务更有利于鼓励参与者为竞赛任务贡献较多的解决方案,而方案隐藏则不利于鼓励参与者的方案贡献行为,并提出如下假设。

H_1:众包竞赛中,发包方设置的方案隐藏对参与者方案贡献行为有负向作用。

2.3.2 评价反馈对参与者贡献行为的影响

众包竞赛过程中,发包方提供的评价反馈是另一种重要的额外信息来源,能够揭示发包方对已提交方案的评价或意见[23, 37]。发布竞赛任务时,尽管发包方会尽可能清楚地阐述任务需求,但是很多发包方无法详细地解释隐性的任务细节或主观偏好,而发包方偏好又是决定中标方案的重要因素[38, 39]。评价反馈为发包方向参与者传递其主观偏好或需求提供了一种重要的途径[22, 32]。发包方提供评价反馈时,可运用1~5星等级来表达其对解决方案不同的满意程度。通常,星级越高意味着发包方对解决方案越满意。在具有竞赛性质的众包模式中,评价反馈有助于参与者评断发包方对解决方案的态度与喜爱程度,从而揭示解决方案的中标概率[37, 40]。基于不确定性减弱理论,本文认为,在具有信息不对称的众包竞赛中,评价反馈的数量与内容(或水平)能够为参与者减弱众包竞赛过程中的不确定性提供额外的信息,从而影响参与者的方案贡献行为。

具体来讲,当发包方提供的评价反馈越多时,参与者能够获取的额外信息也就越多,越能够更好地了解竞赛任务的隐性需求或发包方的主观偏好,从而更好地为竞赛任务贡献解决方案。现有众包研究也大多认为,评价反馈数量对参与者行为具有积极的影响作用。例如,Wang[26]、Jian 等[22]学者研究显示，反馈数量对参与者的方案贡献行为有积极影响。类似地，Jiang和Wang[25]也指出，参与者能够从任务反馈中借鉴、吸收有用的信息，从而影响其参与决策，并实证分析了众包竞赛中反馈数量对努力程度的积极影响。因此，本文认为，众包竞赛中发包方提供较多的评价反馈有助于鼓励参与者为竞赛任务贡献较多的解决方案，并提出如下假设。

H_2：众包竞赛中，评价反馈数量对参与者方案贡献行为有正向作用。

在众包竞赛过程中，运用星级进行反馈的评价能够向参与者传递发包方对解决方案的喜爱程度，揭示被评价解决方案的中标可能性[40]，因此，本文认为，评价反馈的水平高低也会影响参与者感知到的竞争强度或不确定性，从而影响其参与行为。具体来讲，当发包方反馈的评价水平较低时，参与者会倾向于认为发包方对已有解决方案并不满意，已有解决方案存在着某些不足，需进一步完善或改进[23]。此时，已有解决方案获胜的概率也就较小，参与者通过后续完善、提升、贡献新的解决方案有可能获得发包方的青睐或喜欢，从而感知到较低的竞争强度或不确定性[23]。在这种情况下，为了提升中标概率，参与者很可能愿意需要付出更多的努力来完善或改进解决方案，贡献出较多的解决方案[41]。反馈水平逐渐提高，说明参与者努力的方向是正确的，参与者为了缩短与最终目标的差距，提升中标概率，会愿意继续完善并贡献新的解决方案。然而，当反馈水平过高时，参与者会倾向于认为发包方对现有解决方案较为满意，已有解决方案有很大的可能性会赢得中标。在这种情况下，参与者需要额外付出较多的努力来提出比已有方案质量更高或更新颖的解决方案才有可能中标，感知到的竞争强度或不确定性也就越大[18, 22, 41]。此时，参与者需要付出较多的精力或成本才有可能赢得收益，较大的成本可能会抑制参与者的方案贡献行为[15]。因此，本文基于不确定性减弱理论认为，反馈评价水平与参与者行为之间存在倒U形关系，即当评价反馈水平较低时，参与者会倾向于认为当前任务的竞赛强度或不确定性较小，解答者有较大可能性能够赢得中标，从而愿意付出较多努力来贡献解决方案，随着反馈水平的小幅度提升，反馈评价对参与者行为的积极影响会增强，当反馈水平提高到某个水平时，反馈评价反而会抑制参与者行为。这是因为，当评价水平较高时，参与者会感知到较高的竞争强度或不确定性。基于以上分析，本文提出如下假设。

H_3：众包竞赛中，评价反馈水平对参与者方案贡献行为有倒U形作用，即当评价反馈水平较低时，评价反馈对方案贡献行为有积极影响，而当评价反馈水平较高时，评价反馈对方案贡献行为有消极影响。

2.3.3 评价反馈对方案隐藏影响参与者贡献行为关系的调节作用

在众包竞赛中，解决方案是否中标是由发包方决定的[38, 39]。因此，对于参与者来说，相较于解决方案公开带来的额外信息，发包方通过评价反馈提供的信息更能够帮助其评估竞争强度，减少竞争不确定性[37, 40]，从而可能会减弱方案隐藏对参与者行为的不利影响。当发包方提供的反馈评价越多时，参与者可获得的额外信息也就越多。此时，参与者搜寻额外信息的需求或欲望也就会降低。在这种情形下，方案隐藏对参与者行为的不利影响会减弱。而且，在虚拟的参与环境下，评价反馈有助于彰显发包方对竞赛任务与参与者的重视，在一定程度减弱空间距离感，增强双方间的情感联结与信任[42, 43]。较多的评价反馈能够更好地激发参与者的内在动机[5, 44]，进而减少方案隐藏的不利影响。因此，本文认为，评价反馈数量可能会在方案隐藏影响参与者的方案贡献行为关系中起正向调节作用。然而，由于无论发包方是否设置了方案隐藏，参与者都可以从评价反馈水平中推断出已有解决方案的中标可能性以及当前竞赛任务的竞赛强度。因此，本文认为，评价反馈水平在方案隐藏影响参与者的方案贡献行为关系中不具有调节作用。基于以上分析，本文提出如下假设。

H_4：众包竞赛中，评价反馈数量在发包方方案隐藏与参与者方案贡献行为关系中起正向的调节作用，即较多的评价反馈有助于减弱方案隐藏对方案贡献行为的不利影响。

3 研究设计

3.1 研究情境：99designs

本文选择为发包方提供了方案隐藏与评价反馈功能的众包竞赛网站——99designs，从竞赛任务层面来实证分析发包方方案隐藏与评价反馈如何交互地影响参与者的方案贡献行为。99designs 是国际知名的创意竞赛网站，汇聚了大量的设计师（即外部参与者），帮助各个不同领域的企业或组织（即发包方）获取富有创意的设计方案。截至2020年底，超过500 000个组织在99designs平台发布了创意竞赛任务。

通过99designs平台，发包方企业描述任务需求、设置任务奖励与任务期限等属性并将竞赛任务发布出去，免费注册成为设计师的外部参与者可自主地选择竞赛任务，并根据任务需求贡献其解决方案。针对某一特定的竞赛任务，在任务期限内，参与者可以多次提交解决方案，每个解决方案会被标记一个编号。除了设置基本的任务特征，99designs还免费提供了其他额外的任务特征供发包方选择使用，包括方案隐藏与评价反馈。发包方可运用1~5星对某个或某些已提交的解决方案随机地进行评价。通常，星级越高代表着发包方对解决方案越满意。而且，在99designs平台上，无论方案是否隐藏，评价反馈均是可见的。参与者的参与过程以及发包方进行评价反馈的过程如图1所示。

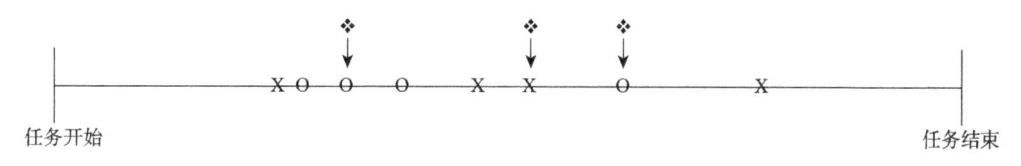

图 1 99designs 平台参与过程与评价反馈示例

3.2 样本与变量测量

本文获取99designs 平台上2019年9月期间的竞赛任务作为研究样本，共获得1 285条任务记录。剔除私有竞赛（Private Contests）、无效链接和关闭的任务，得到1 064条有效的任务记录，涵盖了商业与咨询、食品、技术、医疗与制药等多个行业。对于每一个竞赛任务，搜集得到与竞赛任务有关的数据，包括任务奖励、期限、任务要求、所属行业、方案可见性（Unblind）、支付保证（Guarantee）、关注人数等。在1 064个竞赛任务基础上，本文又获取了每个竞赛任务的所有解决方案信息，包括方案编号、参与者id、评价反馈等信息，共109 610条数据。最后，通过整合竞赛任务数据与对应的解决方案数据来获得最终的任务层面样本数据。

参考已有众包文献，结合研究问题，本文对研究变量进行如下定义与测量。

（1）因变量。参考现有文献[21, 31, 45]，本文运用竞赛任务获得的方案数量（Entries_Sum）来测量参与者的方案贡献行为。

（2）自变量。发包方方案隐藏（Blind）指发包方企业是否为竞赛任务设置了方案隐藏，被定义为0~1变量，即1代表该竞赛任务设置了方案隐藏功能，0代表竞赛任务未设置方案隐藏功能。评价反馈数量（Rating_Vol）指发包方在竞赛任务过程中提供的评价反馈数量，运用发包方在该任务结束时提供的评价反馈数量来测量[22, 26]。评价反馈水平（Rating_Avg）指发包方在竞赛任务过程中提供的评价反馈星级，运用这些评价反馈的平均星级来测量。

（3）控制变量。基于已有众包研究[19, 21, 22, 24, 26, 31, 41]及样本数据，本文加入了可能会对参与者行为产生影响的其他变量，包括：①任务奖励（Reward），指某一竞赛任务提供的奖励金额。②任务期限（Duration），指某一竞赛任务的持续天数，以任务发布的时间为起点，以任务结束的时间为终点。③支付承诺（Guarantee），指发包方承诺在竞赛任务结束时，无论其是否获得满意的创意方案，均会选出中标方案，发放任务奖励。本文将支付承诺定义为0~1变量，1表示承诺支付，0表示未承诺支付。④中标人数（Winner_Sum），指竞赛任务设置的最终中标人数。⑤任务水平（Contest_Level），指竞赛任务对参与任务的参与者水平的要求。发包方企业通过99designs平台发布竞赛任务时，可设置参与者水平要求，即所有参与者均可参加（Base level）、仅中级和高级水平参与者可参加（Gold level）、仅高级水平参与者可参加（Platinum level）。本文将任务水平定义为分类变量，1表示Base level，2表示Gold level，3表示Platinum level。⑥关注人数（Watchers），指关注了某一竞赛任务的解答者人数。⑦发包方信誉（Seeker_Rep），指发包方在99designs平台上的信誉等级。借鉴已有研究，本文采用发包方以往成功发包的竞赛任务次数来测量发包方信誉。通常，成功发包的竞赛任务越多，发包方信誉越高。⑧任务行业（Industry），指某一竞赛任务所属的行业。本文将任务行业定义为分类变量。⑨评价反馈离散程度（Rating_Dis），指在竞赛任务过程中提供的评价反馈的离散程度，运用评价反馈的方差来测量[46, 47]。

本文首先运用Stata 14统计分析软件对样本数据进行了描述性统计分析。表1显示了各变量的均值、标准差、最小值及最大值。表2显示了各变量之间的Pearson相关系数。结果表明，所有变量之间的相关系数均小于0.7的临界值[48]。此外，各模型变量的方差膨胀因子VIF在（1.01, 2.37）之间，说明多重共线性问题并不严重，这对模型检验影响不大。

表1 各变量的描述性统计

变量	定义	均值	标准差	最小值	最大值
Entries_Sum	竞赛任务获得的解决方案数量	140.904	150.211	4	3 084
Blind	是否方案隐藏，1=方案隐藏，0=方案可见	0.208	0.406	0	1
Rating_Vol	发包方提供的评价反馈数量	48.044	67.448	0	528
Rating_Avg	发包方提供的评价反馈平均星级	2.825	1.274	0	5
Reward	竞赛任务的实际奖励金额，以百为单位	2.835	2.054	0.55	23.33
Duration	竞赛任务的持续天数	3.915	0.629	1	6
Guarantee	是否承诺履行支付，1=承诺，0=未承诺	0.635	0.482	0	1
Winner_Sum	竞赛任务设置的最终中标人数	1.036	0.205	1	3
Contest_Level	竞赛任务对参与者水平的要求	1.146	0.400	1	3
Watchers	关注该竞赛任务的参与者人数	23.649	14.440	2	136
Seeker_Rep	发包方的信誉等级	1.990	6.071	0	79
Industry	竞赛任务所属的行业	25.072	12.097	1	46
Rating_Dis	发包方提供的评价反馈离散程度	0.819	0.501	0	2.828

表 2 各变量间的相关系数

变量	1	2	3	4	5	6	7	8	9	10	11	12	13
1 Entries_Sum													
2 Blind	−0.143												
3 Rating_Vol	0.563	−0.149											
4 Rating_Avg	−0.029	−0.041	−0.132										
5 Reward	0.189	0.207	0.097	−0.054									
6 Duration	−0.095	0.157	−0.052	−0.020	0.284								
7 Guarantee	0.184	0.051	0.130	−0.052	0.008	−0.062							
8 Winner_Sum	−0.044	0.035	−0.017	−0.024	−0.021	−0.020	0.008						
9 Contest_Level	0.097	0.144	0.078	−0.044	0.672	0.057	−0.012	0.017					
10 Watchers	0.288	0.020	0.124	−0.033	0.264	0.099	0.338	0.030	0.032				
11 Seeker_Rep	−0.075	0.254	−0.051	−0.021	−0.008	−0.002	0.050	0.063	0.044	0.037			
12 Industry	−0.070	0.035	−0.063	−0.014	−0.035	0.022	0.020	0.025	−0.054	−0.032	−0.084		
13 Rating_Dis	0.107	−0.010	0.215	0.094	0.041	−0.026	0.025	−0.010	0.013	0.019	−0.041	−0.013	

3.3 模型检验

本文构建以下回归方程（1）和（2）来分析方案隐藏与评价反馈对参与者方案贡献行为的影响作用。方程（2）在方程（1）基础上加上方案隐藏与评价反馈数量对方案贡献行为的交互作用。其中，下标 i 表示第 i 个竞赛任务。借鉴已有研究对变量的处理方法，本文对连续性非正态分布的因变量和自变量取自然对数后，对模型进行回归分析。

$$\begin{aligned}\text{Entries\_Sum}_i =& \beta_0 + \beta_{1i}\text{Blind}_i \\&+ \beta_{2i}\text{Rating\_Vol}_i + \beta_{3i}\text{Rating\_Avg}_i + \beta_{4i}\text{Rating\_Avg}_i*\text{Rating\_Avg}_i + \beta_{5i}\text{Reward}_i \\&+ \beta_{6i}\text{Duration}_i + \beta_{7i}\text{Guarantee}_i + \beta_{8i}\text{Winner\_Sum}_i + \beta_{9i}\text{Contest\_Lev}_i \\&+ \beta_{10i}\text{Watchers}_i + \beta_{11i}\text{Seeker\_Rep}_i + \beta_{12i}\text{Industry}_i + \beta_{13i}\text{Rating\_Dis}_i\end{aligned} \quad (1)$$

$$\begin{aligned}\text{Entries\_Sum}_i =& \beta_0 + \beta_{1i}\text{Blind}_i \\&+ \beta_{2i}\text{Rating\_Vol}_i \\&+ \beta_{3i}\text{Rating\_Avg}_i + \beta_{4i}\text{Rating\_Avg}_i*\text{Rating\_Avg}_i + \beta_{5i}\text{Rating\_Vol}_i*\text{Blind}_i \\&+ \beta_{6i}\text{Reward}_i + \beta_{7i}\text{Duration}_i + \beta_{8i}\text{Guarantee}_i + \beta_{9i}\text{Winner\_Sum}_i + \beta_{10i}\text{Contest\_Lev}_i \\&+ \beta_{11i}\text{Watchers}_i + \beta_{12i}\text{Seeker\_Rep}_i + \beta_{13i}\text{Industry}_i + \beta_{14i}\text{Rating\_Dis}_i\end{aligned} \quad (2)$$

假设检验结果见表3。其中，模型1检验各控制变量对参与者方案贡献行为的影响；模型2在各控制变量的基础上检验方案隐藏、评价反馈数量及评价反馈水平对参与者方案贡献行为的直接影响；模型3增加了方案隐藏与评价反馈数量的交互项，检验评价反馈数量如何影响方案隐藏对参与者方案贡献行为的作用效果。

表 3 模型检验结果

直接效应	模型 1	模型 2	模型 3
Blind		−0.342*** (0.058)	−0.463*** (0.073)
Rating_Vol		0.005*** (0.000)	0.005*** (0.000)
Rating_Avg		0.345*** (0.077)	0.325*** (0.076)
Rating_Avg*Rating_Avg		−0.063*** (0.015)	−0.059*** (0.015)

续表

调节效应	模型1	模型2	模型3
Blind*Rating_Vol			0.004*** (0.001)
控制变量			
Reward	0.072*** (0.022)	0.076*** (0.018)	0.074*** (0.018)
Duration	−0.185*** (0.045)	−0.119*** (0.036)	−0.118*** (0.035)
Guarantee	0.367*** (0.051)	0.301*** (0.042)	0.303*** (0.041)
Winner_Sum	−0.088 (0.084)	−0.026 (0.082)	−0.046 (0.084)
Contest_Lev	−0.000 (0.095)	−0.053 (0.086)	−0.041 (0.085)
Watchers	0.223*** (0.051)	0.158*** (0.043)	0.158*** (0.043)
Seeker_Rep	−0.018*** (0.005)	−0.009** (0.004)	−0.008** (0.004)
Industry	−0.004*** (0.002)	−0.002 (0.001)	−0.002 (0.001)
Rating_Dis	0.231*** (0.048)	−0.139** (0.060)	−0.133** (0.059)
_cons	4.283*** (0.255)	3.909*** (0.219)	3.949*** (0.218)
调整后 R^2	0.188	0.458	0.465

***表示 $p<0.01$，**表示 $p<0.05$

模型2的检验结果显示，方案隐藏对方案贡献行为（$\beta=-0.342$）的影响系数为负值，在0.01的水平上显著，说明方案隐藏不利于鼓励参与者为竞赛任务贡献较多的解决方案，支持假设 H_1。同时，检验结果显示，评价反馈数量对方案贡献行为（$\beta=0.005$）有正向影响，在0.01的水平上显著，说明发包方提供较多的评价反馈有利于鼓励参与者为竞赛任务贡献较多的解决方案，支持假设 H_2。表3中的模型2检验结果还显示，评价反馈水平对方案贡献行为的一次项系数为正（$\beta=0.345$），在0.01的水平上显著，且评价反馈水平的二次项系数为负（$\beta=-0.063$），也在0.01的水平上显著，这表明，在众包竞赛中，评价反馈水平与参与者方案贡献行为存在显著的倒U形关系。进一步地，本文计算了倒U形曲线拐点的位置，结果显示，拐点为2.7，位于评价反馈水平的取值区间内[49]。因此，假设 H_3 得到支持，即相对于中等水平的评价反馈，低水平和高水平的评价反馈对鼓励参与者的方案贡献行为较差（图2）。

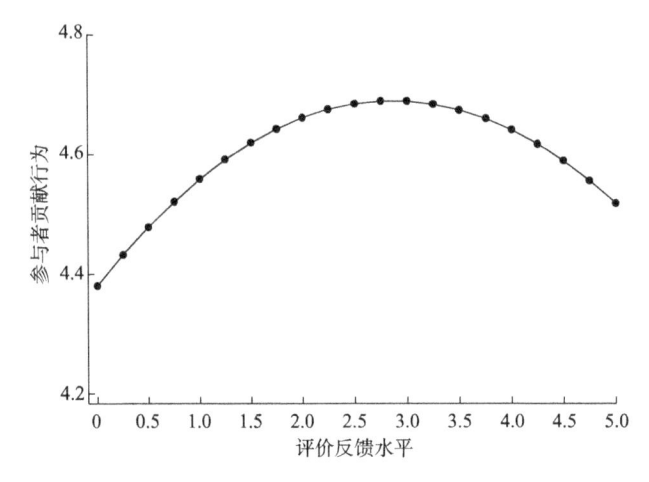

图2 评价反馈水平与参与者方案贡献行为的倒U形关系图

模型 3 检验结果显示，方案隐藏与评价反馈数量的交互项的回归系数为 0.004，在 0.01 的水平上显著，说明评价反馈数量对方案隐藏和参与者方案贡献行为之间关系的正向调节作用显著，假设 H_4 得到支持，如图 3 所示。当发包方提供较多的评价反馈时，方案隐藏对解决方案数量的负向作用变得平缓，说明较多的评价反馈有助于抵消方案隐藏带来的负面影响。

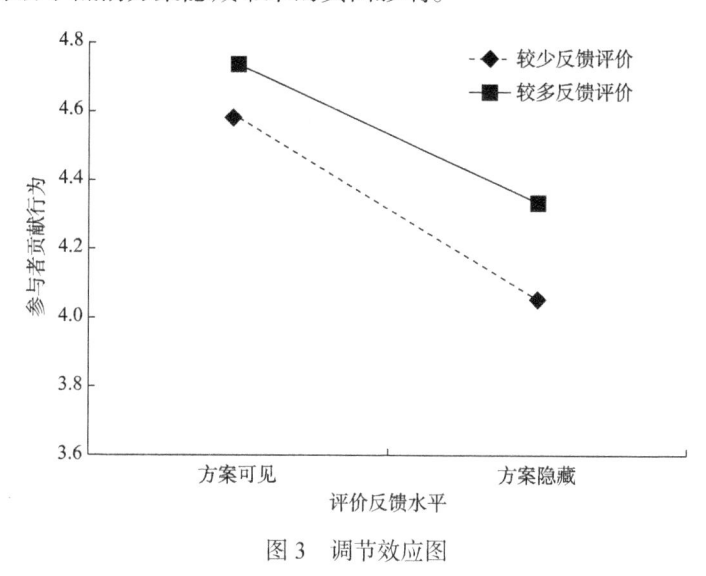

图 3 调节效应图

3.4 扩展研究

根据不确定性减弱理论，方案隐藏减少了参与者之间的信息交流，减少了参与者可获取的额外信息来减少不确定性。但知识水平或技能不同的参与者对额外信息的需求程度并不相同。例如，Lee 等指出，相较于额外信息带来的灵感，高水平参与者更在意知识产权保护[34]。一般来讲，随着额外信息的增多，参与者需要付出额外的时间或精力来处理、吸收信息，其付出/回报率也会随之减少。高水平参与者付出努力时却较为保守，倾向于以较低的努力来赢得中标[45]。而且，在设置了方案隐藏的众包竞赛中，参与者的技能水平是决定其中标概率的重要因素[6]。因此，本文认为，相较于通过方案公开来获取额外信息，高水平参与者拥有较高的自我效能或技能水平去赢得中标，反而更加在意知识产权问题，因此，发包方设置的方案隐藏有助于吸引较多的高水平参与者。

随后，本文运用样本数据和回归方程对该假设进行了实证分析。根据参与者的参与历史以及中标次数，99designs 平台将参与者分为初级（Entry Level）、中级（Middle Level）和高级（Top Level）。因此，本文运用 Top Level 来定义高水平参与者。高水平参与者数量（High_Solver_Sum），指在竞赛任务结束时，参与该竞赛任务的 Top Level 参与者。检验结果显示，方案隐藏对高水平参与者数量的影响系数为正值且显著（$\beta=0.177$，$p<0.05$），说明方案隐藏对高水平参与者具有吸引力。

4 研究意义与展望

本文基于不确定性减弱理论在众包竞赛情境下从发包方视角探讨了方案隐藏与评价反馈对参与者方案贡献行为的影响，并分析了评价反馈数量是否以及如何影响方案隐藏的作用效果。基于 99designs 平台数据的实证检验显示，尽管方案隐藏并不能鼓励参与者为竞赛任务贡献较多的方案，却能够吸引较多的高水平参与者；发包方提供较多的评价反馈有助于鼓励参与者为竞赛任务贡献较多的方案，而评价反馈水平对参与者贡献的方案数量有倒 U 形曲线影响。进一步地,研究结果发现,评价反馈数量有助于减弱方案隐藏对方案贡献行为的负向影响。研究结果对众包竞赛参与者行为的相关理论研究和实践应用均具有一定的贡献。

理论意义:①众包竞赛情境下,如何吸引、鼓励参与者为竞赛任务贡献解决方案一直是众包学者们关注的重要问题。现有研究围绕参与动机、任务特征、发包方信誉等主题进行了分析,但围绕风险或不确定性探讨参与者行为的研究还比较有限。本文基于不确定性减弱理论分析发包方方案隐藏与评价反馈如何影响参与者的方案贡献行为,能够为后续的相关理论研究提供新的思路,进一步推动现有的众包理论研究。②随着众包竞赛模式的发展,知识产权问题逐渐成为抑制参与者贡献行为的重要问题。发包方为竞赛任务设置方案隐藏有助于减弱知识产权风险,但同时,方案隐藏也减少了参与者之间的分享与交流,不利于减弱竞争不确定性。对于方案隐藏会如何影响参与者的方案贡献行为,现有文献尚不清楚。本文理论分析并实证检验了方案隐藏对参与者方案贡献行为的影响,发现尽管方案隐藏能够减弱参与者之间的知识产权纠纷,但随之带来的竞争不确定性会阻碍参与者的参与热情。更有意义的是,研究结果显示,方案隐藏能够有效地吸引高水平参与者。研究结果明晰了方案隐藏对参与者贡献行为的影响,能够补充并推动现有众包研究,为后续研究提供新的线索。③与 Deng 等[6]的研究不同,本文研究发现,发包方方案隐藏并不能鼓励参与者为竞赛任务贡献较多的解决方案,而 Deng 等[6]的研究显示,方案隐藏有助于提升参与者的任务努力。结果争议可能是由因变量的测量指标不同造成的,也可能是由于调节变量的存在。但已有研究尚未涉及对方案隐藏影响作用的触发机制探讨。评价反馈是近年来众包学者们关注的热点话题,能够提供额外的信息,从而影响参与者行为。本文基于不确定性减弱理论分析并实证检验了评价反馈数量是否能够调节方案隐藏对参与者方案贡献行为的影响作用。研究结果显示,评价反馈数量在方案隐藏影响参与者方案贡献行为的关系中起正向调节作用,能够减弱方案隐藏对贡献行为的不利影响。研究结果不仅丰富、扩展了评价反馈的相关研究,而且有助于深化人们对方案隐藏触发机制的理解,对后续研究具有重要的启发意义。④尽管近年来发包方评价反馈逐渐受到众包学者们的关注,但现有众包研究还处于发展阶段,多集中在分析评价反馈数量的影响作用[25, 26],本文更进一步地从数量与水平两个方面分析了评价反馈对参与者方案贡献行为的影响。研究结果不仅明确揭示了评价反馈数量与水平对参与者方案贡献行为的影响作用,深化人们对反馈评价的认识和理解,而且有助于推动相关的后续研究。

实践意义:①在当前众包竞赛实践中,参与风险正成为抑制外部参与者方案贡献行为的重要因素。为了减弱参与者之间的知识产权问题,一些众包平台,如 99designs,提供了方案隐藏功能,也鼓励发包方企业使用该功能。本文研究结果显示,方案隐藏能够为竞赛任务吸引较多的高水平参与者,另外,研究结果还发现,方案隐藏并不能有效地鼓励参与者为竞赛任务贡献较多的解决方案。这些研究结果表明,方案隐藏是一把"双刃剑"。发包方企业在众包竞赛实践中需提高警惕,注意方案隐藏可能带来的积极影响与消极影响,在决定使用方案隐藏功能时,衡量其优劣。当发包方企业偏好"量"时,建议使用方案公开;当发包方企业偏好"质",即希望吸引较多高水平参与者时,可使用方案隐藏。同时,发包方可事先根据任务需求预估参与者之间是否会发生严重的知识产权问题,从而决定是否需要使用方案隐藏。②与方案隐藏功能不同,发包方可通过提供评价反馈为参与者提供额外的信息,帮助参与者减弱竞争不确定性风险,本文从数量与水平两个方面分析了评价反馈对参与者方案贡献行为的影响。研究结果表明,为了鼓励参与者为竞赛任务贡献较多的解决方案,发包方可在竞赛过程中积极地与参与者进行反馈交流,但发包方需注意评价反馈的水平,注意发包方反馈水平对参与者贡献的方案数量的倒 U 形曲线作用,这提示发包方需要谨慎使用评价反馈。在传统的观念中,我们普遍认为较高评价有助于鼓励个体行为。但在"赢者通吃"的知识交易型众包竞赛社区中,本文的发现挑战了这一观点，即发包方过高的评价可能会使参与者感知到较强的竞争风险或不确定，反而不利于鼓励参与者的后续方案贡献。本文建议发包方在提供反馈时密切关注拐点的出现，避免因评价过高而出现抑制效果，可多关注具有发展潜力的解决方案来提供中等水平的评价反馈。③本文进一步地探讨在不同水平的评价反馈数量下，方案隐藏对参与者方案贡献行为的影响如何变化。研究结果显示，评价反馈数量能够减弱方案隐藏对参与者方案贡献行为的消极影响。因此，发包方企业在众包竞赛实践中要重视评价反馈的重要作用，特别是，当为竞赛任务设置了方案隐藏时，发包方可通过加强反馈来间接地减弱方案隐藏的负向作用。

由于一些客观条件的限制，本文的研究还存在一些研究不足：①本文围绕方案隐藏与评价反馈展开，99designs 平台提供了这两方面的机制，因此，本文基于 99designs 平台搜集样本数据来检验研究假设，并未搜集国内平台的样本数据。未来研究，如果条件允许，可基于国内众包平台开发功能模块运用实地实验法进行分析与检验。②本文从竞赛任务层面探讨了方案隐藏与评价反馈的影响作用，后续研究可从参与者层面分析方案隐藏对参与者行为的影响，如当竞赛任务设置了方案隐藏时，参与者如何调整其参与策略，个人层面是否会提交更多的方案，提交方案的频次如何变化。③在当前众包竞赛实践中，除评价反馈形式外，文本反馈也是发包方常用的反馈形式[22, 50]，但由于样本数据的局限，本文仅集中分析了评价反馈对参与者方案贡献行为的影响，并未探讨文本反馈的影响作用。如果条件允许，后续研究可搜集文本反馈数据进行深入的分析。

5　总结

在当前"互联网+"时代，众包竞赛模式为我国企业解决问题、获取创新提供了新模式。外部参与者的方案贡献行为是保证众包竞赛成功的关键。如何吸引并鼓励参与者一直是众包学者们关注的重要问题。本文从不确定性减弱角度分析了方案隐藏与反馈评价对参与者方案贡献行为的影响，以及在不同水平的评价反馈数量下，方案隐藏的影响作用是否以及如何变化。基于 99designs 平台的样本数据，实证检验结果显示，尽管方案隐藏不利于鼓励参与者为竞赛任务贡献较多的方案，却能够吸引较多的高水平参与者；评价反馈数量不仅对参与者方案贡献行为有直接的积极作用，而且能够减弱方案隐藏对参与者方案贡献行为的消极作用。然而，评价反馈水平对参与者方案贡献行为的影响作用并非线性，而表现为倒 U 形曲线。这些研究结果有助于丰富众包竞赛参与者行为的研究，深化现有文献对方案隐藏与评价反馈的理解，同时，能够为发包方企业在众包实践中如何使用方案隐藏与评价反馈功能提供一些启示与建议。

参 考 文 献

[1] Afuah A, Tucci C L. Crowdsourcing as a solution to distant search[J]. Academy of Management Review, 2012, 37（3）: 355-375.

[2] Boudreau K J, Lakhani K R. Using the crowd as an innovation partner[J]. Harvard Business Review, 2013, 91（4）: 60-69.

[3] 郝琳娜, 侯文华, 张李浩, 等. 基于众包虚拟社区的诚信保障和信誉评价机制研究[J]. 系统工程理论与实践, 2014, 34（11）: 2837-2848.

[4] Deng X F, Joshi K D, Galliers R D. The duality of empowerment and marginalization in microtask crowdsourcing: giving voice to the less powerful through value sensitive design[J]. MIS Quarterly, 2016, 40（2）: 279-302.

[5] Wang M M, Wang J J, Zhang W N. How to enhance solvers' continuance intention in crowdsourcing contest: the role of interactivity and fairness perception[J]. Online Information Review, 2019, 44(1): 238-257.

[6] Deng W, Guan X, Ma S, et al. Selection of crowdsourcing formats: simultaneous contest vs sequential contest[J]. Industrial Management & Data Systems, 2019, 119(1): 35-53.

[7] Lee H C B, Ba S L, Li X X, et al. Salience bias in crowdsourcing contests[J]. Information Systems Research, 2018, 29(2): 401-418.

[8] Brabham D C. Moving the crowd at threadless[J]. Information, Communication & Society, 2010, 13(8): 1122-1145.

[9] Leimeister J M, Huber M, Bretschneider U, et al. Leveraging crowdsourcing: activation-supporting components for IT-based ideas competition[J]. Journal of Management Information Systems, 2009, 26(1): 197-224.

[10] 庞建刚, 潘丽娟. 网络大众参与众包行为的动机——基于主成分分析法的研究[J]. 科技管理研究, 2016, 36(10): 225-230.

[11] Zhao Y C, Zhu Q. Effects of extrinsic and intrinsic motivation on participation in crowdsourcing contest[J]. Online Information Review, 2014, 7(38): 896-917.

[12] Zheng H, Li D, Hou W. Task design, motivation, and participation in crowdsourcing contests[J]. International Journal of Electronic Commerce, 2011, 15(4): 57-88.

[13] Sun Y, Fang Y, Lim K H. Understanding knowledge contributors' satisfaction in transactional virtual communities: a cost-benefit trade-off perspective[J]. Information & Management, 2014, 51(4): 441-450.

[14] Liu Z, Hatton M R, Kull T, et al. Is a large award truly attractive to solvers? The impact of award size on crowd size in innovation contests[J]. Journal of Operations Management, 2021, 67(4): 420-449.

[15] Ye H J, Kankanhalli A. Solvers' participation in crowdsourcing platforms: examining the impacts of trust, and benefit and cost factors[J]. The Journal of Strategic Information Systems, 2017, 26(2): 101-117.

[16] 宗利永, 李元旭. 基于发包方式的众包平台任务绩效影响因素研究[J]. 管理评论, 2018, 30(2): 107-116.

[17] 卢新元, 黄河, 李梓奇, 等. 众包竞赛中接包方的创新绩效影响因素研究[J]. 管理学报, 2018, 15(5): 750-758.

[18] Shao B, Shi L, Xu B, et al. Factors affecting participation of solvers in crowdsourcing: an empirical study from China[J]. Electronic Markets, 2012, 22(2): 73-82.

[19] 王丽伟, 田剑, 刘德文. 基于网络社区的创新竞赛绩效影响因素研究[J]. 科研管理, 2014, 35(2): 17-24.

[20] Boudreau K J, Lacetera N, Lakhani K R. Incentives and problem uncertainty in innovation contests: an empirical analysis[J]. Management Science, 2011, 57(5): 843-863.

[21] Bockstedt J, Druehl C, Mishra A. Heterogeneous submission behavior and its implications for success in innovation contests with public submissions[J]. Production and Operations Management, 2016, 25(7): 1157-1176.

[22] Jian L, Yang S, Jiang C. Managing the crowds: the effect of prize guarantees and in-process feedback on participation in crowdsourcing contests[J]. MIS Quarterly, 2019, 43(1): 97-112.

[23] Camacho N, Nam H, Kannan P K, et al. Tournaments to crowdsource innovation: the role of moderator feedback and participation intensity[J]. Journal of Marketing, 2019, 83(2): 138-157.

[24] Yang J, Adamic L A, Ackerman M S. Competing to share expertise: the Taskcn knowledge sharing community[C]. Proceedings of International Conference on Weblogs and Social Media. Menlo Park, CA, 2008.

[25] Jiang J C, Wang Y. A theoretical and empirical investigation of feedback in ideation contests[J]. Production and Operations Management, 2020, 29(2): 481-500.

[26] Wang M M. Strategically reward solvers in crowdsourcing contests: the role of in-process feedback[J]. Behavior and Information Technology, 2021, DOI: 10.1080/0144929X.2021.1973105.

[27] Berger C R, Calabrese R J. Some explorations in initial interaction and beyond: toward a developmental theory of interpersonal communication[J]. Human Communication Research, 1975, 1（2）: 99-112.

[28] Ducarroz C, Yang S, Greenleaf E A. Understanding the impact of in-process promotional messages: an application to online auctions[J]. Journal of Marketing, 2016, 80（2）: 80-100.

[29] Larrimore L, Jiang L, Larrimore J, et al. Peer to peer lending: the relationship between language features, trustworthiness, and persuasion success[J]. Journal of Applied Communication Research, 2011, 39（1）: 19-37.

[30] Gibbs J L, Ellison N B, Lai C. First comes love, then comes Google: an investigation of uncertainty reduction strategies and self-disclosure in online dating[J]. Communication Research, 2011, 38（1）: 70-100.

[31] Pollok P, Lüttgens D, Piller F T. Attracting solutions in crowdsourcing contests: the role of knowledge distance, identity disclosure, and seeker status[J]. Research Policy, 2019, 48（1）: 98-114.

[32] Mihm J, Schlapp J. Sourcing innovation: on feedback in contests[J]. Management Science, 2019, 65（2）: 559-576.

[33] Bayus B L. Crowdsourcing new product ideas over time: an analysis of the Dell IdeaStorm community[J]. Management Science, 2013, 59（1）: 226-244.

[34] Lee B, Srivastava S, Kumar R, et al. Designing with interactive example galleries[C]. Proceedings of the Conference on Human Factors in Computing Systems, ACM, 2010: 2257-2266.

[35] Liang H G, Wang M M, Wang J J, et al. How intrinsic motivation and extrinsic incentives affect task effort in crowdsourcing contests: a mediated moderation model[J]. Computers in Human Behavior, 2018, 81: 168-176.

[36] 杨光, 汪立. 思维定势如何影响创意质量——基于众包平台的实证研究[J]. 管理世界, 2017, 12: 109-125.

[37] Wooten J O, Ulrich K T. Idea generation and the role of feedback: evidence from field experiments with innovation tournaments[J]. Production and Operations Management, 2017, 26（1）: 80-99.

[38] Terwiesch C, Xu Y. Innovation contests, open innovation, and multiagent problem solving[J]. Management Science, 2008, 54（9）: 1529-1543.

[39] Koh T K. Adopting seekers' solution exemplars in crowdsourcing ideation contests: antecedents and consequences[J]. Information Systems Research, 2019, 30（2）: 486-506.

[40] Segev E. Crowdsourcing contests[J]. European Journal of Operational Research, 2020, 281: 241-255.

[41] Dissanayake I, Mehta N, Palvia P, et al. Competition matters! Self-efficacy, effort, and performance in crowdsourcing teams[J]. Information & Management, 2019, 56（8）: 103-158.

[42] Garcia Martinez M. Solver engagement in knowledge sharing in crowdsourcing communities: exploring the link to creativity[J]. Research Policy, 2015, 44（8）: 1419-1430.

[43] Piezunka H, Dahlander L. Idea rejected, tie formed: organizations' feedback on crowdsourced ideas[J]. Academy of Management Journal, 2019, 62（2）: 503-530.

[44] Baruch A, May A, Yu D. The motivations, enablers and barriers for voluntary participation in an online crowdsourcing platform[J]. Computers in Human Behavior, 2016, 64（11）: 923-931.

[45] Dissanayake I, Zhang J, Yasar M, et al. Strategic effort allocation in online innovation tournament[J]. Information & Management, 2018, 55: 396-406.

[46] Li X T. Impact of average rating on social media endorsement: the moderating role of rating dispersion and discount threshold[J]. Information Systems Research, 2018, 29（3）: 592-611.

[47] Sun M. How does the variance of product ratings matter? [J] Management Science, 2012, 58（4）: 696-707.

[48] 董保宝. 风险需要平衡吗: 新企业风险承担与绩效倒 U 型关系及创业能力的中介作用[J]. 管理世界, 2014,（1）: 120-131.

[49] Haans R, Pieters C, He Z. Thinking about U theorizing and testing U- and inverted U-shaped relationships in strategy research[J]. Strategic Management Journal, 2016, 37(7): 1177-1195.

[50] 葛如一, 张朋柱. 众包竞赛中众包方的反馈策略[J]. 系统管理学报, 2015, 24(6): 821-827.

The Impact of Blind Setting and Rating Feedback on Submission Behavior in Crowdsourcing Contests

WANG Mengmeng

(School of Business, Nanjing University of Information Science & Technology, Nanjing 210044, China)

Abstract The submission behavior of solvers is central to the development of crowdsourcing contests, which is a hot topic in extant academic research. Recently, some potential risks or uncertainties are hindering their submission behavior. Drawing on the uncertainty reduction theory, this study explores how bind setting and rating feedback impact submission behavior, which is respectively helpful to reduce the intelligent property risk and competition uncertainty. Using the sample from 99desings, empirical results show that: Blind setting is unable to encourage the submission behavior of solvers by showing a negative effect on the submission number, while blind setting is found to have positive effect on the number of high level solvers; Rating feedback volume shows a positive effect on solvers' submission behavior and rating feedback valence shows an inverted U-shaped effect on submission behavior; Additionally, rating feedback volume plays a positive moderating role to shape the influences of blind setting by reducing the negative effect on the submission number. These findings provide some theoretical and practical implications for crowdsourcing contests.

Key words Blind setting, Rating feedback, Crowdsourcing contests, Uncertainty reduction theory, Moderating effect

作者简介

王蒙蒙（1990—），女，南京信息工程大学商学院副教授，研究方向包括创新社区、数字化创新等。E-mail: meng.wang@nuist.edu.cn。

企业社交媒体使用与员工创新行为的关系研究*

马良　张新　张戈　徐瑶玉

（山东财经大学管理科学与工程学院，山东 济南 250014）

摘　要　为进一步明确企业社交媒体使用对员工创新行为的影响，本文基于交流可视化和自我效能理论，采用结构方程模型方法分析多家企业 516 份调研数据，结果表明：①公共社交媒体用于工作和社交的目的对员工创新行为具有积极正向影响。②私有社交媒体用于社交的目的对员工创新行为具有积极正向影响，然而私有社交媒体用于工作的目的对员工创新行为影响不显著。③创新性自我效能在企业社交媒体使用与员工创新行为之间起调节作用。

关键词　企业社交媒体使用，创新性自我效能，员工创新行为

中图分类号　C931.6

1　引言

党的十九届五中全会提出坚持创新在我国现代化建设全局中的核心地位，把科技自立自强作为国家发展的战略支撑面向世界科技前沿、面向经济主战场、面向国家重大需求、面向人民生命健康，深入实施科教兴国战略、人才强国战略、创新驱动发展等国家战略，完善国家创新体系，加快建设科技强国。国家的创新在于企业，而企业的创新在于员工[1]。创新不仅是企业竞争力的核心，也是一个国家乃至整个世界繁荣发展的关键[2,3]。如何提升企业员工创新行为是学术界和管理界关注的重要问题[4,5]。

从文献梳理来看，学术界对员工创新行为的研究主要集中在两个方面。一是探究员工创新行为的驱动因素。关于员工创新行为的驱动因素，现有研究主要集中在个人因素，包括员工的主动性人格、动机、知识和能力等[6]、领导类型与行为[7,8]；组织因素，包括组织环境氛围因素[9]、组织文化类型[10]；情境因素，包括制度因素[11]、社会网络和个体-组织匹配[12]等。二是探究员工创新行为的作用效果。关于员工创新行为作用效果的研究还较少，已有研究表明员工创新行为对创新绩效具有显著影响[3]。随着互联网的快速发展，企业内部社交网络得到广泛应用与普及，据统计，有 4 亿用户、1 700 万组织在企业内部应用钉钉等企业社交媒体，而 80% 的中国五百强企业使用企业微信[13]。企业内部社交网络的快速发展已然成为驱动企业创新的重要力量。然而，国内学术界关于企业内部社交媒体使用与员工创新行为的研究还较为缺乏。尤其是基于不同目的、不同平台的社交媒体使用是否会影响到员工创新行为，有哪些边界条件，目前为止，答案还不清楚。在瞬息万变的竞争环境中，员工创新行为是组织适应环境、应对挑战并获得持续竞争优势的关键因素。明确企业内部社交网络与员工创新行为的关系，不仅有助于提升员工创新行为及企业绩效，更有助于企业在瞬息万变的环境中保持持续竞争优势。

为了弥补以上研究的不足，进一步明确不同目的、不同平台的社交媒体使用与企业员工创新行为之间的关系，本文尝试应用交流可视化和自我效能理论，基于多家企业的调研数据，分析企业社交媒体使用对企业员工创新行为的影响，并考察创新性自我效能的边界条件。

---

* 基金项目：山东省社会科学规划项目（21DGLJ10）。

通信作者：马良，山东财经大学管理科学与工程学院副教授，硕士生导师，E-mail：maliang@sdufe.edu.cn。

2 理论基础和研究假设

2.1 企业社交媒体

企业社交媒体被定义为一个基于 Web 的集成平台，它允许员工：①与特定的同事交流消息或将消息广播给组织中的任何一个人；②列出与其有联系的同事的列表；③发布、编辑及分类与自己和他人相关的文本和文件；④在任意时间查看组织中他人交流、发布、编辑和分类的消息、联系列表、文本和文件[14]。从面向大众群体的角度，学术界将企业社交媒体分为公共社交媒体（Facebook、微信等）和私有社交媒体（钉钉、Yammer 等）两类[15,16]。其中，公共社交媒体是指利用微博、微信、Facebook 等以较低成本提供标准化可靠服务的公共社交平台；而私有社交媒体指的是面向特定企业开发的专用社交媒体，如钉钉、明道、Yammer 等，这一分类被后续研究者广泛采纳。按社交媒体使用目的划分，张新等将企业社交媒体使用分为基于工作的社交媒体使用和基于社交的社交媒体使用[17]。然而，这一研究没有考虑不同社交媒体平台的差异。事实上，不同社交媒体平台的设计及使用目的是不同的，明确不同社交媒体平台使用的差异有助于企业更加充分地利用企业社交媒体进行工作。关于企业社交媒体使用的作用结果变量，已有研究主要集中在工作满意[18]、工作绩效[19,20]、社会资本[21]、知识管理[13,22]等维度。基于企业社交媒体使用与员工创新行为的相关研究还较为缺乏。考虑到员工创新行为是组织获得生存与发展的关键因素，本文拟从不同类型、不同目的的企业社交媒体使用视角出发，探究企业社交媒体使用与员工创新行为的关系。

2.2 交流可视化理论

交流可视化理论由学者 Leonardi 提出，该理论表明一旦组织中其他人之间的无形沟通对第三方可见，这些第三方会提高他们的元知识（即组织中"谁知道什么"以及"谁知道谁"的知识）[23]。交流可视化理论增强对"谁知道什么"和"谁知道谁"的意识通过两种相互关联的机制：消息透明和网络半透明。企业社交媒体在交流可视化理论中发挥着核心作用，因为它使迄今为止同事之间的无形沟通对组织中的其他人可见。具体来说，员工使用企业社交网站使他们能够查看同事的消息（消息透明）并查看同事的通信网络（网络半透明）。通过阅读彼此的讨论和分享知识以及对同事的知识进行推断，员工可以主动汇总每天感知到的信息，有效地将现有想法重新组合成新想法，产生更多的创新产品和服务。因此，企业社交媒体正在重塑组织沟通和员工培养创造力方式。

2.3 自我效能理论

1977 年，斯坦福大学著名心理学教授阿尔伯特·班杜拉在《自我效能：关于行为变化的综合理论》一文中首次提出了"自我效能"这一概念[24]。班杜拉将自我效能定义为"个体在完成特定任务和达成特定目标时，对自我能力的一种感知和信念"[25]。其核心思想是个体认知形成的对自我行为能力的预期和判断影响其行为的选择、投入努力的大小或者在特定任务中展现的能力大小[26]。对于自我效能理论的内涵，国内学者也进行了大量研究，其基本内容可分为以下三点：第一，从信息来源来看，个体自我效能的形成源于四类信息，即直接经验、替代性经验、言语劝说、情绪及生理状态。第二，从作用机制来看，自我效能主要是通过认知过程、动机过程、情感过程与选择过程四种中介机制的相互协同，发挥着对人类机能的调节作用。第三，从结构来看，自我效能主要围绕水平、强度和广度而变化，这三个维度分别表征完成该活动任务对个体能力信心的威胁等级、个体对完成不同难度和复杂程度活动或任务的自信程度以及自我效能的改变是否能延伸到其他类似的行为或情境中。自我效能理论在信息系统领域被广泛应用于解释个体在构成不同信息系统中可能产生的主观感受和行为问题[27]。信息用户在与信息工具不断地接触、理解过程中形成对于自身能力的感知和判断，进而影响其对工具采取的具体信息行为[28]。从文献梳理来看，在信息系统领域现有研究主要集中探究自我效能理论与多种技术接受理论和模型融合过程。例如，自我效能理论与计划行为理论、技术接受模型、任务技术匹配理论、使用与满意理论结合[29-31]。

2.4 企业社交媒体使用与员工创新行为的关系

员工创新行为被定义为员工在组织相关活动中，产生、引进和应用有益的新颖想法或事物的过程，其中包括形成或开发新的创意或技术，改变现有的管理程序以提升工作效率等[32]。已有研究表明员工创新行为受到员工的主动性人格[6]、组织环境因素[9]、个体-组织匹配[12]等方面的影响。关于企业社交媒体使用与员工创新行为的关系，现有研究还没有明确结论。根据交流可视化理论，企业社交媒体通过使组织内部员工交流可视化进而能够提升员工的创造力和创新行为[23]。具体而言，企业社交媒体加强组织内部的消息透明性和网络透明性，允许员工看到其他人的消息内容，提升"谁知道什么"以及"谁知道谁"的意识，进而会提升同事之间的信任、避免重复工作、增加产品和过程创新[33, 34]。通过对同事的知识进行推断，员工可以有效地将现有的想法重组为新的想法，产生创新行为[35]。

根据交流可视化理论，当公共社交媒体用于工作相关的目的时，员工之间的知识交换与知识共享程度加强，增强消息透明性进而会促进员工的创新行为[35]。当使用公共社交媒体进行社交时，员工之间进行社交活动更加有利于形成社会资本等，增强网络透明性进而提升员工的创新行为[26]。当员工使用私有社交媒体进行工作时，员工会与同事分享企业计划目标信息、企业文档信息，有利于信息交换、对业务形成更加完整的认识，进而改善其工作流程，提升"谁知道什么"的意识，进而能够有效地将现有想法重新组合成新想法，提升员工的创新意识与行为[36]。当员工使用私有社交媒体进行社交时，提升"谁知道谁"的意识，进而会提升同事之间的信任、提升其创新行为。总体来看，企业社交媒体用于工作和社交相关目的时，其能够加强组织内部的消息透明性和网络透明性，提升"谁知道什么"及"谁知道谁"的意识，进而会提升同事之间的信任、促进员工的创新行为。基于以上，本文提出如下假设：

H$_{1a}$：基于工作的公共社交媒体使用积极正向影响员工创新行为。

H$_{1b}$：基于社交的公共社交媒体使用积极正向影响员工创新行为。

H$_{1c}$：基于工作的私有社交媒体使用积极正向影响员工创新行为。

H$_{1d}$：基于社交的私有社交媒体使用积极正向影响员工创新行为。

2.5 创新性自我效能的调节效应

本文尝试应用自我效能理论，分析创新性自我效能在企业社交媒体使用与企业员工创新行为之间的调节效应。创新性自我效能被定义为个体对于自己是否有能力取得创新性成果的信念[37]。创新性自我效能理论认为，自我效能是社会认知的产物，它表现为员工对自身进行全面认识与有效评估。从文献梳理来看，高自我效能感的个体有积极的自我认知和自信心，因此认为自我能够对行为进行控制，从而按照个体内在倾向执行相应行为[38]。具有高创新性自我效能感的员工，具有较强的自信，表现出较高的创造力和员工创新行为[39]。当高创新性自我效能感的员工使用企业社交媒体进行工作和社交相关目的时，其往往具有较强的自信，更容易了解组织内部的消息透明性和网络透明性，提升"谁知道什么"及"谁知道谁"的意识，高创新性自我效能的员工可以更加有效地将现有的想法重组为新的想法，表现出较高的创造力和创新行为[35]，因此会强化企业社交媒体使用与员工创新行为之间的关系。

低创造性自我效能的员工具有较低的创新自信，会选择组织中已存的范式而不愿进行创新，因此会弱化企业社交媒体使用与员工创新行为之间的关系[40]。基于以上，本文提出假设：

H$_{2a}$：创新性自我效能正向调节基于工作的公共社交媒体使用与员工创新行为的关系。

H$_{2b}$：创新性自我效能正向调节基于社交的公共社交媒体使用与员工创新行为的关系。

H$_{2c}$：创新性自我效能正向调节基于工作的私有社交媒体使用与员工创新行为的关系。

H$_{2d}$：创新性自我效能正向调节基于社交的私有社交媒体使用与员工创新行为的关系。

基于以上讨论，本文提出研究模型，如图1所示。

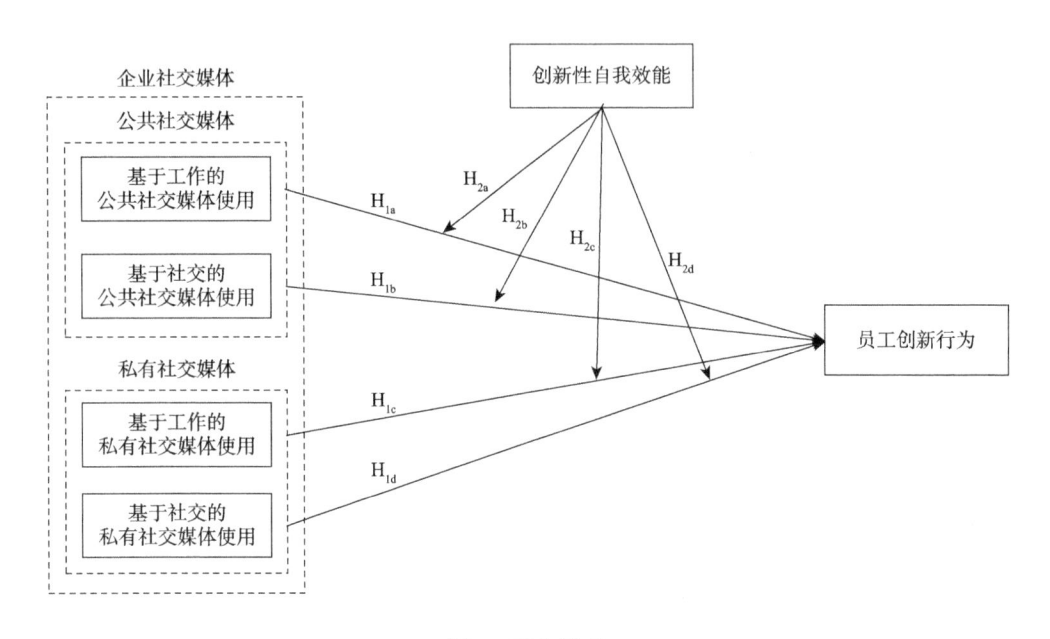

图1 研究模型

3 研究设计

3.1 问卷设计

文章采用问卷调查的方式来验证概念模型。测量问题项都选自先前学者成熟的量表。其中，企业社交媒体使用分为公共社交媒体和私有社交媒体。其中公共社交媒体分为基于工作的公共社交媒体使用（PWL）和基于社交的公共社交媒体使用（PSL），私有社交媒体分为基于工作的私有社交媒体使用（SWL）和基于社交的私有社交媒体使用（SSL），量表选自Gonzalez等[41]的成熟量表。创造性自我效能（SE）包括3个测量问题项，量表选自Malik等[42]的成熟量表。员工创新行为（EI）包括3个测量问题项，量表选自Scott和Bruce[43]的成熟量表。问卷采用Likert 7级量表形式，1表示非常不同意，7表示非常同意。量表具体问题如表1所示。

表1 问卷测量项

变量	测量问题项	问卷来源
基于工作的公共社交媒体使用（PWL）	我使用公共社交媒体（微信、QQ等）设置群组来与同事讨论工作项目的信息	[41]
	我使用公共社交媒体（微信、QQ等）用于与同事分享企业计划目标信息	
	我使用公共社交媒体（微信、QQ等）用于存储、分享企业文档信息	

续表

变量	测量问题项	问卷来源
基于社交的公共社交媒体使用（PSL）	我使用公共社交媒体（微信、QQ等）用于工作时间外与同事进行社交活动	[41]
	我使用公共社交媒体（微信、QQ等）用于与公司内部的员工交朋友	
	我使用公共社交媒体（微信、QQ等）用于工作闲暇时休闲	
基于工作的私有社交媒体使用（SWL）	我使用私有社交媒体（钉钉等）用于设置群组来与同事讨论工作项目的信息	[41]
	我使用私有社交媒体（钉钉等）用于与同事分享企业计划目标信息	
	我使用私有社交媒体（钉钉等）用于存储、分享企业文档信息	
基于社交的私有社交媒体使用（SSL）	我使用私有社交媒体（钉钉等）工作时间外与同事进行社交活动	[41]
	我使用私有社交媒体（钉钉等）用于与公司内部的员工交朋友	
	我使用私有社交媒体（钉钉等）用于工作闲暇时休闲	
创造性自我效能（SE）	当我遇到问题时，我通常会找到几种解决方案	[42]
	当我遇到问题时，我通常会找到几种创新且独特的解决方案	
	凭借我的创造力，我可以应对突发情况	
员工创新行为（EI）	工作中我经常搜索新技术、流程、技术或产品创意	[43]
	工作中我经常产生创意	
	工作中我经常向他人宣传和倡导想法	
	工作中我经常制订适当的计划和时间表以实施新想法	

3.2 样本和数据采集

本文将调研对象聚焦于广东、江苏、河北、山东、山西、河南、北京、上海等区域使用企业社交媒体的企业员工。问卷设计完成以后，由1名副教授和2名博士生对问卷题目项中难于理解的语句进行调整。最终问卷以电子问卷形式在互联网平台进行问卷发放。为提升问卷质量，本文设置相反问题项进行甄别。其中，总共发放问卷536份，删除填写不合格问卷20份，剩余有效问卷516份，问卷有效率96.27%。问卷统计了受访者的描述性统计特征和企业相关特征。具体描述性统计信息如表2所示。

表2 受访者描述性统计

项目	属性	人数	百分比
性别	男	213	41.28%
	女	303	58.72%
年龄	20~30岁	193	37.40%
	31~40岁	241	46.71%
	41~50岁	65	12.60%
	50岁以上	17	3.29%
学历	高中及以下	22	4.26%
	专科	67	12.98%
	本科	381	73.84%
	研究生	46	8.91%
月收入	≤3 000元	38	7.36%
	>3 000~5 000元	105	20.35%
	>5 000~8 000元	183	35.47%
	>8 000~12 000元	129	25.00%
	>12 000元	61	11.82%

续表

项目	属性	人数	百分比
进入公司的时间	≤1年	55	10.66%
	>1~2年	71	13.76%
	>2~3年	105	20.35%
	>3~4年	96	18.60%
	>4年	189	36.63%
企业的规模	50人及以下	64	12.40%
	51~100人	104	20.16%
	101~200人	142	27.52%
	201~400人	95	18.41%
	400人以上	111	21.51%
企业性质	政府及事业单位	89	17.25%
	国有企业	115	22.29%
	民营企业	222	43.02%
	合/外资企业	56	10.85%
	个体经营	22	4.26%
	其他	12	2.33%

4 实证检验

4.1 量表的信度与效度分析

学术界一般通过信度和效度检验来检验量表的有效性。本文的Cronbach's α 系数如表3所示，可以看到所有测量项的Cronbach's α 系数都在0.7以上，表明测量项的信度是可以接受的。同时，所有构念的组合信度CR值都大于0.8，说明测量项的组合信度较高。表4给出了测量项的因子负荷量。可以看到，所有变量的因子载荷都大于0.5并且在0.001水平上显著，说明测量项具有良好的内部一致性。量表的效度检验通过构念的收敛效度和区分效度来验证。可以看到，所有测量项的AVE值都大于0.5，表明测量模型具有良好的收敛效度。与此同时，AVE平方根的值都大于测量变量之间的相关系数，表明量表具有良好的区分效度。

表3 信度和效度

变量	α	rho_A	CR	AVE	PWL	PSL	SWL	SSL	SE	EI
PWL	0.771	0.780	0.867	0.685	**0.828**					
PSL	0.721	0.749	0.840	0.637	0.551	**0.798**				
SWL	0.821	0.829	0.894	0.737	0.361	0.331	**0.859**			
SSL	0.809	0.812	0.887	0.724	0.155	0.14	0.48	**0.851**		
SE	0.763	0.771	0.863	0.677	0.41	0.435	0.413	0.395	**0.823**	
EI	0.762	0.764	0.849	0.584	0.336	0.325	0.397	0.502	0.659	**0.764**

表 4 因子负荷量

变量	EI	PSL	PWL	SE	SSL	SWL
EI_1	0.767					
EI_2	0.804					
EI_3	0.753					
EI_4	0.732					
PSL_1		0.796				
PSL_2		0.839				
PSL_3		0.757				
PWL_1			0.814			
PWL_2			0.826			
PWL_3			0.842			
SE_1				0.795		
SE_2				0.837		
SE_3				0.837		
SSL_1					0.850	
SSL_2					0.871	
SSL_3					0.831	
SWL_1						0.872
SWL_2						0.890
SWL_3						0.812

4.2 共同方法偏差检验

为了确保数据集不存在共同方法偏差，本文运用两种不同的方法进行共同方法偏差检验。首先，本文运用SPSS22.0进行了Harman单因素检验，包括6个结构和19个测量量表项目。统计结果表明，没有出现单一因素；因子解释的最高协方差为34.760%，小于40%的临界值。因此，共同方法偏差不是一个严重的问题。其次，本文采用学者Cote和Buckley的方法进行共同方法检验[44]。本文分别建立了三个模型，包括仅方法模型1、仅特征模型2和特征及方法模型3。通过分析模型的结果，研究发现模型3和模型2优于模型1，而模型3仅略好于模型2。特征因素解释的总体方差远大于方法因素解释的总体方差，表明共同方法偏差不是本文的关键问题。

4.3 结构方程模型分析

本文运用Smart PLS 3.0来检验变量之间的显著性关系。模型拟合度如表5所示。可以看到，总体模型的拟合度是可以接受的。研究结果如图2所示。从图2中可以看到，基于工作的公共社交媒体使用和基于社交的公共社交媒体使用对员工创新行为具有积极正向影响。因此，假设H_{1a}和H_{1b}成立。这说明当员工使用公共社交媒体进行工作和社交相关的目的时，员工的创新行为会随之上升。与此同时，研究发现基于工作的私有社交媒体使用对于员工创新行为影响不显著。然而，基于社交的私有社交媒体使用对于员工创新行为具有积极正向影响。因此，假设 H_{1c} 不成立，假设 H_{1d} 成立。这说明员工的创新行为不会受到私有社交媒体用于工作相关目的使用的影响，而员工创新行为会随着私有社交媒体用于社交相关目的使用的增加而随之增加。同时，本文给出了 R 平方值。

表 5 模型拟合度

指标	估计模型
SRMR	0.066
d_ULS	0.817
d_G	0.308
卡方值	959.265
NFI	0.755

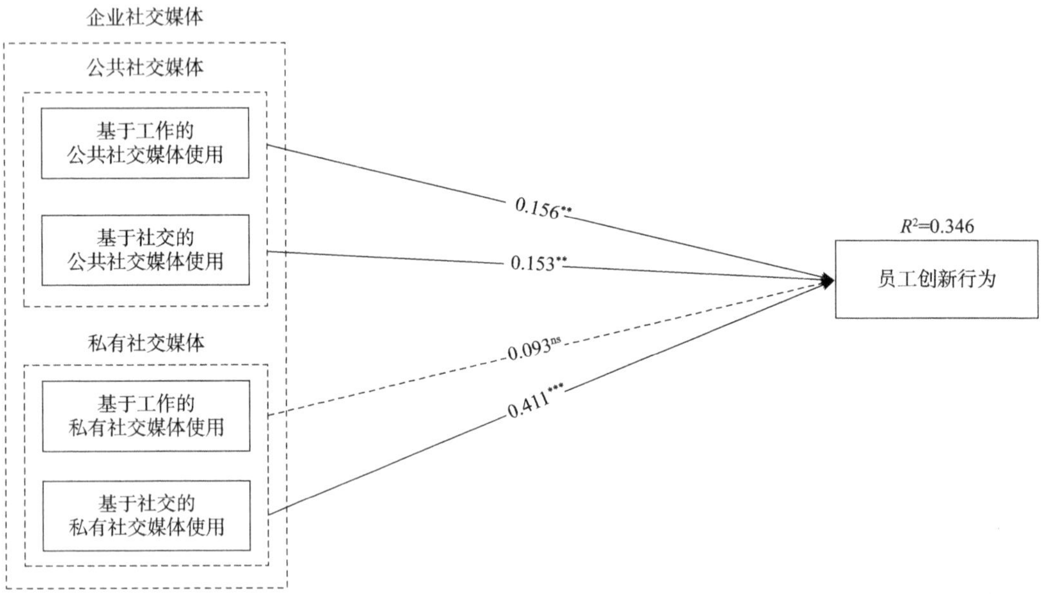

图 2 结构方程模型结果
***表示 $p<0.001$，**表示 $p<0.01$，ns 表示不成立

4.4 调节效应分析

本文采用多元回归分析的方法来检验创新性自我效能在企业社交媒体使用与员工创新行为之间的调节效应。结果表明，创新性自我效能在基于工作的公共社交媒体使用与员工创新行为之间起正向调节作用（$\beta=0.069$，$t=1.958$），见表 6。因此，假设 H_{2a} 成立。本文在图 3 中绘制了这一调节效应。然而，研究结果表明，创新性自我效能在基于社交的公共社交媒体使用与员工创新行为之间的调节效应不显著（$\beta=0.067$，$t=1.815$）。因此，假设 H_{2b} 不成立。此外，研究结果表明，创新性自我效能在基于工作的私有社交媒体使用与员工创新行为之间的调节效应不显著（$\beta=-0.008$，$t=-0.221$）。因此，假设 H_{2c} 不成立。创新性自我效能在基于社交的私有社交媒体使用与员工创新行为之间起负向调节效应（$\beta=-0.092$，$t=-2.927$），见表 7 与图 4。因此，假设 H_{2d} 不成立。

表6 创新性自我效能在基于工作的公共社交媒体使用与员工创新行为之间的调节效应

变量	模型1 β	模型1 t	模型2 β	模型2 t	模型3 β	模型3 t
基于工作的公共社交媒体使用（PWL）	0.355	8.600	0.084	2.318	0.095	2.589
创新性自我效能（SE）			0.628	17.254	0.646	17.254
PWL × SE					0.069	1.958
调整后 R^2	0.124		0.445		0.448	
R^2 变化	0.126		0.321		0.004	
F 值变化	73.958***		297.707***		3.835*	

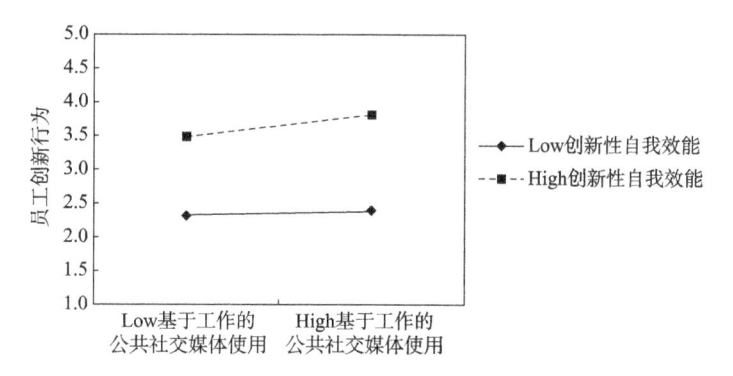

图3 创新性自我效能在基于工作的公共社交媒体使用与员工创新行为之间的调节效应

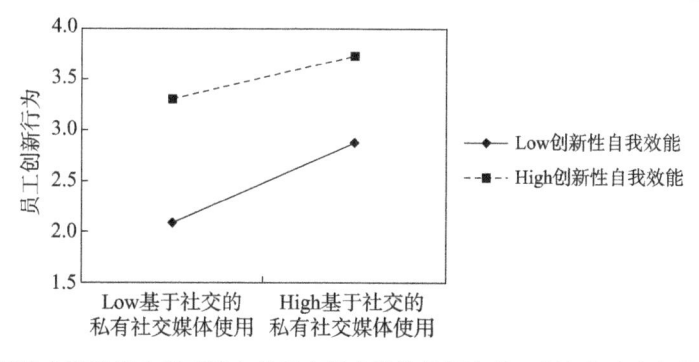

表7 创新性自我效能在基于社交的私有社交媒体使用与员工创新行为之间的调节效应

变量	模型1 β	模型1 t	模型2 β	模型2 t	模型3 β	模型3 t
基于社交的私有社交媒体使用（SSL）	0.518	13.740	0.299	8.893	0.304	9.103
创新性自我效能（SE）			0.543	16.177	0.519	15.095
SSL × SE					−0.092	−2.927
调整后 R^2	0.267		0.514		0.521	
R^2 变化	0.269		0.247		0.008	
F 值变化	188.793***		261.690***		8.566**	

图4 创新性自我效能在基于社交的私有社交媒体使用与员工创新行为之间的调节效应

5 结论

5.1 研究结论与讨论

本文基于交流可视化理论和自我效能理论，从我国员工社交媒体使用现状出发，构建企业社交媒体使用对于员工创新行为影响的理论模型。通过对多家企业的516份有效问卷进行分析，研究发现：

第一，公共社交媒体用于工作和社交的目的对于员工创新行为具有积极正向影响，而基于工作的公共社交媒体使用对员工创新行为影响更大。这说明当员工使用公共社交媒体进行社交和工作相关目的时，能够提升员工之间的知识分享与沟通交流，进而能够在一定程度上提升员工的创新行为[45, 46]。

第二，研究发现私有社交媒体用于社交相关的目的对于员工创新行为具有积极正向影响，然而私有社交媒体用于工作相关的目的对于员工创新行为的影响不显著。其中可能的原因是当员工使用私有社交媒体如钉钉等进行工作相关的目的时，多数都是与同事分享企业计划目标信息、企业文档信息等日常操作性流程事务，私有社交媒体用于工作相关的目的使用能够提升员工日常工作效率，而员工创新行为关注的是新颖想法或事物的过程，包括形成或开发新的创意或技术。因此，私有社交媒体用于工作相关的目的对于员工创新行为的形成并没有显著影响关系[17]。然而，当员工运用私有社交媒体进行社交相关的目的时，员工之间有更多社交方面的交流和互动，提升"谁知道谁"的意识，进而会提升同事之间的信任，提升其创新行为[37]。

第三，创新性自我效能在基于工作的公共社交媒体使用与员工创新行为之间起正向调节作用。这表明当具有较高创新性自我效能的员工使用公共社交媒体进行工作时，其往往更容易产生创新行为。原因是较高创新性自我效能的员工往往具有较高的自信心，使用公共社交媒体进行工作时，更容易接触到外界信息，产生信息的内部和外部交互，增强消息透明性，形成新的想法，表现出较高的创造力和创新行为[38]。然而，创新性自我效能在基于社交的公共社交媒体使用与员工创新行为之间的调节效应不显著。其中可能的原因是当员工使用公共社交媒体用于社交相关的目的时，由于公共社交媒体具有一定的娱乐性，员工往往更多运用公共社交媒体进行娱乐消遣，此时，创新性自我效能高的员工和创新性自我效能低的员工的创新行为并没有显著差异[47]。创新性自我效能在基于工作的私有社交媒体使用与员工创新行为之间的调节效应不显著。其中可能的原因是员工使用私有社交媒体进行工作相关的目的时，多数都是日常操作性流程事务，能够提升员工工作效率[17]。创新行为关注的是员工新的观点和新的想法的形成，因此员工使用私有社交媒体进行工作对员工创新行为并没有影响关系，而此时员工创新性自我效能的高低对员工创新行为的形成并没有显著的影响关系。最后，研究发现创新性自我效能在基于社交的私有社交媒体使用与员工创新行为之间起负向调节效应。其中可能的原因是基于社交的私有社交媒体使用更多的是进行与工作无关的社交活动，因此，当员工创新性自我效能越高时，其往往投入社交活动中，其创新行为往往越低。

5.2 理论贡献

本文的理论意义有以下两个方面。

第一，本文通过揭示不同目的、不同平台的企业社交媒体使用与员工创新行为之间的关系，对企业社交媒体和员工创新行为研究框架做出理论贡献。已有关于员工创新行为驱动因素的研究主要集中在员工的主动性人格[6]、组织环境因素[9]、个体-组织匹配[12]等方面。然而，关于企业社交媒体使用与员工创新行为的研究还较少。作为企业内部沟通交流协作工具，企业社交媒体使用给员工创新提供了条件，已然成为驱动企业创新的重要力量。本文通过探究企业社交媒体使用与员工创新行为之间的关系，弥补了现有相关理论研究的不足。

第二，本文通过揭示创新性自我效能在企业社交媒体使用与员工创新行为之间的调节效应，对企业社交媒体和员工创新行为的边界条件探索做出理论贡献。已有关于员工创新行为的边界条件研究主要集中在吸收能力[46]、心理安全感与知识分享能力[6]、激励偏好等方面[32]。然而，关于企业社交媒体使用与员工创新行为之间的边界条件探索研究还较少。明确创新性自我效能的边界能够帮助企业正确使用企业社交媒体，同时培养员工的创新性自我效能。本文通过检验创新性自我效能在企业社交媒体使用与员工创新行为之间的调节效应，弥补了以往研究的不足，有助于对企业社交媒体使用、员工创新行为和创新性自我效能之间的关系形成更完整的认识。

5.3 管理启示

本文研究结论对于企业管理者提升员工创新能力和社交媒体使用策略具有重要启示意义。

第一，对于公共社交媒体而言，本文研究表明公共社交媒体用于工作和社交相关的使用能够提升员工创新能力。因此，企业管理者应该鼓励员工在企业内部使用公共社交媒体进行与社交相关的工作，进而提升员工的创新能力。

第二，对于私有社交媒体而言，研究表明私有社交媒体用于工作对于员工创新能力的影响不显著，然而私有社交媒体用于社交相关的目的对员工创新能力影响显著。因此，在考虑如何提升员工的创新能力时，应该鼓励员工使用私有社交媒体用于社交相关的目的。总体来看，私有社交媒体用于社交相关的目的对员工创新能力影响最大，其次是使用公共社交媒体进行工作相关的工作，最后是使用公共社交媒体进行社交相关的工作。因此，在考虑提升员工的创新能力时，应该首先鼓励员工使用私有社交媒体用于社交相关的工作，其次使用公共社交媒体用于工作相关和社交相关工作。

第三，企业管理者在提升员工创新能力时，要考虑员工创新性自我效能的影响。具体而言，本文的研究结论表明创新性自我效能在基于工作的公共社交媒体使用与员工创新行为之间起正向调节作用。因此，企业管理者应该鼓励具有较高创新性自我效能的员工更多地使用公共社交媒体用于工作相关的目的，以达到提升员工创新行为的目的。此外，研究发现创新性自我效能在基于社交的私有社交媒体使用与员工创新行为之间起负向调节效应。因此，对于企业管理者来说，不鼓励创新性自我效能高的员工使用私有社交媒体用于社交相关的目的，原因是根据本文的研究结论，这会降低员工的创新行为。此外，企业管理者应该注重企业内部创新氛围的培养，对员工定期进行创造性思维和创新能力培训，进而能够增强员工的创新性自我效能，增强员工的创新行为。

5.4 局限性和未来研究方向

本文从企业社交媒体的视角探究员工创新行为的影响因素，虽得到一些有价值的结论，但仍然存在一定局限性。首先，本文采用问卷调查的横截面数据，难以动态地反映员工的创新行为变化。未来的研究可以利用客观数据来衡量企业社交媒体使用和员工创新行为，同时基于横向和纵向研究相结合的视角来揭示员工的创新行为及变化。其次，本文没有考虑企业社交媒体使用对员工创新行为影响的中介机制。例如，企业社交媒体使用可能通过消息透明性和网络透明性进而加强知识共享、社会资本等维度对员工创新行为产生影响，是未来可以进一步探索的方面。最后，未来的研究可以进一步探索员工社交媒体使用对员工创新行为影响的其他边界条件，如工作环境特征、组织文化等。

参 考 文 献

[1] 苏敬勤, 马欢欢, 张帅. 中小制造企业技术创新能力演化机理研究[J]. 科学学研究, 2020, 38 (10): 1888-1898.

[2] 蔡启通. 员工动机导向对关系型心理契约与创新行为的关系之中介效果: 主管利社会动机之调节角色[J]. 管理学报, 2018, 35 (4): 533-579.

[3] 张丽华, 朱金强, 冯彩玲. 员工创新行为的前因和结果变量研究[J]. 管理世界, 2016, (6): 182-183.

[4] 徐振亭, 罗瑾琏, 曲怡颖. 自我牺牲型领导与员工创新行为: 创造过程投入与团队信任的跨层次作用[J]. 管理评论, 2020, 32 (11): 186-197.

[5] 陈劲, 阳银娟. 外部知识获取与企业创新绩效关系研究综述[J]. 科技进步与对策, 2014, (1): 162-166.

[6] 张振刚, 李云健, 余传鹏. 员工的主动性人格与创新行为关系研究——心理安全感与知识分享能力的调节作用[J]. 科学学与科学技术管理, 2014, 35 (7): 171-180.

[7] 刘嫦娥, 胡姝敏, 玉胜贤, 等. 基于敌意认知和控制点作用的上级无礼行为对员工创新行为的影响研究[J]. 管理学报, 2017, 9 (192): 57-65.

[8] 黄秋风, 唐宁玉. 变革型领导与交易型领导对员工创新行为影响的元分析研究[J]. 软科学, 2016, 30 (3): 60-64.

[9] 章凯, 李滨予. 组织环境因素影响员工创新能力的动力机制探索[J]. 安徽大学学报 (哲学社会科学版), 2012, 36 (4): 149-156.

[10] 杨晶照, 杨东涛, 孙倩景. 组织文化类型对员工创新行为的作用机理研究[J]. 科研管理, 2012, 33 (9): 123-129.

[11] 白景坤, 朱纳宇, 查逸凡. 薪酬制度退耦会影响员工创新行为吗?[J]. 经济与管理研究, 2020, 41 (1): 78-90.

[12] 姚艳虹, 范盈盈. 个体-组织匹配对创新行为的影响——中庸思维与差序氛围的调节效应[J]. 华东经济管理, 2014, 28 (11): 123-127.

[13] 孙元, 贺圣君, 尚荣安, 等. 企业社交工作平台影响员工即兴能力的机理研究——基于在线社会网络的视角[J]. 管理世界, 2019, 35 (3): 157-168.

[14] 苗蕊, 黄丽华. 企业社交媒体研究综述: 概念、采纳、使用与影响[J]. 信息系统学报, 2017, (1): 107-122.

[15] Cai Z, Huang Q, Liu H F, et al. Improving the agility of employees through enterprise social media: the mediating role of psychological conditions[J]. International Journal of Information Management, 2018, 38 (1): 52-63.

[16] Ma L, Zhang X, Ding X Y. Enterprise social media usage and knowledge hiding: a motivation theory perspective[J]. Journal of Knowledge Management, 2020, 24 (9): 2149-2169.

[17] 张新, 马良, 张戈. 社交媒体使用与员工绩效的关系研究[J]. 管理科学, 2018, 31 (2): 71-82.

[18] Sheer V C, Rice R E. Mobile instant messaging use and social capital: direct and indirect associations with employee outcomes[J]. Information & Management, 2017, 54 (1): 90-102.

[19] Huang L V, Liu L P. Ties that work: investigating the relationships among coworker connections, work-related Facebook utility, online social capital, and employee outcomes[J]. Computers in Human Behavior, 2017, 72: 512-524.

[20] Kuegler M, Smolnik S, Kane G. What's in IT for employees? Understanding the relationship between use and performance in enterprise social software[J]. Journal of Strategic Information Systems, 2015, 24 (2): 90-112.

[21] Serwaa K, Kofi O F, Nana O F. Evaluating individual level antecedents and consequences of social media use in Ghana[J]. Technological Forecasting & Social Change, 2017, 123 (C): 68-79.

[22] Kane G C. The evolutionary implications of social media for organizational knowledge management[J]. Information & Organization, 2017, 27 (1): 37-46.

[23] Leonardi P M. Social media, knowledge sharing, and innovation: toward a theory of communication visibility[J].

Information Systems Research, 2014, 25（4）: 796-816.

[24] Bandura A. Self-efficacy: toward a unifying theory of behavioral change[J]. Advances in Behaviour Research & Therapy, 1977, 1（4）: 139-161.

[25] 班杜拉. 自我效能: 控制的实施[M]. 上海: 华东师范大学出版社, 2003.

[26] Kong M, Xu H Y, Zhou A Q, et al. Implicit followership theory to employee creativity: the roles of leader-member exchange, self-efficacy and intrinsic motivation[J]. Journal of Management & Organization, 2019, 25（1）: 81-95.

[27] Pavlou P A, Fygenson M. Understanding and predicting electronic commerce adoption: an extension of the theory of planned behavior[J]. MIS Quarterly, 2006, 30（1）: 115-143.

[28] Shiau W L, Chau P Y K. Understanding behavioral intention to use a cloud computing classroom: a multiple model comparison approach[J]. Information & Management, 2016, 53（3）: 355-365.

[29] Venkatesh V. Determinants of perceived ease of use: integrating control, intrinsic motivation, and emotion into the technology acceptance model[J]. Information Systems Research, 2000, 11（4）: 342-365.

[30] Lin T C, Huang C C. Understanding knowledge management system usage antecedents: an integration of social cognitive theory and task technology fit[J]. Information & Management, 2008, 45（6）: 410-417.

[31] Chiang H S, Hsiao K L. YouTube stickiness: the needs, personal, and environmental perspective[J]. Internet Research, 2015, 25（1）: 85-106.

[32] 刘云, 石金涛. 组织创新气氛与激励偏好对员工创新行为的交互效应研究[J]. 管理世界, 2009,（10）: 88-101.

[33] Chen X Y, Wei S B, Rice R E. Integrating the bright and dark sides of communication visibility for knowledge management and creativity: the moderating role of regulatory focus[J]. Computers in Human Behavior, 2020, 111: 96-134.

[34] Chen L F, Zheng B W, Liu H F, et al. Three-way interaction effect of social media usage, perceived task interdependence and perceived participative leadership on employee creativity[J]. Internet Research, 2021, 31（2）: 457-478.

[35] Ding G Q, Liu H F, Huang Q, et al. Enterprise social networking usage as a moderator of the relationship between work stressors and employee creativity: a multilevel study[J]. Information & Management, 2019, 56（8）: 103-165.

[36] Tierney P, Farmer S M. The Pygmalion process and employee creativity[J]. Journal of Management, 2004, 30（3）: 413-432.

[37] 屠兴勇, 郭娟梅. 批判性反思对员工创新行为的影响: 知识分享的中介作用和自我效能感的调节效应[J]. 预测, 2016, 35（2）: 9-16.

[38] 张凯丽, 唐宁玉, 尹奎. 离职倾向与行为表现的关系: 自我效能感和主动性人格的调节作用[J]. 管理科学, 2018, 31（6）: 117-127.

[39] 王永跃, 张玲. 心理弹性如何影响员工创造力: 心理安全感与创造力自我效能感的作用[J]. 心理科学, 2018, 41（1）: 118-124.

[40] 王楠, 张立艳, 王洋. 创新自我效能感对创新行为的影响: 多重中介效应分析[J]. 心理与行为研究, 2016, 14（6）: 811-816.

[41] Gonzalez E S, Leidner D E, Riemenschneider C, et al. The impact of internal social media usage on organizational socialization and commitment[J]. Thirty Fourth International Conference on Information Systems, 2013,（12）: 1-18.

[42] Malik M, Abdur R, Butt A N, et al. Rewards and employee creative performance: moderating effects of creative self-efficacy, reward importance, and locus of control[J]. Journal of Organizational Behavior, 2015, 36（1）: 59-74.

[43] Scott S G, Bruce R A. Determinants of innovative behavior: a path model of individual innovation in the workplace[J].

Academy of Management Journal, 1994, 37（3）: 580-607.

[44] Cote J A, Buckley M R. Estimating trait, method, and error variance: generalizing across 70 construct validation studies[J]. Journal of Marketing Research, 1987, 24（3）: 315-318.

[45] 王宗军, 蒋振宇. 从知识获取到创新能力: 信息素养的调节效应[J]. 科研管理, 2020, 41（1）: 274-284.

[46] 曹勇, 向阳. 企业知识治理、知识共享与员工创新行为——社会资本的中介作用与吸收能力的调节效应[J]. 科学学研究, 2014,（1）: 92-102.

[47] Liu Y, Bakici T. Enterprise social media usage: the motives and the moderating role of public social media experience[J]. Computers in Human Behavior, 2019, 101（12）: 163-172.

Research on the Relationship between Enterprise Social Media Use and Employees' Innovative Behaviors

MA Liang, ZHANG Xin, ZHANG Ge, XU Yaoyu

(School of Management Science and Engineering, Shandong University of Finance and Economics, Jinan 250014, China)

Abstract In order to further clarify the impact of enterprise social media use on employees' innovative behavior, based on the theory of self-efficacy, this study is using structural equation modeling to analyze 516 survey data from multiple companies. The results of the research show that: ①Public social media used for both work and social related purpose has a positive effect on employees' innovative behavior. ②Private social media used for social related purpose has a positive effect on employees' innovative behavior, while private social media used for work related purpose has no significant impact on the innovative behavior of employees. ③Innovative self-efficacy plays a moderating role between enterprise social media use and employee innovative behavior.

Key words Enterprise social media use, Innovative self-efficacy, Employee innovative behavior

作者简介

马良（1991—），男，山东财经大学管理科学与工程学院副教授、硕士生导师，主要从事信息管理与用户行为研究。E-mail：maliang@sdufe.edu.cn。

张新（1967—），男，山东财经大学管理科学与工程学院教授、博士生导师，主要从事信息管理与两化融合研究。E-mail：zhangxin@sdufe.edu.cn。

张戈（1978—），男，山东财经大学管理科学与工程学院副教授、硕士生导师，主要从事云计算与两化融合研究。E-mail：zhangge0606@163.com。

徐瑶玉（1989—），女，山东财经大学管理科学与工程学院博士研究生，主要从事信息管理研究。E-mail：13869112368@163.com。

考虑平台异质性的第三方平台整合研究

黄晓琼[1] 徐飞[2]

（1. 西南交通大学经济管理学院，四川 成都 610031；
2. 上海财经大学商学院，上海 200433）

摘 要：针对双边市场，本文研究了具有质量差异的聚合平台对第三方平台的整合对平台佣金率、平台需求、平台利润和社会福利的影响。研究表明：第三方平台的整合动机可能来源于两类平台间的质量差异；聚合平台对第三方平台的整合始终有利于聚合平台的利润，但不一定有利于第三方平台；平台用户更倾向于选择质量体验更高的平台进行交易。此外，聚合平台对第三方平台的整合并不一定带来平台佣金率的提高，且可能损害社会福利。

关键词：平台整合，平台质量，聚合平台，第三方平台，双边市场

中图分类号：F062.9

1 引言

双边市场中，平台通过提供技术支持来连接双边用户并促进交易和价值创造，同时从导致市场集中度增加和高进入壁垒的交叉网络效应中获利[1, 2]。作为一种新的市场组织形式，平台企业有效地降低了交易成本，为双边用户创造了巨大的机会[3]。近年来，随着大数据、云计算等信息技术的发展及平台间竞争日趋激烈，平台企业致力于通过规模效应、技术手段等方式提升用户服务体验及供给端的资源利用率，进而催生了一类通过整合第三方平台而获得发展的平台模式，即聚合平台，也称为第四方平台[4, 5]。聚合平台是一个开放的平台，通过连接第三方平台来加强供给端，以满足用户更多需求、增加用户的黏性，进而产生更大的跨网络效应。目前，聚合平台已经在网约车、快递、移动广告、移动支付等多个行业出现。

在产业实践中，聚合平台分为自营+聚合平台和纯聚合平台两种模式。其中，既像第三方平台一样为供需双方提供服务，又向第三方平台提供整合服务以补充供应端的这类平台为自营+聚合平台。通过整合第三方平台来加强供应端以吸引需求端用户，且不开展自营业务的这类聚合平台为纯聚合平台。本文关注的是纯聚合平台对第三方平台的整合问题。聚合平台通过整合第三方平台集聚了充足的供应商资源，有利于快速响应用户需求。同时，其不直接运营供应端，进而有效避免了供应端市场拓展成本高的问题。对于第三方平台而言，加入聚合平台有利于增强跨网络效应，给出抱团取暖的生存空间，但也面临一些不利影响，如竞争对手跨网络效应增强、客户比价及聚合平台的分红等。此外，高质量的聚合平台能有效提高服务质量、供需匹配效率、响应速度等，给用户带来更高的质量体验。低质量的聚合平台则会带来平台响应速度慢、安全隐患等诸多问题。由此可见，在收费制度、跨网络效应、平台质量差异等因素作用下聚合平台对第三方平台的整合可能会对各平台的佣金定价、用户需求及利润等产生影响，这也是本文将分析的首要问题。此外，本文将重点考察两类平台间的质量差异对平台整合动机的影响。

本文主要参考两类文献，一类是关于聚合平台与第三方平台竞争与合作的相关研究。平台间的竞

通信作者：黄晓琼，西南交通大学经济管理学院博士研究生，E-mail: hxqnua@126.com。

合关系是双边市场研究中的一个重要领域，相关研究普遍认为平台间的竞争与合作会对平台定价、平台利润及社会福利水平等产生影响。例如，Jullien 和 Sand-Zantman 指出平台间的互操作性为用户提供了更多的选择，相应地提高了其效用和支付价格，并加剧了平台间的竞争[6]。Casadesus-Masanell 和 Ruiz-Aliseda 解释了大型平台企业在寻求市场主导地位方面对不兼容性的偏好，发现当平台之间的水平差异较小时不兼容性产生的总福利大于兼容性[7]。Viecens 研究了平台不对称情况下的兼容性问题，提出兼容性始终是独立价值较小的平台企业的首选[8]。Lu 等研究了打车平台间的兼容问题，指出跨平台成本分担方式会影响平台的兼容决策[9]。聚合平台作为一种全新的平台模式已经得到广泛应用，然而迄今为止研究聚合平台与第三方平台合作的文献较少。相关研究中，Zhou 等将聚合平台称为第四方平台，并研究得出在平台采用最优佣金率的情况下，具有消费者倾向的第三方平台在加入第四方平台后获利更多，并且产生更大的消费者剩余和社会福利[4]。Xu 等从纳什博弈和斯塔克伯格博弈的角度出发，提出了捆绑模式下打车平台和聚合平台定价策略的分析框架[5]。已有研究表明，聚合平台与第三方平台间的合作会对平台定价、平台需求、平台利润及社会福利产生影响，然而平台间的异质性对双方合作意愿及市场结果的影响尚未涉及。

本文参考的另一类文献是关于平台间的质量差异对平台竞争与合作影响的相关研究。平台质量是一个内涵丰富的概念，包括服务质量、匹配能力、响应速度等。部分学者强调了平台质量的重要性，并指出平台间的质量差异会对平台定价、市场需求及平台间的合作动机等产生影响。谢康等指出消费者对共享平台的技术信任是共享经济发展的重要因素[10]。Tellis 等提出网络效应和质量都是决定市场份额的因素，但消费者确实更喜欢高质量的平台，即使是在具有强大直接网络效应的市场[11]。Anderson 等发现，在性能驱动的市场中，平台性能的市场价值以及平台之间的差异化程度较高[12]。Mantena 和 Saha 指出平台技术是双边市场中影响中介平台价值主张的一个重要因素，对于那些以供需匹配和促进互动为主要功能的平台，平台间的合作动机可能来源于平台间的技术差异[13]。刘维奇和张苏研究了平台技术创新对平台互联互通的影响，得出技术水平相近的竞争平台间不太可能进行互联，但可激励主导平台容纳新进入平台，且技术创新对互联前后社会福利的影响不确定[14]。综上可知，平台质量是影响平台间竞争与合作关系的重要因素。然而，已有研究集中在同类平台，尚未涉及具有不同商业模式的聚合平台与第三方平台间的合作问题。事实上，聚合平台与第三方平台在服务质量、供需匹配、响应速度等方面普遍存在差异，这些差异导致不同平台的用户效用不同，进而可能影响到市场需求、平台佣金率、社会福利及第三方平台的合作动机等。

本文考察了纯聚合平台与第三方平台间的合作问题，包括纯聚合平台整合第三方平台的行为对平台佣金率、平台需求、平台利润、消费者剩余及社会福利的影响。与 Zhou 等[4]和 Xu 等[5]的研究不同，本文重点研究了聚合平台与第三方平台间的质量差异对市场结果及第三方平台整合决策的影响。当前，越来越多提供平台业务的企业倾向于构建聚合平台，而聚合平台的质量差异、收费制度及网络外部性的存在使得整合对第三方平台有利有弊，本文研究成果能够为平台佣金率设置及第三方平台整合决策提供理论支持。

2 问题描述及基本模型

假设某一特定市场中存在一个纯聚合平台（平台 1）和两个垄断的第三方平台（平台 2、平台 3），其中平台 2 已经接入平台 1，平台 3 为被整合的目标平台。平台用户包括消费者（b）和供应商（s）。假设双边用户都是单归属，且根据效用最大化原则选择平台。由于平台 1 是纯聚合平台，供应商只能入驻第三方平台，而消费者可以选择任一平台完成交易。交易完成后，平台通过对消费者支付抽成来获取收益。平台 3 拒绝和接受整合两种情形下,平台间的相互关系分别如图 1 和图 2 所示。图中,"→"表示用户的平台选择,"↔"表示箭头一端的第三方平台已嵌入另一端的聚合平台,"⇢"表示消费者通过聚合平台与第三方平台上的供应商进行交易。

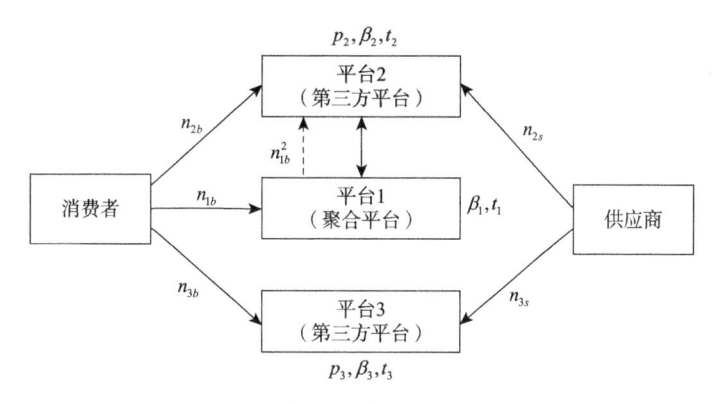

图 1 平台 3 拒绝整合情形下平台间关系

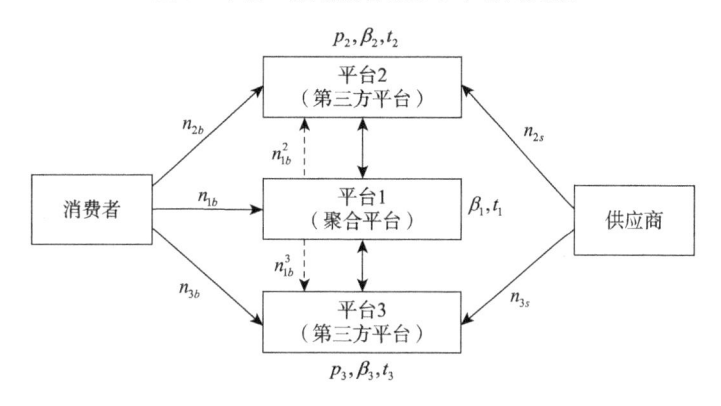

图 2 平台 3 接受整合情形下平台间关系

图中,$n_{ib}(i=1,2,3)$ 表示选择平台 i 的消费者数量,n_{2s}、n_{3s} 分别为选择平台 2 及平台 3 的供应商数量。n_{1b}^2 和 n_{1b}^3 分别表示通过平台 1 与平台 2 和平台 3 上供应商完成交易的消费者数量。平台 2 和平台 3 上服务/商品的定价分别为 p_2 和 p_3。β_i 表示平台 i 的佣金率。t_i 表示平台 i 的质量水平,且 $t_i \in (0,1)$。平台 3 拒绝整合情形下,平台 1 上的消费者只能选择平台 2 完成交易,即 $n_{1b} = n_{1b}^2$。平台 3 接受整合的情形下,平台 1 上的消费者可以与平台 2 及平台 3 上的供应商进行交易,即 $n_{1b} = n_{1b}^2 + n_{1b}^3$。

在供应端,供应商只能选择平台 2 或平台 3。双边市场研究中,Hotelling 线性市场模型通常用于描述平台间的竞争关系[15, 16]。假设供应商均匀分布在 $[0,1]$ 区间上,则 $n_{2s} + n_{3s} = 1$。借鉴 Zhou[4]、Anderson 等[12]、Xue[17]等的研究,供应商通过平台 2 和平台 3 完成交易可获得的效用分别为

$$u_{2s} = a_s \hat{n}_{2b} + \varepsilon \hat{t}_2 + (1-\hat{\beta}_2) p_2 - f - e z_0 \quad (1)$$

$$u_{3s} = a_s \hat{n}_{3b} + \varepsilon \hat{t}_3 + (1-\hat{\beta}_3) p_3 - f - e(1-z_0) \quad (2)$$

其中,$\hat{n}_{2b}$、$\hat{n}_{3b}$ 分别表示可与平台 2 和平台 3 上的供应商进行交易的消费者数量。双边平台上,供需双方受彼此数量的影响,两类用户相互作用使平台产生间接网络外部性[18],以 a_s 表示供应端的跨网络效应强度,则平台 2 和平台 3 上的供应商获得的跨网络效应分别为 $a_s \hat{n}_{2b}$ 和 $a_s \hat{n}_{3b}$。ε 为平台质量系数,代表了用户对平台质量的敏感度。$\hat{t}_2$ 和 $\hat{t}_3$ 分别表示平台 2 和平台 3 上的供应商体验到的平台质量水平。$\hat{\beta}_2$ 和

$\hat{\beta}_3$ 分别表示平台对通过平台 2 及平台 3 完成交易的总抽成比例，则平台 2 和平台 3 上的供应商获得的消费者支付分别为 $(1-\hat{\beta}_2)p_2$、$(1-\hat{\beta}_3)p_3$。在平台 3 拒绝整合情形下，平台对平台 1 上消费者交易的总抽成比例为 $\beta_1+\beta_2$，对平台 2 及平台 3 上消费者交易的总抽成比例分别为 β_2 和 β_3。由于选择平台 1 及平台 2 的消费者均需通过平台 2 完成交易，进而得到平台对通过平台 2 及平台 3 完成交易的总抽成比例的预期值分别为 $\hat{\beta}_2 = k_1(\beta_1+\beta_2) + k_2\beta_2$ 和 $\hat{\beta}_3 = \beta_3$。其中，k_1 和 k_2 分别表示平台 2 上的供应商与平台 1 及本平台上消费者进行交易的可能性。同理，在平台 3 接受整合情形下，平台对通过平台 2 及平台 3 完成交易的总抽成比例的预期值分别为 $\hat{\beta}_2 = k_1'(\beta_1+\beta_2) + k_2'\beta_2$，$\hat{\beta}_3 = k_3(\beta_1+\beta_3) + k_4\beta_3$。其中，$k_1'$，$k_2'$ 表示平台 2 上的供应商与平台 1 及本平台上消费者进行交易的可能性，k_3 和 k_4 表示平台 3 上的供应商与平台 1 及本平台上消费者进行交易的可能性。此外，f 为供应商的产品或服务成本，e 为运输成本系数，z_0 表示供应商到平台 2 的距离。

在需求端，消费者可选择任意平台完成交易。借鉴 Zhou 等[4]的研究，本文采用可用于处理多主体水平竞争问题的金字塔空间模型来解决消费者的平台选择问题。根据金字塔空间模型，消费者可以选择 3 个平台中的任一平台进行交易，3 个平台可视为 3 个顶点，任意两个顶点由等长的线连接。假设消费者总量为 1，且均匀分布在顶点间的连线上，则每条连线上的消费者数量为 1/3。对于任意两个平台 i 和 j，以 z_i 表示消费者到平台 i 的距离，则消费者到平台 j 的距离为 $1/3-z_i$。消费者通过平台 i 和平台 j 完成交易获得的效用可分别表示为

$$u_{ib} = v_b + a_b\hat{n}_{is} + \varepsilon\hat{t}_i' - p_i - ez_i \quad (3)$$

$$u_{jb} = v_b + a_b\hat{n}_{js} + \varepsilon\hat{t}_j' - p_j - e\left(\frac{1}{3} - z_i\right) \quad (4)$$

其中，v_b 为消费者通过平台交易获得的基础效用，$\hat{n}_{is}$、$\hat{n}_{js}$ 分别表示可为平台 i 和平台 j 上的消费者提供产品或服务的供应商数量，a_b 为需求端的跨网络效应强度，则平台 i 和平台 j 上的消费者获得的跨网络效应分别为 $a_b\hat{n}_{is}$ 和 $a_b\hat{n}_{js}$。$\hat{t}_i'$、$\hat{t}_j'$ 分别表示平台 i 和平台 j 上的消费者体验到的质量水平。

假设平台的收益仅来源于消费者的支付，则平台 i 的利润可表示为

$$\pi_i = \beta_i p_i N_{ib} \quad (5)$$

其中，N_{ib} 表示通过平台 i 完成交易的消费者数量。

聚合模式下，接受整合的第三方平台向聚合平台提供对其供应商数据库的直接、非中介访问，即直接互联。这意味着，第三方平台提供供应商信息，供需匹配及客服等由聚合平台完成。因此，用户的跨平台质量体验，如匹配能力、响应速度等主要由聚合平台决定。以 $\gamma(t_1,t_i)$ 表示聚合平台和第三方平台 $i(i=2,3)$ 间的用户跨平台质量体验，则 $\gamma(t_1,t_i) = t_1$。

本文将分别探讨第三方平台 3 拒绝和接受整合两种情形下的市场均衡结果，并重点分析两类平台间的质量差异对市场均衡结果及第三方平台整合动机的影响。为便于分析，本文假设第三方平台的服务/产品定价及质量水平均相同，即 $p_2 = p_3 = p$，$t_2 = t_3 = t_0$。

3 不同情形下的模型及市场结果

3.1 第三方平台拒绝整合情形下的模型及市场均衡结果

当平台 3 拒绝整合时，选择平台 1 的消费者只能与平台 2 上的供应商进行交易，由此得到可与平台

2 和平台 3 上的供应商进行交易的消费者数量分别为 $\hat{n}_{2b} = n_{1b} + n_{2b}$，$\hat{n}_{3b} = n_{3b}$。为便于分析，本文假设平台 2 上的供应商与本平台及平台 1 上的消费者进行交易的可能性相同，由此得到平台 2 上的供应商体验到的平台质量水平为 $\hat{t}_2 = (\gamma(t_1, t_i) + t_0)/2$，其中 $\gamma(t_1, t_i) = t_1$。由于平台 2 上的供应商从其与平台 1 上消费者的交易中获得的收益为 $(1-\beta_1-\beta_2)p$，从其与平台 2 上消费者的交易中获得的收益为 $(1-\beta_2)p$，在平台 2 上的供应商与来自本平台及平台 1 上的消费者进行交易的可能性相同的情况下 $(k_1 = k_2 = 1/2)$，其从消费者支付中获得的预期收益为 $\left(\frac{1-\beta_1-\beta_2}{2}p + \frac{1-\beta_2}{2}p\right)$，即 $(1-\beta_2-\beta_1/2)p$。以 z_0^* 表示供应商选择平台 2 与平台 3 的无差异点，则在均衡点处有 $u_{2s}(z_0^*) = u_{3s}(1-z_0^*)$。由式（1）、式（2）得到

$$a_s(n_{1b} + n_{2b}) + \frac{\varepsilon(\gamma(t_1, t_i) + t_0)}{2} + \left(1 - \beta_2 - \frac{\beta_1}{2}\right)p - f - ez_0^* = a_s n_{3b} + \varepsilon t_0 + (1-\beta_3)p - f - e(1-z_0^*) \quad (6)$$

求解方程（6）得到无差异点的值为

$$z_0^* = \frac{\varepsilon}{2e}(1 - 2n_{3b}) + \frac{\varepsilon(t_1 - t_0)}{4e} + \frac{p}{2e}\left(\beta_3 - \beta_2 - \frac{\beta_1}{2}\right) + \frac{1}{2} \quad (7)$$

在需求端，可为各平台消费者提供服务的供应商数量分别为 $\hat{n}_{1s} = \hat{n}_{2s} = n_{2s}$，$\hat{n}_{3s} = n_{3s}$。选择平台 i 的消费者体验到的平台质量水平为 $\hat{t}_i' = t_i$。以 z_1^* 表示消费者选择平台 1 与平台 2 的无差异点，z_2^* 表示消费者选择平台 2 与平台 3 的无差异点，z_3^* 表示消费者选择平台 1 与平台 3 的无差异点，则在均衡点处有 $u_{1b}(z_1^*) = u_{2b}(1/3 - z_1^*)$，$u_{2b}(z_2^*) = u_{3b}(1/3 - z_2^*)$，$u_{1b}(z_3^*) = u_{3b}(1/3 - z_3^*)$。由式（3）和式（4）得到

$$\begin{cases} v_b + a_b n_{2s} + \varepsilon t_1 - p - ez_1^* = v_b + a_b n_{2s} + \varepsilon t_0 - p - e\left(\frac{1}{3} - z_1^*\right) \\ v_b + a_b n_{2s} + \varepsilon t_0 - p - ez_2^* = v_b + a_b n_{3s} + \varepsilon t_0 - p - e\left(\frac{1}{3} - z_2^*\right) \\ v_b + a_b n_{2s} + \varepsilon t_1 - p - ez_3^* = v_b + a_b n_{3s} + \varepsilon t_0 - p - e\left(\frac{1}{3} - z_3^*\right) \end{cases} \quad (8)$$

求解方程组（8）得到无差异点的值为

$$z_1^* = \frac{\varepsilon}{2e}(t_1 - t_0) + \frac{1}{6}, \quad z_2^* = \frac{a_b}{e}n_{2s} - \frac{a_b}{2e} + \frac{1}{6}, \quad z_3^* = \frac{a_b}{e}n_{2s} - \frac{a_b}{2e} + \frac{\varepsilon}{2e}(t_1 - t_0) + \frac{1}{6} \quad (9)$$

进一步整理得到三个平台的均衡需求分别为

$$n_{1b}^* = \frac{2e^2 - 3a_b a_s}{6(e^2 - 2a_b a_s)} - \frac{a_b \varepsilon(e + 2a_s)(t_0 - t_1)}{4e(e^2 - 2a_b a_s)} - \frac{\varepsilon}{e}(t_0 - t_1) + \frac{a_b p}{2(e^2 - 2a_b a_s)}\left(\beta_3 - \beta_2 - \frac{\beta_1}{2}\right)$$

$$n_{2b}^* = \frac{2e^2 - 3a_b a_s}{6(e^2 - 2a_b a_s)} - \frac{a_b \varepsilon(e + 2a_s)(t_0 - t_1)}{4e(e^2 - 2a_b a_s)} + \frac{\varepsilon}{2e}(t_0 - t_1) + \frac{a_b p}{2(e^2 - 2a_b a_s)}\left(\beta_3 - \beta_2 - \frac{\beta_1}{2}\right)$$

$$n_{3b}^* = \frac{e^2 - 3a_b a_s}{e^2 - 2a_b a_s} + \frac{\varepsilon(e + a_b)(t_0 - t_1)}{2(e^2 - 2a_b a_s)} - \frac{a_b p}{e^2 - 2a_b a_s}\left(\beta_3 - \beta_2 - \frac{\beta_1}{2}\right)$$

$$n_{2s}^* = \frac{ea_s}{6(e^2 - 2a_b a_s)} - \frac{e\varepsilon(t_0 - t_1)}{4e(e^2 - 2a_b a_s)} - \frac{a_s \varepsilon(t_0 - t_1)}{2e(e^2 - 2a_b a_s)} + \frac{ep}{2(e^2 - 2a_b a_s)}\left(\beta_3 - \beta_2 - \frac{\beta_1}{2}\right) + \frac{1}{2} \quad (10)$$

由于平台 1 上的消费者需通过平台 2 与供应商进行交易，通过各平台完成交易的消费者数量分别为 $N_{1b} = n_{1b}$，$N_{2b} = n_{2b} + n_{1b}^2 = n_{2b} + n_{1b}$，$N_{3b} = n_{3b}$。根据式（5）得到 3 个平台的利润函数分别为

$$\pi_1 = \beta_1 p n_{1b}, \quad \pi_2 = \beta_2 p(n_{1b} + n_{2b}), \quad \pi_3 = \beta_3 p n_{3b} \quad (11)$$

平台的目标是通过合理设置平台佣金率来实现自身利润最大化，该最优化问题可以用以下模型来描述：

$$\begin{cases} \max_{\beta_1} \pi_1 = \beta_1 p \left[\dfrac{2e^2 - 3a_b a_s}{6(e^2 - 2a_b a_s)} - \dfrac{a_b \varepsilon(e + 2a_s)(t_0 - t_1)}{4e(e^2 - 2a_b a_s)} - \dfrac{\varepsilon}{e}(t_0 - t_1) + \dfrac{a_b p}{2(e^2 - 2a_b a_s)}\left(\beta_3 - \beta_2 - \dfrac{\beta_1}{2}\right) \right] \\ \max_{\beta_2} \pi_2 = \beta_2 p \left[\dfrac{2e^2 - 3a_b a_s}{3(e^2 - 2a_b a_s)} - \dfrac{a_b \varepsilon(e + 2a_s)(t_0 - t_1)}{2e(e^2 - 2a_b a_s)} - \dfrac{\varepsilon}{2e}(t_0 - t_1) + \dfrac{a_b p}{e^2 - 2a_b a_s}\left(\beta_3 - \beta_2 - \dfrac{\beta_1}{2}\right) \right] \\ \max_{\beta_3} \pi_3 = \beta_3 p \left[\dfrac{e^2 - 3a_b a_s}{e^2 - 2a_b a_s} + \dfrac{\varepsilon(e + a_b)(t_0 - t_1)}{2(e^2 - 2a_b a_s)} - \dfrac{a_b p}{e^2 - 2a_b a_s}\left(\beta_3 - \beta_2 - \dfrac{\beta_1}{2}\right) \right] \\ u_{2s}, u_{3s}, u_{1b}, u_{2b}, u_{3b} \geq 0 \end{cases} \quad (12)$$

由方程组（12）可知，当 $e^2 - 2a_b a_s > 0$ 时，利润函数 π_i 是关于 β_i 的凹函数。在极值点处，利润函数 π_i 关于佣金率 β_i 的一阶导数为 0，即 $\partial \pi_i / \partial \beta_i = 0$。进一步求解得到命题 1：

命题 1 第三方平台 3 拒绝整合情形下，当 $e^2 - 2a_b a_s > 0$ 时，各平台的最优佣金率为

$$\beta_1^* = \frac{5e^2 - 9a_b a_s}{6a_b p} + \frac{\varepsilon(3a_b e + 26a_b a_s - 10e^2)(t_0 - t_1)}{4a_b p e}, \quad \beta_2^* = \frac{5e^2 - 9a_b a_s}{12a_b p} + \frac{\varepsilon(3a_b e + 2a_b a_s + 2e^2)(t_0 - t_1)}{8a_b p e},$$

$$\beta_3^* = \frac{7e^2 - 15a_b a_s}{12a_b p} + \frac{\varepsilon(5a_b e + 14a_b a_s - 2e^2)(t_0 - t_1)}{8a_b p e}$$

平台的均衡需求为

$$n_{1b}^* = \frac{5e^2 - 9a_b a_s}{12(e^2 - 2a_b a_s)} + \frac{\varepsilon(10e^2 - 18a_b a_s + a_b e)(t_1 - t_0)}{8e(e^2 - 2a_b a_s)}, \quad n_{2b}^* = \frac{5e^2 - 9a_b a_s}{12(e^2 - 2a_b a_s)} + \frac{\varepsilon(2e^2 - 6a_b a_s - a_b e)(t_0 - t_1)}{8e(e^2 - 2a_b a_s)},$$

$$n_{3b}^* = \frac{e^2 - 3a_b a_s}{6(e^2 - 2a_b a_s)} + \frac{\varepsilon(4e^2 - 6a_b a_s + a_b e)(t_0 - t_1)}{4e(e^2 - 2a_b a_s)},$$

$$n_{2s}^* = \frac{7e^2 + 2a_b e - 15a_b a_s}{12(e^2 - 2a_b a_s)} + \frac{\varepsilon(a_b e - 4a_s e - 4e^2 + 6a_b a_s)(t_0 - t_1)}{8(e^2 - 2a_b a_s)}$$

平台的最优利润为

$$\pi_1^* = \left[\frac{5e^2 - 9a_b a_s}{6a_b} + \frac{\varepsilon(3a_b e + 26a_b a_s - 10e^2)(t_0 - t_1)}{4a_b e}\right]\left[\frac{5e^2 - 9a_b a_s}{12(e^2 - 2a_b a_s)} + \frac{\varepsilon(18a_b a_s - 10e^2 - a_b e)(t_0 - t_1)}{8e(e^2 - 2a_b a_s)}\right]$$

$$\pi_2^* = \left[\frac{5e^2 - 9a_b a_s}{12a_b} + \frac{\varepsilon(3a_b e + 2a_b a_s + 2e^2)(t_0 - t_1)}{8a_b e}\right]\left[\frac{5e^2 - 9a_b a_s}{6(e^2 - 2a_b a_s)} + \frac{\varepsilon(6a_b a_s - 4e^2 - a_b e)(t_0 - t_1)}{4e(e^2 - 2a_b a_s)}\right]$$

$$\pi_3^* = \left[\frac{7e^2 - 15a_b a_s}{12a_b} + \frac{\varepsilon(5a_b e + 14a_b a_s - 2e^2)(t_0 - t_1)}{8a_b e}\right]\left[\frac{e^2 - 3a_b a_s}{6(e^2 - 2a_b a_s)} - \frac{\varepsilon(6a_b a_s - 4e^2 - a_b e)(t_0 - t_1)}{4e(e^2 - 2a_b a_s)}\right]$$

命题 1 表明，由于三个平台间存在复杂的相互作用，聚合平台和第三方平台间质量差异的变化对各平台利润的影响是不确定的。聚合平台和第三方平台的质量差异是影响平台佣金率、平台需求及平台利润的重要因素，其微小改变可能引起市场结果的巨大变化。此外，由均衡需求可知：当 $t_1 > t_0$ 时，$n_{1b}^* > n_{2b}^*$、$n_{1b}^* > n_{3b}^*$，反之亦成立；$\partial \Delta n_{1b}^* / \partial t_1 > 0$、$\partial \Delta n_{1b}^* / \partial t_0 < 0$、$\partial \Delta n_{2b}^* / \partial t_0 > 0$、$\partial \Delta n_{2b}^* / \partial t_1 < 0$、

$\partial \Delta n_{3b}^*/\partial t_0 > 0$、$\partial \Delta n_{3b}^*/\partial t_1 < 0$。由此可见，占据质量优势的平台拥有更多的消费者，且消费者对平台的需求随该平台质量水平的提高而增加。

根据各平台的均衡需求及平台的效用函数，得到消费者剩余为

$$\begin{aligned}\mathrm{CS}_1 =& \frac{7e^2 a_b + 2a_b a_s - 15 a_b^2 a_s}{12(e^2 - 2a_b a_s)} + \frac{a_b \varepsilon (ea_b - 4a_s e - 4e^2 + 6a_b a_s)}{8(e^2 - 2a_b a_s)} \\ &+ \frac{\varepsilon t_1 (5e^2 - 9 a_b a_s)}{12(e^2 - 2a_b a_s)} + \frac{\varepsilon^2 t_1 (t_0 - t_1)(12e^2 - a_b e - 26 a_b a_s)}{8e(e^2 - 2a_b a_s)} \\ &+ \frac{\varepsilon t_0 (4e^2 - 9 a_b a_s)}{6(e^2 - 2a_b a_s)} + \frac{\varepsilon^2 t_0 (t_0 - t_1)(4e^2 + a_b e - 6 a_b a_s)}{4e(e^2 - 2a_b a_s)} - p + \frac{e}{6}\end{aligned} \quad (13)$$

以 W_1 表示平台 3 拒绝整合时的社会福利，有 $W_1 = \mathrm{CS}_1 + \pi_1 + \pi_2 + \pi_3$。将 π_1^*、π_2^*、π_3^* 及 CS_1 代入即可得到均衡状态下的社会福利。

3.2 第三方平台接受整合情形下的模型及市场均衡结果

第三方平台 3 接受整合情形下，选择平台 1 的消费者可通过平台 2 或平台 3 与供应商完成交易。由此得到可与平台 2 和平台 3 上的供应商进行交易的消费者数量分别为 $\hat{n}_{2b} = n_{1b} + n_{2b}$ 和 $\hat{n}_{3b} = n_{1b} + n_{3b}$。在供应端，同样假设第三方平台上的供应商与本平台及聚合平台上消费者成功交易的可能性相同（$k_1' = k_2' = 1/2$，$k_3 = k_4 = 1/2$），则平台 2 及平台 3 上的供应商体验到的预期质量水平为 $\hat{t}_2 = (t_0 + \gamma(t_1, t_0))/2$，从消费者支付中获得的预期收益分别为 $(1 - \beta_2 - \beta_1/2)p$ 和 $(1 - \beta_3 - \beta_1/2)p$。以 z_0^{**} 表示供应商选择平台 2 和平台 3 的无差异点，则在均衡点处有 $u_{2s}(z_0^{**}) = u_{3s}(1 - z_0^{**})$。由式（1）及式（2）得到

$$a_s(n_{1b} + n_{2b}) + \frac{\varepsilon}{2}(t_0 + \gamma(t_1, t_0)) + \left(1 - \beta_2 - \frac{\beta_1}{2}\right) p - f - e z_0^{**} = a_s(n_{1b} + n_{3b}) + \frac{\varepsilon}{2}(t_0 + \gamma(t_1, t_0)) \\ + \left(1 - \beta_3 - \frac{\beta_1}{2}\right) p - f - e(1 - z_0^{**}) \quad (14)$$

求解式（14）得到无差异点的值为

$$z_0^{**} = \frac{a_s}{2e}(n_{2b} - n_{3b}) + \frac{p}{2e}(\beta_3 - \beta_2) + \frac{1}{2} \quad (15)$$

在需求端，可为各个平台消费者提供服务的供应商数量为 $\hat{n}_{1s} = n_{2s} + n_{3s}$、$\hat{n}_{2s} = n_{2s}$ 及 $\hat{n}_{3s} = n_{3s}$，平台 i 上消费者体验到的质量水平分别为 $\hat{t}_1' = t_1$，$\hat{t}_2' = \hat{t}_3' = t_0$。$z_1^{**}$ 表示消费者选择平台 1 与平台 2 的无差异点，z_2^{**} 表示消费者选择平台 2 与平台 3 的无差异点，z_3^{**} 表示消费者选择平台 1 与平台 3 的无差异点，则在均衡点处有 $u_{1b}(z_1^{**}) = u_{2b}(1/3 - z_1^{**})$，$u_{2b}(z_2^{**}) = u_{3b}(1/3 - z_2^{**})$，$u_{1b}(z_3^{**}) = u_{3b}(1/3 - z_3^{**})$。根据式（3）和式（4）得到

$$\begin{cases} v_b + a_b(n_{2s} + n_{3s}) + \varepsilon t_1 - p - e z_1^{**} = v_b + a_b n_{2s} + \varepsilon t_0 - p - e\left(\dfrac{1}{3} - z_1^{**}\right) \\ v_b + a_b n_{2s} + \varepsilon t_0 - p - e z_2^{**} = v_b + a_b n_{3s} + \varepsilon t_0 - p - e\left(\dfrac{1}{3} - z_2^{**}\right) \\ v_b + a_b(n_{2s} + n_{3s}) + \varepsilon t_1 - p - e z_3^{**} = v_b + a_b n_{3s} + \varepsilon t_0 - p - e\left(\dfrac{1}{3} - z_3^{**}\right) \end{cases} \quad (16)$$

求解方程组（16）得到无差异点的值为

$$z_1^{**} = \frac{a_b}{2e} - \frac{a_b}{2e}n_{2s} + \frac{\varepsilon}{2e}(t_1 - t_0) + \frac{1}{6}, \quad z_2^{**} = \frac{a_b}{e}n_{2s} - \frac{a_b}{2e} + \frac{1}{6}, \quad z_3^{**} = \frac{a_b}{2e}n_{2s} + \frac{\varepsilon}{2e}(t_1 - t_0) + \frac{1}{6} \quad (17)$$

以 $n_{ib}^{**}(i=1,2,3)$ 表示均衡点处选择平台 i 的消费者数量，n_{2s}^{**} 和 n_{3s}^{**} 分别表示均衡点处选择平台 2 和平台 3 的供应商数量，进一步整理得到三个平台的均衡需求分别为

$$n_{1b}^{**} = \frac{a_b}{2e} + \frac{\varepsilon}{e}(t_1 - t_0) + \frac{1}{3}, \quad n_{2b}^{**} = -\frac{a_b}{4e} + \frac{3a_b p(\beta_3 - \beta_2)}{2(2e^2 - 3a_b a_s)} - \frac{\varepsilon}{2e}(t_1 - t_0) + \frac{1}{3},$$

$$n_{3b}^{**} = -\frac{a_b}{4e} - \frac{3a_b p(\beta_3 - \beta_2)}{2(2e^2 - 3a_b a_s)} - \frac{\varepsilon}{2e}(t_1 + t_0) + \frac{1}{3}, \quad n_{2s}^{**} = -\frac{3a_b a_s}{2(2e^2 - 3a_b a_s)} + \frac{ep(\beta_3 - \beta_2)}{2e^2 - 3a_b a_s} + \frac{e^2}{2e^2 - 3a_b a_s} \quad (18)$$

为便于分析，假设聚合平台上的消费者选择两个第三方平台并成功交易的可能性相同，则有 $N_{2b} = n_{2b} + n_{1b}^2 = n_{2b} + n_{1b}/2$，$N_{3b} = n_{3b} + n_{1b}^3 = n_{3b} + n_{1b}/2$。进一步得到各平台的利润函数分别为 $\pi_1 = \beta_1 p n_{1b}$，$\pi_2 = \beta_2 p\left(\frac{n_{1b}}{2} + n_{2b}\right)$，$\pi_3 = \beta_3 p\left(\frac{n_{1b}}{2} + n_{3b}\right)$。因此，在平台 3 接受整合的情形下，平台通过合理设置平台佣金率来实现自身利润最大化的最优化问题可用以下模型来描述：

$$\begin{cases} \max\limits_{\beta_1} \pi_1 = \beta_1 p\left[\frac{a_b}{2e} + \frac{\varepsilon}{e}(t_1 - t_0) + \frac{1}{3}\right] \\ \max\limits_{\beta_2} \pi_2 = \beta_2 p\left[\frac{3a_b p(\beta_3 - \beta_2)}{2(2e^2 - 3a_b a_s)} + \frac{1}{2}\right] \\ \max\limits_{\beta_3} \pi_3 = \beta_3 p\left[\frac{1}{2} - \frac{3a_b p(\beta_3 - \beta_2)}{2(2e^2 - 3a_b a_s)}\right] \\ u_{2s}, u_{3s}, u_{1b}, u_{2b}, u_{3b} \geq 0 \end{cases} \quad (19)$$

由上式可知，聚合平台的利润函数是关于 β_1 的线性函数，与 β_1 正相关。选择各平台的用户数量及平台 2 和平台 3 的佣金率均与 β_1 无关，因此，在平台定价一定的情况下，当 β_1 增大到使供应商的效用为 0 时聚合平台获得的利润最大。由于在均衡点处有 $u_{2s} = u_{3s}$，令其为 0 即可得到聚合平台的最优佣金率。此外，当 $2e^2 - 3a_b a_s > 0$ 时，第三方平台的利润函数是关于其佣金率的凹函数。在极值点处，利润函数关于其佣金率的一阶导数为 0，即 $\partial\pi_2/\partial\beta_2 = 0$、$\partial\pi_3/\partial\beta_3 = 0$。进一步求解得到命题 2：

命题 2 第三方平台接受整合情形下，当 $2e^2 - 3a_b a_s > 0$ 时，平台的最优佣金率为

$$\beta_1^{**} = 2 + \frac{20a_b a_s e + 3a_b^2 a_s - 6a_b e^2 - 8e^3}{6a_b pe} + \frac{\varepsilon(t_1 - t_0)(a_s + e)}{ep} - \frac{2f}{p}, \quad \beta_2^{**} = \beta_3^{**} = \frac{2e^2 - 3a_b a_s}{3a_b p}$$

平台的均衡需求为

$$n_{1b}^{**} = \frac{\varepsilon}{e}(t_1 - t_0) + \frac{a_b}{2e} + \frac{1}{3}, \quad n_{2b}^{**} = n_{3b}^{**} = \frac{1}{3} - \frac{a_b}{4e} - \frac{\varepsilon}{2e}(t_1 - t_0), \quad n_{2s}^{**} = n_{3s}^{**} = \frac{1}{2}$$

平台的最优利润为

$$\pi_1^{**} = \left[2(p - f) + \frac{20a_b a_s e + 3a_b^2 a_s - 6a_b e^2 - 8e^3}{6a_b e} + \frac{\varepsilon(t_1 - t_0)(a_s + e)}{e}\right]\left[\frac{\varepsilon}{e}(t_1 - t_0) + \frac{a_b}{2e} + \frac{1}{3}\right],$$

$$\pi_2^{**} = \pi_3^{**} = \frac{2e^2 - 3a_b a_s}{6a_b}。$$

平台 3 接受整合后，平台 2 和平台 3 的用户具有相同的质量体验，因此，两个第三方平台的佣金率、供应端的用户数量及平台利润均与平台质量水平无关。由于聚合平台和两个第三方平台在需求端存在竞争，平台间质量差异的改变必然导致需求端的用户数量发生变化。此外，由命题2可知，聚合平台的佣金率、需求端的用户数量及平台利润均与自身质量水平正相关，与第三方平台质量水平负相关。这是因为，聚合平台的质量水平越高，通过该平台交易的消费者获得的质量体验越高，选择该平台的消费者也就越多，平台将通过提高佣金率来获取更多利润。

根据平台的均衡需求及平台的效用函数，得到消费者剩余为

$$\text{CS}_2 = \frac{2a_b}{3} + \frac{a_b^2}{4e} + \varepsilon t_0 - p + \frac{e}{6} + \varepsilon(t_1 - t_0)\left[\frac{a_b}{e} + \frac{\varepsilon}{e}(t_1 - t_0) + \frac{1}{3}\right] \quad (20)$$

以 W_2 表示平台 3 接受整合后的社会福利，有 $W_2 = \text{CS}_2 + \pi_1 + \pi_2 + \pi_3$，将 π_1^{**}、π_2^{**}、π_3^{**} 及 CS_2 代入即可得到均衡状态下的社会福利。

4 结果比较与分析

4.1 平台佣金率及平台需求的比较分析

以 $\Delta\beta_i(i=1,2,3)$ 表示平台 i 在两种情形下的最优佣金率之差 $\left(\Delta\beta_i = \beta_i^{**} - \beta_i^*\right)$，由命题 1 及命题 2 得到

$$\Delta\beta_1 = \frac{2(p-f)}{p} + \frac{29a_b a_s e + 3a_b^2 a_s - 6a_b e^2 - 13e^3}{6a_b pe} - \frac{\varepsilon(t_0 - t_1)(30a_b a_s + 7a_b e - 10e^2)}{4a_b pe},$$

$$\Delta\beta_2 = \frac{e^2 - a_b a_s}{4a_b pe} - \frac{\varepsilon(t_0 - t_1)(2a_b a_s + 3a_b e + 2e^2)}{8a_b pe}, \quad \Delta\beta_3 = \frac{e^2 + 3a_b a_s}{12a_b pe} - \frac{\varepsilon(t_0 - t_1)(14a_b a_s + 5a_b e - 2e^2)}{8a_b pe}$$

(21)

由式（21）得到：当 $3\varepsilon(t_0 - t_1)(30a_b a_s + 7a_b e - 10e^2) \leq 24pe(p-f) + 58a_b a_s e - 12a_b e^2 - 26e^3$ 时，$\Delta\beta_1 \geq 0$；当 $t_0 - t_1 < \dfrac{2e(e^2 - a_b a_s)}{\varepsilon(2a_b a_s + 3a_b e + 2e^2)}$ 时，$\Delta\beta_2 \geq 0$；当 $3\varepsilon(t_0 - t_1)(14a_b a_s + 5a_b e - 2e^2) \leq 2e(e^2 + a_b a_s)$ 时，$\Delta\beta_3 \geq 0$。对 $\Delta\beta_i$ 分别求关于 t_1、t_0 的一阶偏导数得到 $\dfrac{\partial \Delta\beta_1}{\partial t_1} = -\dfrac{\partial \Delta\beta_1}{\partial t_0} = \dfrac{\varepsilon(30a_b a_s + 7a_b e - 10e^2)}{4a_b pe}$，$\dfrac{\partial \Delta\beta_2}{\partial t_1} = -\dfrac{\partial \Delta\beta_2}{\partial t_0} = \dfrac{\varepsilon(2a_b a_s + 3a_b e + 2e^2)}{8a_b pe} > 0$，$\dfrac{\partial \Delta\beta_3}{\partial t_1} = -\dfrac{\partial \Delta\beta_3}{\partial t_0} = \dfrac{\varepsilon(14a_b a_s + 5a_b e - 2e^2)}{8a_b pe}$。由此得到推论1：

推论 1 ①当 $24pe(p-f) + 58a_b a_s e - 12a_b e^2 - 26e^3 - 3\varepsilon(t_0 - t_1)(30a_b a_s + 7a_b e - 10e^2) \geq 0$ 时，聚合平台对第三方平台的整合将导致聚合平台佣金率增大，反之减小；当 $t_0 - t_1 < \dfrac{2e(e^2 - a_b a_s)}{\varepsilon(2a_b a_s + 3a_b e + 2e^2)}$ 时，整合将导致已接入的第三方平台的佣金率增大，反之减小；当 $2e(e^2 + a_b a_s) - 3\varepsilon(t_0 - t_1)(14a_b a_s + 5a_b e - 2e^2) \geq 0$ 时，整合将导致被整合的目标平台的佣金率增大，反之减小。②已接入的第三方平台在两种情形下的佣金率之差与聚合平台的质量水平正相关，与第三方平

台质量水平负相关；当 $\dfrac{\varepsilon(30a_b a_s + 7a_b e - 10e^2)}{4a_b p e} > 0$ 时，聚合平台在两种情形下的佣金率之差与聚合平台的质量水平正相关，与第三方平台的质量水平负相关；当 $\dfrac{\varepsilon(14a_b a_s + 5a_b e - 2e^2)}{8a_b p e} > 0$ 时，目标平台在两种情形下的佣金率之差与聚合平台的质量水平正相关，与第三方平台的质量水平负相关。

由于聚合平台对第三方平台的整合会影响平台上部分用户的质量体验及跨网络效应，在跨网络效应强度、平台质量差异、用户质量敏感度等参数不确定的情形下，整合对各平台佣金率的影响是不确定的。如在跨网络效应及用户质量敏感度较大的市场中：当第三方平台占据质量优势时，整合使聚合平台与第三方平台之间的竞争加剧，进而导致所有平台佣金率均减小；当聚合平台占据质量优势时，整合使聚合平台更具优势，进而导致聚合平台通过提高佣金率来获取更多利润，第三方平台则随之提高佣金率以抵消消费者数量减少及聚合平台抽成带来的损失。推论1表明，平台的最优佣金率随平台质量水平的变化而变化，某些市场环境中，聚合平台与第三方平台间的质量差异的微小改变将导致平台最优佣金率出现较大变化。因此，对聚合平台及第三方平台而言，应根据平台质量水平的变化及时调整平台佣金率。

以 $\Delta n_{ib}(i=1,2,3)$ 表示两种情形下消费者对平台 i 的需求之差 $\left(\Delta n_{ib} = n_{ib}^{**} - n_{ib}^{*}\right)$，$\Delta n_{is}(i=2,3)$ 表示两种情形下供应商对平台 i 的需求之差 $\left(\Delta n_{is} = n_{is}^{**} - n_{is}^{*}\right)$。根据命题1及命题2得到

$$\Delta n_{2s} = \frac{3a_b a_s - e^2 - 2a_s e}{12(e^2 - 2a_b a_s)} - \frac{\varepsilon(t_0 - t_1)(a_b e + 4a_s e + 4e^2 - 6a_b a_s)}{8(e^2 - 2a_b a_s)}, \quad \Delta n_{3s} = -\Delta n_{2s},$$

$$\Delta n_{1b} = \frac{a_b a_s - e^2}{12(e^2 - 2a_b a_s)} + \frac{\varepsilon(t_1 - t_0)(2a_b a_s - a_b e - 2e^2)}{8e(e^2 - 2a_b a_s)} + \frac{a_b}{2e},$$

$$\Delta n_{2b} = \frac{a_b a_s - e^2}{12(e^2 - 2a_b a_s)} + \frac{\varepsilon(t_0 - t_1)(2e^2 - 2a_b a_s + a_b e)}{8e(e^2 - 2a_b a_s)} - \frac{a_b}{4e},$$

$$\Delta n_{3b} = \frac{e^2 - a_b a_s}{6(e^2 - 2a_b a_s)} + \frac{\varepsilon(t_0 - t_1)(2a_b a_s - 2e^2 - a_b e)}{4e(e^2 - 2a_b a_s)} \tag{22}$$

由式（22）得到，当 $t_0 - t_1 \leqslant \dfrac{2(3a_b a_s - e^2 - 2e a_s)}{3\varepsilon(a_b e + 4a_s e + 4e^2 - 6a_b a_s)}$ 时，$\Delta n_{2s} \geqslant 0$，$\Delta n_{3s} \geqslant 0$；当 $t_0 - t_1 \geqslant \dfrac{12a_b(e^2 - 2a_b a_s) + 2e(e^2 - a_b a_s)}{3\varepsilon(2a_b a_s - 2e^2 - a_b e)}$ 时，$\Delta n_{1b} \geqslant 0$；当 $t_0 - t_1 \geqslant \dfrac{6a_b(e^2 - 2a_b a_s) + 2e(e^2 - a_b a_s)}{3\varepsilon(2e^2 - 2a_b a_s + a_b e)}$ 时，$\Delta n_{2b} \geqslant 0$；当 $t_0 - t_1 \leqslant \dfrac{3a_b(e^2 - 2a_b a_s) + 2e(e^2 - a_b a_s)}{3\varepsilon(2a_b a_s - 2e^2 - a_b e)}$ 时，$\Delta n_{3b} \geqslant 0$。此外，由命题1及命题2可知，占据质量优势的平台拥有更多的用户，且平台上的用户数量随体验到的质量水平的提升而增大。进一步整理得到推论2：

推论2 ①当 $t_0 - t_1 \geqslant \dfrac{12a_b(e^2 - 2a_b a_s) + 2e(e^2 - a_b a_s)}{3\varepsilon(2a_b a_s - 2e^2 - a_b e)}$ 时，整合将导致选择聚合平台的消费者数量增加，反之减少；当 $\dfrac{6a_b(e^2 - 2a_b a_s) + 2e(e^2 - a_b a_s)}{3\varepsilon(2e^2 - 2a_b a_s + a_b e)} \leqslant t_0 - t_1 \leqslant \dfrac{2(3a_b a_s - e^2 - 2e a_s)}{3\varepsilon(a_b e + 4a_s e + 4e^2 - 6a_b a_s)}$ 时，整合将导致已

接入的第三方平台的双边用户数量均增加；当 $\dfrac{2(3a_ba_s-e^2-2ea_s)}{3\varepsilon(a_be+4a_se+4e^2-6a_ba_s)} \leqslant t_0-t_1 \leqslant$

$\dfrac{3a_b(e^2-2a_ba_s)+2e(e^2-a_ba_s)}{3\varepsilon(2a_ba_s-2e^2-a_be)}$ 时，整合将导致目标平台的双边用户数量均增加。②平台用户倾向于选择质量体验更佳的平台进行交易。

推论 2 表明，整合会影响到平台上部分用户的质量体验及跨网络效应，在影响不确定的情况下，整合对平台两端用户数量的影响是不确定的。此外，无论整合前还是整合后，用户质量体验较高的平台拥有更多的用户，由此可见，平台用户始终倾向于选择质量体验更高的平台进行交易。因此，无论是聚合平台还是第三方平台，提高自身的质量水平是提高市场占有率的有效途径之一。

4.2 平台利润水平的比较分析

以 $\Delta\pi_i(i=1,2,3)$ 表示平台 i 在两种情形下的最优利润之差，即 $\Delta\pi_i = \pi_i^{**} - \pi_i^*$，根据命题 1 及命题 2 得到

$$\Delta\pi_1 = \dfrac{\varepsilon^2(t_0-t_1)^2(23a_ba_s+14a_be+7e^2)(19e^2-32a_ba_s+7a_be)}{8a_be(e^2-2a_ba_s)}$$

$$+2(p-f)\left[\dfrac{\varepsilon}{e}(t_0-t_1)+\dfrac{a_b}{2e}+\dfrac{1}{3}\right]+\dfrac{18a_be^3-a_b^2a_s^2+41a_b^2a_se}{54a_be(e^2-2a_ba_s)}$$

$$\Delta\pi_2 = -\dfrac{\varepsilon^2(t_0-t_1)^2(6e^2-14a_ba_s-a_be)(3a_be+2a_ba_s+2e^2)}{32a_be^2(e^2-2a_ba_s)}$$

$$-\dfrac{\varepsilon(t_0-t_1)(5e^2-9a_ba_s)(4e^2-6a_ba_s+a_be)}{24a_be^2(e^2-2a_ba_s)}$$

$$+\dfrac{2e^4+6a_b^2a_s^2-7e^2a_ba_s}{72a_b(e^2-2a_ba_s)}$$

$$\Delta\pi_3 = \dfrac{\varepsilon^2(t_0-t_1)^2(14a_ba_s+5a_be-2e^2)(6a_ba_s-a_be-4e^2)}{32a_be^2(e^2-2a_ba_s)}$$

$$+\dfrac{\varepsilon(t_0-t_1)(48a_ba_se^2-13e^4-6a_be^3-24a_b^2a_s^2)}{24a_be^2(e^2-2a_ba_s)}$$

$$+\dfrac{17e^4-27a_b^2a_s^2-48e^2a_ba_s}{72a_b(e^2-2a_ba_s)}$$

(23)

由上式得到，$\Delta\pi_i$ 的大小由平台间的质量差异、跨网络效应强度、运输成本系数等因素决定，其中，$\Delta\pi_1>0$，$\Delta\pi_2$ 及 $\Delta\pi_3$ 的最优值可能大于 0，也可能小于 0。式（23）表明，$\Delta\pi_i$ 均是关于 t_i 的二次函数，且用户对平台质量的敏感性越大，平台的质量差异对整合决策的影响越显著。其中，当 $14a_ba_s+5a_be-2e^2>0$ 时，第三方平台接受整合的可能性随 t_i 的增加先增后减；当 $14a_ba_s+5a_be-2e^2<0$ 时，其接受整合的可能性随 t_i 的增加先减后增。进一步整理得到命题 3。

命题 3 ①聚合平台对第三方平台的整合有利于增加其利润；②当

$$\left[\begin{array}{l}\dfrac{e^2}{9}\left(2e^4+6a_b^2a_s^2-7e^2a_ba_s\right)-\dfrac{\varepsilon}{3}(t_0-t_1)\left(5e^2-9a_ba_s\right)\left(4e^2-6a_ba_s+a_be\right)\\ -\dfrac{\varepsilon^2}{4}(t_0-t_1)^2\left(6e^2-14a_ba_s-a_be\right)\left(3a_be+2a_ba_s+2e^2\right)\end{array}\right]<0$$ 时，整合会损害已接入的第三方平台的利益，反之有利于提高其利润；③ 当

$$\left[\begin{array}{l}\dfrac{\varepsilon}{3}(t_0-t_1)\left(48a_ba_se^2-13e^4-6a_be^3-24a_b^2a_s^2\right)+\dfrac{e^2}{9}\left(17e^4-27a_b^2a_s^2-48e^2a_ba_s\right)\\ +\dfrac{\varepsilon^2}{4}(t_0-t_1)^2\left(14a_ba_s+5a_be-2e^2\right)\left(6a_ba_s-a_be-4e^2\right)\end{array}\right]>0$$ 时，第三方平台将接受整合，反之将拒绝整合。

图 3 更加清晰地描绘了命题 3。考虑到前文的约束条件，相关参数设定：$t_0=0.5$，$t_1=(0,1)$，$a_b=\{0.2,0.8\}$，$a_s=\{0.1,0.5\}$，$e=1$，$\varepsilon=\{5,10\}$，$p=10$，$f=5$。

(a) $\varepsilon=5$，$a_b=0.2$，$a_s=0.1$

(b) $\varepsilon=10$，$a_b=0.2$，$a_s=0.1$

(c) $\varepsilon=5$，$a_b=0.8$，$a_s=0.5$

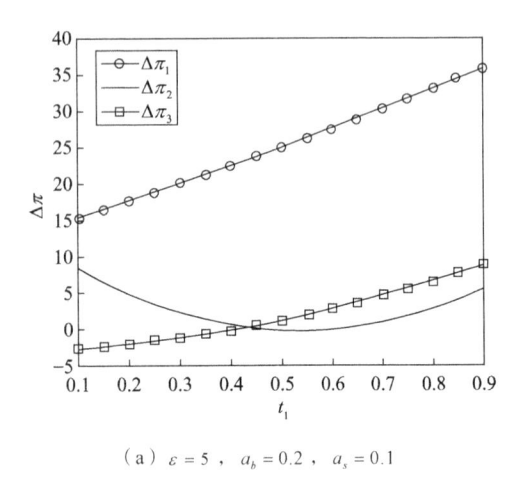

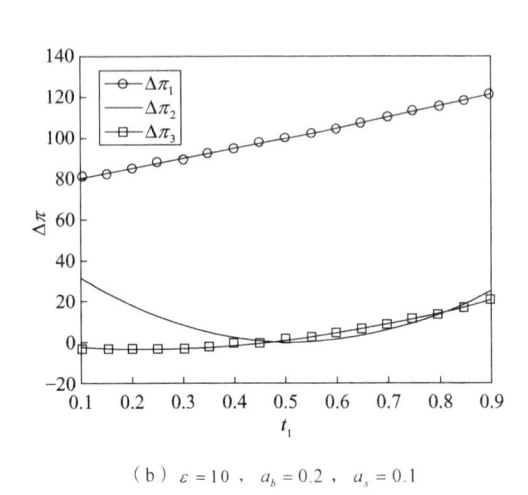

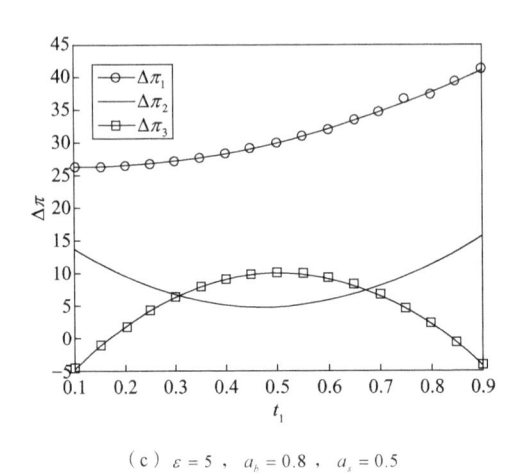

图 3 不同情形下各平台利润差随 t_1 的变化

图 3（a）及图 3（b）显示，平台 2 的利润在极值点附近小于 0，表明在某些情况下，聚合平台对第三方平台的整合会损害已接入的第三方平台的利益。由图 3（c）可知，当 $0.07<t_1<0.5$ 时，$\Delta\pi_3>0$，

表明在某些情况下具有质量优势的第三方平台也会选择加入聚合平台。这是因为当第三方平台加入聚合平台带来的跨网络效应的增加能够抵消部分用户平台质量体验降低带来的不利影响时，接受整合对其是有利的。命题3表明，聚合平台对目标平台的整合可能导致已接入的第三方平台选择退出。因此，聚合平台不仅要致力于整合新的平台，还要关注整合对已接入平台的影响。

4.3 消费者剩余及社会福利比较分析

令 $\Delta CS=CS_2-CS_1$，$\Delta W=W_2-W_1$。根据式（13）及式（20）得到

$$\Delta CS = \frac{a_b e^3 - a_b^2 a_s e + 3a_b^2 e^2 - 6a_b^3 a_s - 2a_b a_s e^2}{12e(e^2 - 2a_b a_s)} + \frac{\varepsilon t_0 (2e^3 - 3a_b a_s e - 2a_b e^2 + 4a_b^2 a_s)}{6e(e^2 - 2a_b a_s)}$$

$$+ \frac{\varepsilon t_1 (12a_b e^2 - 25e^3 + 37 a_b a_s e)}{12e(e^2 - 2a_b a_s)} + \frac{\varepsilon^2 (t_0 - t_1)^2}{e}$$

$$- \frac{a_b \varepsilon (ea_b - 4a_s e - 4e^2 + 6a_b a_s)}{8(e^2 - 2a_b a_s)}$$

$$+ \frac{\varepsilon^2 t_1 (t_0 - t_1)(12e^2 - a_b e - 26a_b a_s)}{8e(e^2 - 2a_b a_s)}$$

$$- \frac{\varepsilon^2 t_0 (t_0 - t_1)(4e^2 + a_b e - 6a_b a_s)}{4e(e^2 - 2a_b a_s)} \quad (24)$$

将式（23）、式（24）代入 $\Delta W = \Delta CS + \Delta\pi_1 + \Delta\pi_2 + \Delta\pi_3$ 即可得到第三方平台接受和拒绝整合两种情形下的社会福利之差。由于难以直接比较两种情形下消费者剩余及社会福利的大小，下文通过数值仿真来分析。由式（23）、式（24）可知，整合对消费者剩余及社会福利的影响取决于模型参数的设置。考虑到前文约束条件，令各参数：$t_0=0.6$，$t_1=(0,1)$，$a_b=\{0.2,0.6\}$，$a_s=\{0.1,0.5\}$，$e=\{0.5,1\}$，$\varepsilon=1$，$p=10$，$f=5$。

由式（24）可知，ΔW 及 ΔCS 是关于 t_1 的二次函数，其凹凸性由跨网络效应强度及运输成本系数决定。在算例给出的情形下，ΔW 及 ΔCS 均是关于 t_1 的凹函数。图4（a）表明，当跨网络效应强度及聚合平台的质量水平都较小时，ΔW 及 ΔCS 小于0，当跨网络效应强度较小但聚合平台质量水平较高时，ΔW 及 ΔCS 大于0。这是因为，当聚合平台质量水平及跨网络效应强度都较小时，整合给消费者带来的跨网络效应的增加不足以抵消质量体验降低带来的效用的减小，进而导致消费者剩余降低。同时，虽然整合使聚合平台及已接入的第三方平台的利润增加，但将损害目标平台的利润。在以上因素综合作用下，整合导致社会福利降低。当聚合平台质量水平较高时，整合使用户的质量体验得到改善，三个平台的利润都增加，此时，消费者剩余及社会福利均增大。图4（b）表明，当跨网络效应强度较大时，即使聚合平台的质量水平较低，ΔW 及 ΔCS 均大于0。该情形下，强大的跨网络效应将抵消用户质量体验下降带来的负面影响，进而使整合后的消费者剩余大于整合前。此时，整合导致目标平台的利润有所下降，但聚合平台及已接入的第三方平台的利润将增加。在以上因素综合作用下，整合使社会福利水平得到提升。综上可知，某些情况下，整合会损害消费者剩余及社会福利。因此，聚合平台在做整合决策时应充分考虑整合对社会发展的影响。

(a) $e=0.5$，$a_b=0.2$，$a_s=0.1$

(b) $e=1$，$a_b=0.6$，$a_s=0.5$

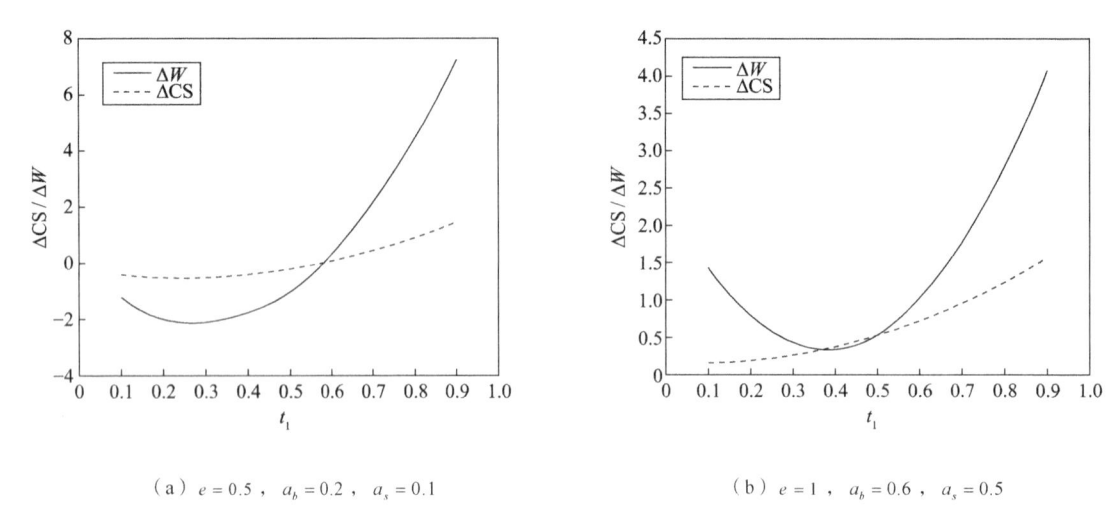

图 4　不同情形下 ΔCS 及 ΔW 随 t_1 的变化

5　结语

双边市场中，平台质量是中介平台价值创造的核心要素，在平台竞争及合作中扮演着重要角色。本文比较分析了第三方平台接受和拒绝接入聚合平台两种情形下的平台定价、平台需求、平台利润及社会福利，考察了平台质量对第三方平台的整合策略及市场结果的影响。研究得出：①消费者更倾向于选择质量体验更高的平台进行交易；②两类平台间质量水平差异的微小变化可能引起平台佣金率、平台需求及平台利润的巨大差别，进而第三方平台的整合动机可能来自平台间的质量差异；③第三方平台接受整合始终有利于聚合平台的利润，但不一定有利于第三方平台，这取决于跨网络效应强度、平台的质量水平等因素；④聚合平台对第三方平台的整合可能损害消费者剩余及社会福利。

研究得到以下管理启示：①第三方平台的整合决策受跨网络效应强度、平台质量差异及平台用户的质量敏感度等因素的影响。这意味着，当这些因素发生变化时，平台的整合决策也可能随之改变。因此，对聚合平台而言，应充分发挥积极因素的作用而控制不利因素带来的影响。②整合可能会损害已接入的第三方平台的利益，因此，聚合平台在制定整合决策及平台佣金率时应考虑已接入平台的利益，防止已接入平台的退出带来不利影响。③在某些市场中，平台间的质量差异及用户的质量敏感度是影响第三方平台接入决策的重要因素，因此，聚合平台需要根据市场特征来制定平台质量投资决策，同时防止平台用户质量敏感度的突然改变给聚合平台发展带来不利影响。④聚合平台对第三方平台的整合可能损害消费者剩余及社会福利，因此，聚合平台及第三方平台应科学地制定整合决策及平台佣金率，以防止给社会发展带来不利影响。

此外，本文还存在一些需要深入研究的问题。首先，平台使用者分为单归属用户和多归属用户，用户的属性不同，最终的市场竞争结果可能会有所区别[16, 19, 20]。本文仅分析了双边用户单归属情形，未来将进一步分析多归属情形下的市场结果。其次，本文假设第三方平台的定价及质量水平相同，未来的研究可放宽这些假设，以便对聚合平台和第三方平台之间的合作进行更全面的分析。

参 考 文 献

[1] Zeng J, Glaister K. Competitive dynamics between multinational enterprises and local Internet platform companies in the virtual market in China[J]. British Journal of Management, 2015, 27（3）：479-496.

[2] 王水莲，李志刚，杜莹莹. 共享经济平台价值创造过程模型研究——以滴滴、爱彼迎和抖音为例[J]. 管理评论，2019, 31（7）：45-55.

[3] Wei J, Lu J, Zhao J. Interactions of competing manufacturers' leader-follower relationship and sales format on online platforms[J]. European Journal of Operational Research, 2020, 280（2）：508-522.

[4] Zhou X, Chen K, Wen H, et al. Integration of third-party platforms: does it really hurt them?[J]. International Journal of Production Economics, 2020, 234：1-22.

[5] Xu W, Lin G, Zhu X. Nash-stackelberg game perspective on pricing strategies for ride-hailing and aggregation platforms under bundle mode[J]. International Journal of Industrial Engineering Computations, 2022, 13（3）：309-318.

[6] Jullien B, Sand-Zantman W. The economics of platforms: a theory guide for competition policy[J]. Information Economics and Policy, 2020, 54：1-41.

[7] Casadesus-Masanell R, Ruiz-Aliseda F. Platform competition, compatibility, and social efficiency[J]. IESE Research Papers, 2009：9-58.

[8] Viecens M. Compatibility with firm dominance[J]. Documentos De Trabajo（FEDEA）, 2011, 10（4）：1-25.

[9] Lu K, Zhou J, Lin X. Research on compatibility strategy of ride-hailing platforms[J]. European Journal of International Management, 2019, 13（6）：880-906.

[10] 谢康，谢永勤，肖静华. 消费者对共享经济平台的技术信任：前因与调节[J]. 信息系统学报，2018, （1）：1-14.

[11] Tellis G, Niraj R, Yin E. Does quality win? Network effects versus quality in High-Tech markets[J]. Journal of Marketing Research, 2021, 46（2）：135-149.

[12] Anderson Jr E G, Parker G G, Tan B. Platform performance investment in the presence of network externalities[J]. Information Systems Research, 2014, 25（1）：152-172.

[13] Mantena R, Saha R. Co-opetition between differentiated platforms in Two-Sided markets[J]. Journal of Management Information Systems, 2012, 29（2）：109-140.

[14] 刘维奇，张苏. 基于双边市场理论的平台企业互联互通问题分析[J]. 系统工程，2016, 34（6）：84-88.

[15] 桂云苗，武众，龚本刚. 竞争环境下双边平台增值服务质量投资竞争研究[J]. 中国管理科学，2021, 29（5）：65-76.

[16] Zhang C, Ma H M, Xiao M, et al. Value-Added service investment and pricing strategies of a multilateral distribution platform considering User-Homing in a duopoly[J]. IEEE Access, 2019, 7（1）：340-355.

[17] Xue M, Hitt L, Chen P. Determinants and outcomes of Internet banking adoption[J]. Management Science, 2011, 57（2）：291-307.

[18] Armstrong M. Competition in Two-Sided markets[J]. Rand Journal of Economics, 2006, 37（3）：668-691.

[19] Doganoglu T, Wright J. Multihoming and compatibility[J]. International Journal of Industrial Organization, 2003, 24（1）：45-67.

[20] Pires A. Content provision in the media market with Single-Homing and Multi-Homing consumers[J]. Review of Network Economics, 2020, 19（1）：43-83.

Research on the Integration of Third-party Platforms with Heterogeneity

HUANG Xiaoqiong[1], XU Fei[2]

(1. School of Economics and Management, Southwest Jiaotong University, Chengdu 610031, China;
2. Business School, Shanghai University of Finance and Economics, Shanghai 200433, China)

Abstract This paper explores the impact of the integration of third-party platform by aggregation platform on platform pricing, market share, consumer surplus and social welfare. The results show that incentives to integration can arise from their technical differences. The integration of third-party platform is always conducive to the profits of the aggregation platform, but not necessarily conducive to the third-party ones. Consumers are more inclined to choose higher quality platforms for trading. In addition, the integration of the third-party platform by aggregation platform does not necessarily lead to the improvement of the commission rates of those platforms, nor is it always conducive to the level of consumer surplus and social welfare.

Key words Platform integration, Platform quality, Aggregation platform, Third-party platform, Two-sided markets

作者简介

黄晓琼（1986—），女，西南交通大学经济管理学院博士研究生，研究方向为平台经济。E-mail：hxqnua@126.com。

徐飞（1964—），男，上海财经大学商学院教授、博士生导师，研究方向包括战略管理、高技术创新战略等。E-mail：xufei@sufe.edu.cn。

关系嵌入、网络能力与组织间价值共创——基于 PLS-SEM 与 fsQCA 的实证分析*

廖民超 金佳敏 高增安

(西南交通大学经济管理学院，四川 成都 610031)

摘 要 在数字经济背景下，价值共创是企业形成竞争优势的重要途径，探究组织间价值共创的实现路径具有重大意义。本文基于嵌入性理论和动态能力理论，遵循"资源—能力—结果"逻辑，引入网络能力作为中介变量探究关系嵌入各维度对价值共创的作用机制，并就企业性质进行异质性分析。本文采用 PLS-SEM 和 fsQCA 方法对 471 个有效问卷样本进行分析，研究发现：①关系嵌入各维度对价值共创有显著正向影响，其中信息共享的影响最大；②网络能力各维度均在关系嵌入与价值共创之间发挥中介作用，其中内部沟通能力对价值共创影响最大；③不同性质的企业在价值共创实现路径中存在显著差异；④关系嵌入与网络能力的交互组合是实现价值共创的最优策略，存在"外部关系驱动型"和"价值互通驱动型"两种模式。本文深化并扩展了组织间价值共创实现路径的研究，为企业实施价值共创行为提供了启示。

关键词 关系嵌入，网络能力，价值共创，fsQCA

中图分类号 F270.7

1 引言

数字经济时代下，企业的价值获取与创造方式均发生改变，跨组织边界的合作模式成为必然路径[1, 2]，组织间的价值共创是有效破除企业合作壁垒的重要手段[3]。价值共创是由多个行为主体共同参与到企业的生产、服务等活动中，通过开放互动和资源整合[4]以实现价值创造和增值的动态融合过程。例如，小米用户群通过小米社区向开发者反馈产品体验感，不仅推动了产品的改进，也提高了用户体验感和满意度[5]；海尔通过开放创新平台（Haier Open Partnership Ecosystem，HOPE）与全球研发机构和个人互动合作，整合各类解决方案和创意，研发出海尔天樽空调，为海尔、平台用户及客户创造价值[6]。在合作共生的生态圈内，各参与主体通过互动与资源整合，形成"风险共担、荣辱与共"的共同体，各成员都能从价值共创活动中受益[7]。

近年来，关于价值共创的研究聚焦于不同情境下的共创行为[8-10]和价值共创的影响因素[8, 9]，主要探讨如何实现顾客与企业之间的价值共创。然而，随着数字经济的发展，企业边界变得模糊且融合，企业所处环境更加智能互联，价值共创的主体变得更加广泛，连接了包括政府部门、行业协会、实体企业与媒体等众多组织[11]，价值共创活动也更多地发生在虚拟化、动态化和相互交织的组织网络关系中[12]。因此，在多主体参与的复杂网络关系中，探究企业如何实现组织间价值共创具有重要理论价值和实践意义。

---

* 基金项目：国家社会科学基金项目（16XGJ001）。
通信作者：高增安，西南交通大学经济管理学院教授、博士生导师，E-mail: gaozengan133@163.com。

国内外研究成果普遍认为组织间的网络关系对价值共创有重要影响,为本文奠定了基础,但仍存在以下不足:①现有研究虽然考虑了广泛参与主体之间的网络关系[11]、关系连接强度[13]以及企业在网络关系中的嵌入性[14]对价值共创的影响,但忽视了对组织间具体关系特征或关系嵌入方式的探讨[15]。本文将关系嵌入的三种方式作为自变量,具体研究组织间信任、信息共享、共同解决问题的嵌入方式对价值共创的影响。②现有研究对于通过网络关系实现价值共创所需的具体内部能力缺乏探讨[16]。并且,不同性质的企业在对动态能力的利用上存在差异[17],现有研究缺乏对此的思考。已有研究表明,企业的动态能力和价值共创是互相关联并促进的[18],吸收、整合和有效利用资源的能力是实现价值增值的关键[19],但是缺乏具体某项动态能力在复杂网络关系与价值共创之间的作用机制研究。作为动态能力之一的网络能力强调对网络关系的管理以及内外部资源的利用[20],启发本文构建关系嵌入通过网络能力影响价值共创的理论模型,探讨四种网络能力在其中的中介作用,并进一步就企业产权性质进行异质性分析。③现有研究大多是案例研究[11]或通过结构方程模型[15]进行的线性因果检验,忽视了价值共创过程中因果的复杂性,考察资源、能力等要素的交叉耦合对价值共创的联合影响效应的实证研究较少[21]。本文采用模糊集定性比较分析方法(fsQCA),探究组织间价值共创实现过程中的关系与能力的耦合路径。

基于此,本文以嵌入性理论和动态能力理论为基础,遵循"资源—能力—结果"的分析逻辑,构建"关系嵌入—网络能力—价值共创"的理论模型,首先,采用偏最小二乘结构方程模型(PLS-SEM)对相关理论假设进行实证检验;其次,就企业性质做异质性分析,对比国有企业与非国有企业的关系嵌入方式、网络能力的利用差异对价值共创的影响;最后,采用 fsQCA 分析方法,进一步挖掘影响价值共创的各因素组合路径,以此厘清企业各类关系嵌入方式及不同网络能力组合对价值共创的影响。

本文可能的理论贡献在于:一是厘清了关系嵌入对价值共创的影响机制,探讨了网络能力在其中的中介作用,扩展了动态能力理论的应用以及组织间价值共创的相关研究。二是具体分析了不同关系嵌入方式对价值共创的影响,以及企业产权性质异质性的影响,全面反映了不同性质企业价值共创的特点,明确了不同类型关系嵌入方式以及网络能力的作用,丰富了网络关系影响价值共创研究的文献。三是通过 PLS-SEM 结合 fsQCA 的研究方法,打破以往从单一逻辑探讨组织间价值共创的研究局限,丰富了价值共创领域的研究方法,揭示了关系嵌入和网络能力的组合因素对价值共创的效应,进一步延伸和发展了组织间价值共创实现路径的相关研究。

2 理论基础与研究假设

2.1 嵌入性理论与动态能力理论

根据嵌入性理论,任何个体与组织都嵌入在与其他利益相关者共同形成的社会或组织网络之中,并受到关系网络内其他经济主体的影响[22],企业经济活动的有效性很大程度上取决于组织外部网络的质量。关系嵌入强调企业间的直接联结关系质量,反映网络成员之间的联系密切程度、互惠程度、可靠性及亲密互动关系等。研究表明,行动者的经济行为和结果会受到双边或多边网络成员关系特征的影响[23],企业间的关联互动、信任与信息分享的意愿有助于拓宽关系网络和资源的获取渠道,对价值共创有决定性作用[19, 24]。

根据动态能力理论,动态能力是企业重新配置和部署内外部资源的高阶能力,能够使企业更新现有资源以快速响应和匹配动态变化的技术和市场环境,从而创造和维持竞争优势[25]。企业间关系是获取竞争优势的一种关键资源,对于商业关系的管理也尤为重要[26]。作为动态能力之一的网络能力,最早由 Hkansson 和 Snehota[27]提出，是企业调整和处理外部关系的能力，能够提升网络地位。后来，Walter 等学者认为，网络能力是开发和利用组织间关系来获得其他行动者资源的能力[28]。倪渊认为网络能力是核心企业自我发展必要的能力，通过对网络关系的管理实现对其他集群企业的引导、协调和控制，是一种优化并塑造网络愿景与价值的动态能力[29]。关系嵌入反映了企业与网络成员的关系亲密程度，而网络能力会影响它在不同网络中的角色行为。由此，嵌入性理论与动态能力理论为本文探究关系嵌入如何实现组织间价值共创提供了理论基础。

2.2 关系嵌入与价值共创

研究表明，基于组织内部和与外部网络成员间的关系和信息流是大部分企业的价值来源[30]，关系嵌入有助于组织间价值共创的实现。首先，关系嵌入有资源配置作用，嵌入程度体现企业在网络中的地位，能够为价值共创活动带来丰富的资源[31]。具体来说，较强的关系嵌入不仅有利于显性知识的获取与吸收，还能在一定程度上克服知识转移的黏滞性[29]，为组织间跨边界传递资源建立基础[2]，有利于激发组织间隐性知识的共享和转移[32]，提高组织间的透明度。此外，关系嵌入在价值创造过程中起到"润滑剂"的作用，随着组织间关系强度的提高，管理者之间的认知差距和各参与主体间因组织差异所带来的不确定性都能有效降低[33]，有助于组织间价值共创的实现。

为探究具体关系特征或嵌入方式对价值共创的影响，本文借鉴 Mcevily 和 Marcus[34]对关系嵌入的维度划分，探究信任、信息共享和共同解决问题三种嵌入方式与价值共创的关系。首先，基于信任的嵌入方式不仅能够降低资源、信息的交流门槛，提高组织间进行价值共创的合作动力，还能促进资源和正确信息的频繁交流与高效传递[35]，有效降低信息在传递过程中被误解的可能性，有利于组织间的对话，也拓宽了企业获取资源的深度和广度。具体来说，高信任水平下，各参与主体愿意利用互补性竞争优势来开展合作，有利于实现对网络中互补性资源的深度挖掘[36]；企业嵌入网络成员的社会和经济关系中，能够从多个接口接触信息，获得多元化的信息获取渠道，拓宽可获取资源的范围，促进价值共创的实现。此外，在高度信任和承诺的合作关系下，企业间有较强的情感约束，不会损坏相互的利益，能够有效降低产生合作冲突、机会主义行为的概率和交易风险[37]，有利于组织间实现风险共担。

其次，信息共享的关系嵌入方式使企业在活跃和开放的互动中形成协作的良好氛围[38]，促使网络成员主动分享更具体、隐性的信息，如相互提供所需的市场信息、提醒可能存在的问题、分享经验和未来发展计划等[32]，有助于企业做出恰当的决策。此外，信息共享的关系嵌入方式为组织间信息、资源等的有效传递和快速流动提供支持和保障[35]，有利于组织间长久稳定关系的建立和知识资源的深度交流[2]，使参与主体在交流互动中获得有实质价值的资源。

最后，共同解决问题是组织间责任共享的表现，组织间的交互频率和次数随着共同解决问题行为的发生而增加，这种关系嵌入方式有利于组织间异质性资源的传递与运用[34]。相对于信任和信息共享的关系嵌入方式，共同解决问题一般会带来共同行动行为[38]，各参与主体能够在该过程中加深对合作伙伴的认识，彼此间形成更紧密的合作关系，并且积累到无形的经验知识[39]，有助于在后续合作过程中共同创造新的价值。

基于以上分析，提出假设：

H_{1a}：信任对组织间的价值共创具有正向影响。

H_{1b}：信息共享对组织间的价值共创具有正向影响。

H_{1c}：共同解决问题对组织间的价值共创具有正向影响。

2.3 网络能力的中介作用

动态能力理论指出，对资源的整合、吸收和利用能力是企业维持竞争优势的核心力量[25]。资源是企业实现价值共创的基础，而合理有效地利用资源的能力是组织创造价值、实现价值增值的关键，如信息交互、资源互动能力等对价值共创非常重要[40]。简兆权和柳仪[41]从关系管理与利用的角度出发，认为组织需要借助网络能力来充分利用关系嵌入带来的资源优势，否则会削弱关系嵌入对组织绩效的促进作用。良好的网络能力有助于企业通过内部及跨组织网络关系来利用和调动来自合作伙伴的互补性资源[42]，并基于与外界组织的高度信任和信息共享机制，拓宽资源获取渠道，也得到更高效的资源配置方式，从而促进组织间价值共创的实现。

基于网络能力的定义及本文研究情境，参考 Walter 等[28]的研究，将网络能力概念化为一个包含四个部分的多维结构：协调、关系、合作伙伴知识和内部沟通能力。协调能力有助于企业与外部合作伙伴在业务上保持同步，降低可避免失误发生的概率，实现互惠互利，是应对突发事件和网络变化的基本能力。信任和信息共享使组织间的交易环境变得互信、互助、互惠，为协调能力的发挥提供了条件，一方面，有助于企业通过良好的网络关系实现信息、资源等的共享，不仅促进组织间的对话，也拓宽了资源获取渠道；另一方面，协调能力有利于及时提醒和纠正组织间的偏离行为，较大限度地避免在认知和利益上产生直接冲突，统一企业与其他网络成员的共同目标[43]，能够有效降低风险，促进价值共创。此外，共同解决问题的嵌入方式能够通过影响管理者对获得有益能力的认识和接受合作伙伴建议的意愿来增强协调能力[34]，进而加快资源的转换，实现价值共创。

基于以上分析，提出假设：

H_{2a}：协调能力在信任与组织间价值共创中起中介作用。

H_{2b}：协调能力在信息共享与组织间价值共创中起中介作用。

H_{2c}：协调能力在共同解决问题与组织间价值共创中起中介作用。

关系能力强调企业的社交能力，表现为识别潜在合作伙伴、维护并深化组织间的合作关系和灵活处理合作中的问题[44]。组织间的信息共享和共同解决问题机制有助于企业在交流互动过程中优化并提高关系能力，企业借助关系能力不断与新的合作伙伴建立联结关系，扩大关系网络从而获得更多异质性资源。在高度信任机制建立的稳固关系网络下，关系能力带来的深度沟通和开放互动有利于掌握其他网络成员的技术、需求等变化情况，进而采取有针对性的行为来灵活应对，促进价值共创的实现[45]。

基于以上分析，提出假设：

H_{3a}：关系能力在信任与组织间价值共创中起中介作用。

H_{3b}：关系能力在信息共享与组织间价值共创中起中介作用。

H_{3c}：关系能力在共同解决问题与组织间价值共创中起中介作用。

合作伙伴知识包含但不限于合作伙伴的战略目标、最新公告、市场情况等，合作伙伴知识能力有助于企业了解其他网络成员的基本情况从而维持稳定、长期的合作关系，是组织间有效协调的前提条件[43]。高度信任和积极信息共享的关系嵌入方式，能够为企业获取大量且准确的合作伙伴知识提供保障，降低在价值共创过程中发生错误的风险，提高组织间的透明度。此外，共同解决问题的关系嵌入方式促使组织间进行频繁的交流与互动，对合作伙伴现状及未来规划有更深入的了解[46]，能够提高企业的合作伙伴知识能力。这不仅有助于发现合作伙伴的潜力和价值，增强组织间的认同感[47]，还能避免不必要的交易成本，使企业合理配置有限资源[28]，高效推动价值共创。

基于以上分析，提出假设：

H_{4a}：合作伙伴知识能力在信任与组织间价值共创中起中介作用。

H_{4b}：合作伙伴知识能力在信息共享与组织间价值共创中起中介作用。

H₄c：合作伙伴知识能力在共同解决问题与组织间价值共创中起中介作用。

内部沟通能力被定义为企业对信息的响应和反馈能力，是网络能力的重要组成部分。组织间的信任、信息共享和共同解决问题为企业带来海量异质性信息和资源，对企业的内部沟通能力提出了更高的要求，促使企业主动加强沟通能力和健全信息反馈机制。内部沟通能力不仅有利于增强管理者与员工间的分享意愿，提高组织内部创造力[48]，还能解决流程冗余和信息不对称问题，提高与外界组织的合作效率。通过企业内部跨项目和跨领域的沟通，以及员工的自发和及时地反馈，有助于企业整合和充分利用内外部资源，发挥资源的最大化效用[47]，实现价值共创。

基于以上分析，提出假设：

H₅a：内部沟通能力在信任与组织间价值共创中起中介作用。

H₅b：内部沟通能力在信息共享与组织间价值共创中起中介作用。

H₅c：内部沟通能力在共同解决问题与组织间价值共创中起中介作用。

综合以上分析，本文的理论模型如图 1 所示。

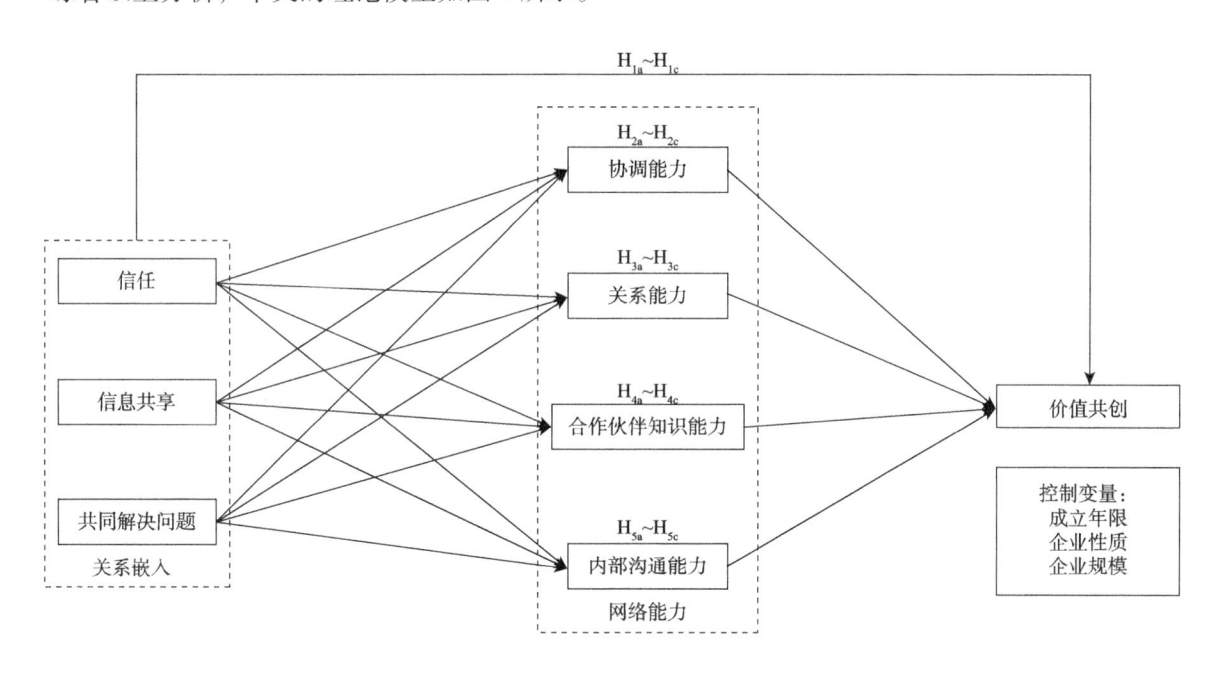

图 1　理论模型

3　研究设计

3.1　问卷设计与数据收集

本文采用问卷调查方式收集数据。调查对象为全国各企业管理层，以确保其真正了解企业的整体情况。问卷由两部分组成，一是调查对象的基本信息，包含职位、工作年限、所属企业的规模、成立年限、性质和行业，以便了解企业及被调查者情况，确保问卷的代表性；二是相关变量测量，包含关系嵌入、网络能力和价值共创三个变量的量表，共 34 个测量题项。为确保所设计量表的有效性和适用性，在发放问卷前，请管理学的 5 位教授和 2 名博士研究生对问卷题项进行了多次讨论与调整，修改完善后正式发放。数据收集时段为 2021 年 10~11 月，历时两个月。结合 Meier 和 Spector[49]的结论，多渠道的数据收集能够有效降低共同方法偏差问题。因此，本文从三个渠道发放问卷：①Credamo（见数平台有偿定向发放问卷，筛选条件为企业管理层、三年以上工作经验；②借助研究团队的关系网络以滚雪球方式向全国各企业管理者发放问卷；③向 MBA 班学员发放问卷。问卷调研共收集到 516 份问卷，剔除不符合要求的样本后，得到有效问卷 471 份，三种渠道的有效问卷数量占比分别为 21.23%、38.64%、40.13%。样本的描述性统计结果见表 1。调查对象所属行业中，金融服务业（占比 20.38%）最多，其他行业包括交通运输、航空航天、食品和餐饮等；规模在 1 001 人及以上的企业最多（占比 38.43%）；成立年限在 15 年以上的企业占多数（占比 52.02%）；国有（占比 42.46%）和民营（占比 41.40%）性质的企业数量相当，两者占样本的绝大部分；管理层占大部分（占比 66.46%）。

表 1 描述性统计（N=471）

类型	类别	数量/份	占比	类型	类别	数量/份	占比
所属行业	软件和信息技术服务业	87	18.47%	企业规模	50 人以下	80	16.99%
	金融服务业	96	20.38%		50~100 人	23	4.88%
	科研、教育服务业	69	14.65%		101~500 人	109	23.14%
	制造业	52	11.04%		501~1 000 人	78	16.56%
	建筑、房地产业	66	14.01%		1 001 人以上	181	38.43%
	租赁和商务服务业	31	6.58%	企业成立年限	>1~3 年	30	6.37%
	材料新能源	28	5.94%		>3~5 年	47	9.98%
	其他	42	8.92%		>5~10 年	69	14.65%
企业性质	国有企业	200	42.46%		>10~15 年	80	16.99%
	民企	195	41.40%		>15 年	245	52.02%
	合资	25	5.31%	岗位层级	高级管理	142	30.15%
	外资	29	6.16%		中层管理	171	36.31%
	其他	22	4.67%		基层员工	158	33.55%

3.2 变量测量

各变量的测量题项均借鉴了国内外成熟的量表体系，采用中英互译的方式对题项进行处理，测度方式是 Likert5 级量表。正式调查前，在问卷前言中向受访者明确"合作伙伴"指一切与企业有正式或非正式合作关系的组织。

关系嵌入（RE）借鉴 Mcevily 和 Marcus 编制的量表，三个维度共 9 个测量题项[34]。网络能力（NC）借鉴 Walter 等提出的量表，四个维度共 13 个测量题项[28]。价值共创（VC）借鉴任际范等开发的量表，四个维度共 12 个测量题项[50]。控制变量包括企业性质、规模和成立年限。变量维度如表 2 所示。

表 2 变量维度及测量模型分析结果

变量	维度	测量题项	因子载荷	Cronbach's α	CR	AVE
关系嵌入	信任	RE_1	0.852	0.787	0.876	0.702
		RE_2	0.873			
		RE_3	0.787			

续表

变量	维度	测量题项	因子载荷	Cronbach's α	CR	AVE
关系嵌入	信息共享	RE$_4$	0.828	0.775	0.869	0.689
		RE$_5$	0.818			
		RE$_6$	0.844			
	共同解决问题	RE$_7$	0.840	0.846	0.907	0.765
		RE$_8$	0.875			
		RE$_9$	0.908			
网络能力	协调能力	NC$_1$	0.686	0.823	0.883	0.654
		NC$_2$	0.730			
		NC$_3$	0.760			
		NC$_4$	0.785			
	关系能力	NC$_5$	0.717	0.816	0.890	0.730
		NC$_6$	0.763			
		NC$_7$	0.799			
	合作伙伴知识能力	NC$_8$	0.754	0.807	0.886	0.722
		NC$_9$	0.737			
		NC$_{10}$	0.706			
	内部沟通能力	NC$_{11}$	0.626	0.756	0.860	0.673
		NC$_{12}$	0.673			
		NC$_{13}$	0.641			
价值共创	对话	VC$_1$	0.737	0.922	0.933	0.539
		VC$_2$	0.776			
		VC$_3$	0.682			
	获取渠道	VC$_4$	0.746			
		VC$_5$	0.799			
		VC$_6$	0.748			
	降低风险	VC$_7$	0.766			
		VC$_8$	0.746			
		VC$_9$	0.744			
	透明度	VC$_{10}$	0.723			
		VC$_{11}$	0.732			
		VC$_{12}$	0.592			

4 PLS-SEM 实证分析结果

基于偏最小二乘法的 PLS-SEM 具有较强的解释能力，能够较好地处理小样本和潜变量维度较多的复杂模型。因此，本文使用 Smart PLS 3.0 软件，辅以 SPSS 25.0 软件对变量间的线性关系进行分析。

4.1 模型拟合分析

通过 χ^2/df、CFI、GFI、NFI 和 RMSEA 指标来判断模型的合理性。χ^2/df 为 2.747（<3），RMSEA 为 0.069（<0.08），CFI、GFI 和 NFI 值分别为 0.895、0.904 和 0.918，除 CFI 值略低于 0.9，其他指标均达到要求，表明模型拟合效果较好，可以进行后续研究。整个模型的 R^2 值为 0.770（>0.75），表明关系嵌入和网络能力的各维度解释了组织间价值共创 77%的变动方差，具有强解释力度。

4.2 测量模型评估

1. 信效度检验

本文采用 Cronbach's α 值和组合信度（CR）值进行信度分析。由表 2 可知，所有变量的 Cronbach's α 值均大于 0.7，CR 值大于 0.8，表明问卷内部一致性较高，信度达到要求。本文使用的测量题项均借鉴国内外的成熟量表体系，有较好的内容效度。关于结构效度，由表 2 可知，各变量的 AVE 均大于 0.50；由表 3 可知，各变量的 AVE 平方根均大于相关系数绝对值，收敛效度和区分效度均达到检验要求，即问卷结构效度较好。

表 3　各变量 AVE 值的平方根和相关系数（N=471）

变量	1	2	3	4	5	6	7	8
1. 信任	**0.838**							
2. 信息共享	0.659	**0.830**						
3. 共同解决问题	0.652	0.695	**0.875**					
4. 协调能力	0.611	0.699	0.647	**0.809**				
5. 关系能力	0.502	0.610	0.662	0.751	**0.855**			
6. 合作伙伴知识能力	0.524	0.587	0.589	0.711	0.724	**0.850**		
7. 内部沟通能力	0.503	0.542	0.501	0.648	0.593	0.555	**0.820**	
8. 价值共创	0.645	0.701	0.692	0.714	0.659	0.711	0.689	**0.734**

注：对角线上数值为 AVE 的平方根

2. 无反应偏差与共同方法偏差检验

为提高研究结果的客观性和有效性，首先采用 SPSS 25.0 对三种渠道来源的数据进行无反应偏差检验，确定不同来源数据是否存在差异[51]。研究结果显示，三组样本在企业性质、规模和成立年限方面均无显著差异，p>0.05，不存在明显的无反应偏差。

其次，采用程序控制和统计检验的方法减弱共同方法偏差问题的影响。在程序控制方面，多渠道发放问卷收集数据；测量题项简单清晰易于理解；采取匿名调研，承诺数据的保密性，减轻参与者的潜在顾虑。在统计控制方面，采用两种方法来检验。一是 Harman 单因子方法，存在多个特征值大于 1 的因子，且第一个因子方差解释率小于 50%，说明共同方法偏差不影响结果的有效性。二是采用加入共同方法因子的验证性因子分析方法，建构验证性因素分析模型。结果如表 4 所示，与原模型相比，CFI、GFI、NFI 的变化均小于 0.1，RMSEA 变化小于 0.05，各项拟合指标与原模型变化不大，表明测量中不存在明显共同方法偏差。

表 4 共同方法偏差检验

指标	χ^2/df	RMSEA	CFI	GFI	NFI
控制前	2.747	0.069	0.895	0.904	0.918
控制后	2.682	0.068	0.901	0.918	0.934

4.3 结构模型检验

1. 多重共线性检验

本文采用方差膨胀因子（VIF）检验变量间的多重共线性问题。检验结果如表 5 所示，各变量的 VIF 值均小于 10，通过多重共线性的检验要求，确保本文的有效性不受多重共线性的影响。

表 5 结构模型多重共线性检验结果（N=471）

变量	协调能力	关系能力	合作伙伴知识能力	内部沟通能力	价值共创
信任	2.027	2.027	2.027	2.027	2.164
信息共享	2.254	2.254	2.254	2.254	2.685
共同解决问题	2.218	2.218	2.218	2.218	2.635
协调能力					3.523
关系能力					3.124
合作伙伴知识能力					2.541
内部沟通能力					1.888

2. 路径检验

首先，本文对变量间的直接作用进行检验，根据路径系数和 t 值来判断是否显著。由表 6 和图 2 可知，信任、信息共享和共同解决问题对组织间价值共创均有显著正向作用，路径系数分别为 0.219（t=3.912）、0.335（t=6.464）和 0.317（t=5.708），且均达到 0.001 的显著水平，即假设 H_{1a}、H_{1b} 和 H_{1c} 得到验证，就影响程度而言，信息共享对组织间价值共创的影响最大。信任对协调（β=0.182，t=3.551，p<0.001）、关系（β=0.176，t=3.057，p<0.01）、合作伙伴知识（β=0.140，t=2.138，p<0.05）和内部沟通能力（β=0.201，t=3.337，p<0.001）均有显著正向作用；信息共享对协调（β=0.411，t=7.633）、关系（β=0.281，t=4.521）、合作伙伴知识（β=0.289，t=4.609）和内部沟通能力（β=0.294，t=4.546）均有显著正向作用，且均达到 0.001 的显著水平；共同解决问题对协调（β=0.243，t=4.526，p<0.001）、关系（β=0.452，t=7.594，p<0.001）、合作伙伴知识（β=0.296，t=4.817，p<0.001）和内部沟通能力（β=0.166，t=2.594，p<0.01）均有显著正向作用；协调、关系、合作伙伴知识和内部沟通能力均对价值共创有显著正向作用，路径系数分别为 0.180（t=3.152）、0.192（t=4.335）、0.165（t=3.586）和 0.202（t=5.587），其中内部沟通能力对价值共创影响最大。

表 6 路径检验结果

变量间的路径系数	路径系数	t 值	p 值
H_{1a}：信任→价值共创	0.219***	3.912	0.000
信任→协调能力	0.182***	3.551	0.000
信任→关系能力	0.176**	3.057	0.006
信任→合作伙伴知识能力	0.140*	2.138	0.033

续表

变量间的路径系数	路径系数	t 值	p 值
信任→内部沟通能力	0.201***	3.337	0.001
H$_{1b}$：信息共享→价值共创	0.335***	6.464	0.000
信息共享→协调能力	0.411***	7.633	0.000
信息共享→关系能力	0.281***	4.521	0.000
信息共享→合作伙伴知识能力	0.289***	4.609	0.000
信息共享→内部沟通能力	0.294***	4.546	0.000
H$_{1c}$：共同解决问题→价值共创	0.317***	5.708	0.000
共同解决问题→协调能力	0.243***	4.526	0.000
共同解决问题→关系能力	0.452***	7.594	0.000
共同解决问题→合作伙伴知识能力	0.296***	4.817	0.000
共同解决问题→内部沟通能力	0.166**	2.594	0.010
协调能力→价值共创	0.180**	3.152	0.002
关系能力→价值共创	0.192***	4.335	0.000
合作伙伴知识能力→价值共创	0.165***	3.586	0.000
内部沟通能力→价值共创	0.202***	5.587	0.000

***表示 $p<0.001$，**表示 $p<0.01$，*表示 $p<0.05$（下同）

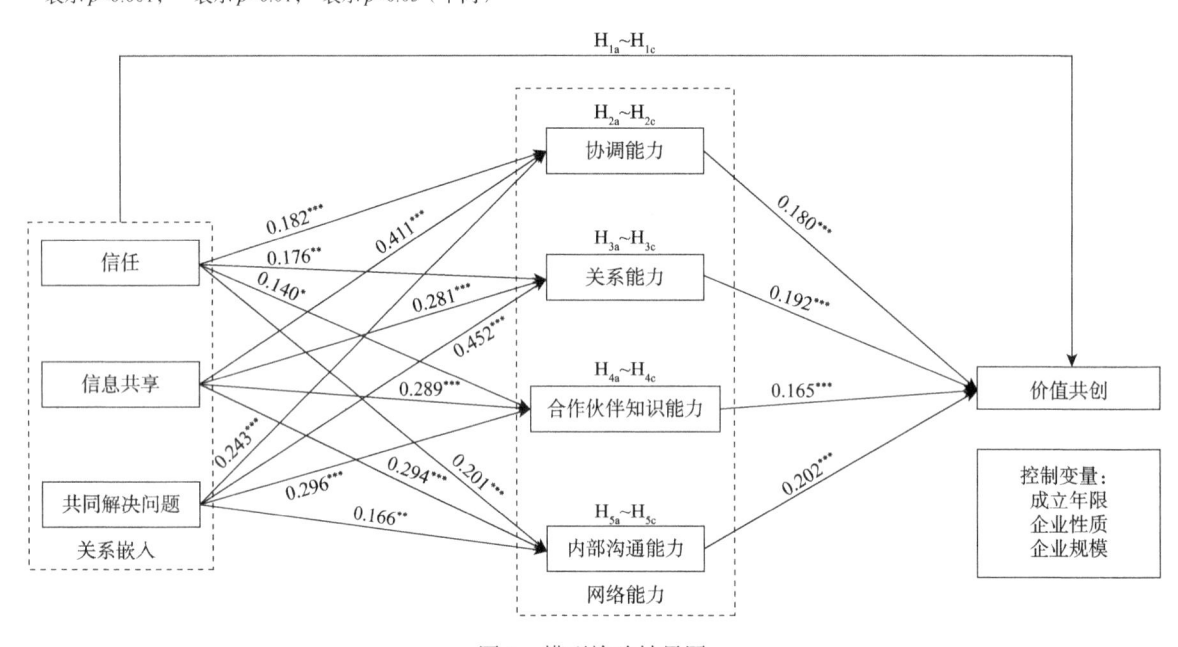

图 2 模型检验结果图

其次，本文采用 Bootstrap 对中介效应进行检验，结果如表 7 所示，各项特定路径在 95%置信区间内的上限和下限均不包含 0，表明不同网络能力在关系嵌入各维度与组织间价值共创之间起中介作用，假设均成立。

表 7 中介效应检验结果

中介作用路径	效应值	标准误	Bootstrap 95%置信区间 下限	Bootstrap 95%置信区间 上限
H$_{2a}$：信任→协调能力→价值共创	0.033	0.014	0.009	0.063

续表

中介作用路径	效应值	标准误	Bootstrap 95%置信区间 下限	Bootstrap 95%置信区间 上限
H_{2b}：信息共享→协调能力→价值共创	0.074	0.026	0.027	0.128
H_{2c}：共同解决问题→协调能力→价值共创	0.044	0.017	0.014	0.082
H_{3a}：信任→关系能力→价值共创	0.034	0.012	0.011	0.065
H_{3b}：信息共享→关系能力→价值共创	0.054	0.018	0.024	0.093
H_{3c}：共同解决问题→关系能力→价值共创	0.087	0.023	0.045	0.134
H_{4a}：信任→合作伙伴知识能力→价值共创	0.023	0.013	0.002	0.052
H_{4b}：信息共享→合作伙伴知识能力→价值共创	0.048	0.016	0.019	0.083
H_{4c}：共同解决问题→合作伙伴知识能力→价值共创	0.049	0.017	0.019	0.087
H_{5a}：信任→内部沟通能力→价值共创	0.041	0.014	0.015	0.072
H_{5b}：信息共享→内部沟通能力→价值共创	0.059	0.017	0.028	0.096
H_{5c}：共同解决问题→内部沟通能力→价值共创	0.034	0.014	0.008	0.063

3. 基于企业性质的异质性研究

以往研究表明，国有与私营企业在内部资源禀赋、盈利模式和经营管理等方面的差异，导致企业在对外部关系的重视、构建和利用上，以及企业自身能力的培育和发展上呈现不同效果[17]。例如，刘学元等通过实证研究发现，国有企业与私营企业在将关系资源转化为创新绩效的过程中，在对吸收能力的利用上存在差异[52]。因此，本文将样本分为国有企业与非国有企业，对比分析在不同企业产权性质下，关系嵌入和网络能力的各维度对价值共创的影响是否有显著差异，分组检验结果见表8。

表8 分组检验结果

路径		国有企业（N=200） 路径系数	标准差	p值	非国有企业（N=271） 路径系数	标准差	p值
RE→VC	信任→价值共创	0.075	0.063	0.234	0.150**	0.053	0.004
	信息共享→价值共创	0.122*	0.056	0.030	0.107	0.066	0.106
	共同解决问题→价值共创	0.142*	0.067	0.034	0.058	0.064	0.371
NC→VC	关系能力→价值共创	0.205**	0.071	0.004	0.192***	0.058	0.001
	内部沟通能力→价值共创	0.202***	0.045	0.000	0.187***	0.053	0.000
	协调能力→价值共创	0.119	0.075	0.112	0.241**	0.080	0.003
	合作伙伴知识能力→价值共创	0.212***	0.062	0.001	0.126	0.064	0.050

结果显示，以信任的嵌入方式实现价值共创的路径在国有企业中不显著（0.075），在非国有企业中显著（0.150**）；以信息共享和共同解决问题的嵌入方式实现组织间价值共创的路径在国有企业中显著，在非国有企业中不显著（0.122*与0.107；0.142*与0.058）；在关系能力和内部沟通能力对价值共创的促进作用中，国有与非国有企业的差异性不大（0.205***与0.192***；0.202***与0.187***）；协调能力对价值共创的影响在国有企业中不显著（0.119），在非国有企业中显著（0.241**）；合作伙伴知识能力对价值共创的影响在国有企业中显著（0.212**），在非国有企业中不显著（0.126）。

5 模糊集定性比较分析（fsQCA）

QCA方法旨在识别导致结果的因果条件的潜在组合[53]，fsQCA是一种集论方法，可弥补线性回归分析的不足，识别前因之间复杂的互补和取代联系，帮助企业分配其现有的资源，选择最优策略[54]。因此，本文进一步采用fsQCA方法探究信任、信息共享、共同解决问题、协调、关系、合作伙伴知识和内部沟通能力七个前因组合对价值共创的复杂作用机制，以挖掘多种组合因素实现高价值共创的具体路径。

5.1 数据校准

本文将问卷数据校准为集合隶属数据，采用直接校准方法，将75%、50%和25%分位值作为三个阈值（完全隶属点、交叉点和完全不隶属点）[55]，通过fsQCA3.0软件的计算使原始数据转换为0~1的模糊数据。

5.2 变量必要性检验

当各前因条件的充分性一致率和必要性覆盖率均低于0.9时，表明没有任何一个条件能够独立作为影响组织间价值共创的必要条件或充分条件[53]，此时，有必要将多个前因条件进行组态分析。本文的单个前因条件必要性检验结果如表9所示，不存在充分性一致率和必要性覆盖率大于0.9阈值的单个前因条件，可进行组态分析。

表9 fsQCA前因条件必要性检验

前因变量	高价值共创 充分性一致率	高价值共创 必要性覆盖率	非高价值共创 充分性一致率	非高价值共创 必要性覆盖率
信任	0.805	0.779	0.390	0.401
~信任	0.381	0.370	0.786	0.811
信息共享	0.801	0.782	0.375	0.389
~信息共享	0.374	0.361	0.790	0.809
共同解决问题	0.839	0.757	0.467	0.448
~共同解决问题	0.388	0.406	0.747	0.832
协调能力	0.847	0.818	0.387	0.397
~协调能力	0.376	0.366	0.823	0.851
关系能力	0.887	0.779	0.463	0.432
~关系能力	0.354	0.382	0.764	0.877
合作伙伴知识能力	0.865	0.770	0.436	0.412
~合作伙伴知识能力	0.339	0.361	0.756	0.857
内部沟通能力	0.774	0.821	0.342	0.385
~内部沟通能力	0.421	0.376	0.841	0.798

注：~表示非运算

5.3 条件组合分析

本文对471个样本数据进行组态分析，首先构建真值表，参考Fiss[55]的研究，设定一致性阈值为

0.8，设定样本频数阈值为 1，结合 PRI 一致性得分，将低于 0.7 的逻辑条件组合对应结果手动编码为 0[53]。然后通过标准分析程序得到本文的复杂解、简约解和中间解，简约解即实现组织间价值共创的核心条件，中间解为价值共创的核心和辅助条件组合，如表 10 所示。

表 10 前因条件构型图

前因变量	外部关系驱动型			价值互通驱动型	
	A_1	A_2	A_3	B_1	B_2
信任	●	●	●		
信息共享	●	●	●	●	●
共同解决问题	●	●	●	●	●
协调能力	●	●	●		
关系能力	●	●	●	●	●
合作伙伴知识能力	●		●	●	●
内部沟通能力		●		●	●
一致性	0.962	0.968	0.974	0.968	0.964
原始覆盖率	0.565	0.523	0.524	0.520	0.531
唯一覆盖率	0.062	0.020	0.021	0.017	0.028
总体解一致性	0.945				
总体解覆盖率	0.621				

注：● 表示核心条件存在，● 表示辅助条件存在，空白表示该条件存在或不存在

由表 10 可知，有五条实现组织间价值共创的路径，总体解的一致性为 0.945（>0.8），总体解的覆盖率为 0.621（>0.5），表明以上五条路径能解释 62.1%案例实现组织间价值共创的原因，整体模型的解释力度强，可信度较高。五条路径可归纳为两种构型：

1. **外部关系驱动型：信任·信息共享·协调·关系**

该构型强调企业通过基于信任及信息共享的方式嵌入社会网络，并通过协调能力保持与外部合作伙伴的同步，通过关系能力维持与其他组织之间的健康关系，从而互惠互利。这条价值共创路径反映了"外部关系驱动型"组织间价值共创的典型特征。例如，各行业头部企业，其自身可能就处于社会网络的核心位置，容易获得网络成员的认同和信任，也有能力与其他组织保持良好的互动关系，从而更易于通过该路径实现价值共创。同时，该条路径也为其他企业更好地实现价值共创提供了启示。企业可结合自身资源和能力实际，与供应商、制造商、金融机构及政府部门等组织建立联系，不断加强网络成员间的信任和信息共享程度，并通过协调与关系能力构建高质量的关系网络，努力获得社会网络中政策、金融等优先支持以实现价值共创。

2. **价值互通驱动型：信息共享·共同解决问题·合作伙伴知识·内部沟通**

该构型强调企业通过信息共享与共同解决问题的方式嵌入社会网络，并通过了解合作伙伴的市场、产品、服务等来塑造适当的价值交换程序和治理结构，通过内部沟通能力吸收和传播关于合作伙伴的资源、协议等最新信息到所有相关部门，以避免合作中的冗余过程和错误沟通，增强与合作伙伴之间的协同作用。这条价值共创路径反映了"价值互通驱动型"组织间价值共创的典型特征。例如，作为伙伴企业的分包商或合作商。在这样的关系嵌入特征下，企业尤其需要配备"合作伙伴知识"与"内部沟通"的网络能力。合作伙伴知识可以避免或处理企业与合作伙伴关系中的不稳定性，针对特

定情况进行管理。例如，降低交易控制成本和冲突管理，帮助稳定企业在网络中的地位。内部沟通能力有助于加强组织内部增效，帮助企业更好地连接外部关系。

5.4 稳健性检验

本文结合张明和杜运周提出的稳健性检验方式[56]，更换校准数据的分位值，采用95%、50%和5%的锚点；提高必要性分析中的PRI一致性阈值，将0.8调整为0.9；增加样本频数，将1调整为2，再次通过标准分析程序后，结果显示只有总体一致性和覆盖率系数发生微小变动，简约解和中间解的核心条件和辅助条件组合均未发生改变，因此，研究结论稳健。

6 结论

6.1 研究结论

本文基于嵌入性理论和动态能力理论，采用PLS-SEM与fsQCA组态分析方法分析了三种关系嵌入方式与不同网络能力共同影响组织间价值共创的机制，得出以下结论。

（1）三种关系嵌入方式（信任、信息共享与共同解决问题）均对组织间价值共创有积极促进作用，其中信息共享影响最大。与现有研究从整体网络关系来分析对组织间价值共创的影响[13,14]不同，本文着眼于三种关系嵌入方式，响应了学者们提出的从网络嵌入的多维度探究价值共创前因的呼吁[15]。

（2）四种网络能力（协调能力、关系能力、合作伙伴知识能力、内部沟通能力）均在关系嵌入各维度与价值共创之间发挥中介作用，并且对价值共创有显著正向影响，其中内部沟通能力影响最大。这一结论不仅支持了以往研究认为动态能力是实现组织间价值共创的核心动力的观点[18]，也提示了价值共创的实现并非仅仅取决于企业现有的关系网络和资源，还取决于企业是否拥有管理和利用内外部关系的能力。

（3）国有与非国有企业在价值共创的实现路径中存在显著差异。首先，非国有企业通过基于信任的关系嵌入方式更容易实现价值共创，而国有企业更倾向于通过信息共享与共同解决问题的方式实现价值共创。这可能是由于我国国有企业普遍享有较高声誉，容易获得社会网络成员的认同，故在价值共创过程中不会过多考虑信任问题。民企、私企等，尤其是没有建立品牌信任度的中小企业，更倾向于基于信任选择合作伙伴以实现价值共创。其次，在关系能力与内部沟通能力对价值共创的影响中，国有与非国有企业没有显著差异，但国有企业更倾向于通过合作伙伴知识能力实现价值共创，而非国有企业更倾向于通过协调能力实现价值共创。由于企业在各种形式的合作关系中存在着诸如信息不对称、投机行为、关系冲突等问题，对于有较为丰富资源的国有企业而言，可以借助合作伙伴知识能力来尽量避免上述问题。高合作伙伴知识意味着企业对网络参与者信息有充分的了解，有助于避免不必要的交易成本。对于民营等非国有企业而言，尤其是资源稀缺的创业企业，则需要通过协调能力及时纠正网络参与者的行为偏差，更容易避免认知和利益上的直接冲突，推动价值共创。

（4）关系嵌入与网络能力的交互组合是实现价值共创的最优策略，存在"外部关系驱动型"和"价值互通驱动型"两种模式。"外部关系驱动型"强调通过基于信任和信息共享的关系嵌入方式，匹配协调能力和关系能力实现价值共创；"价值互通驱动型"强调通过信息共享和共同解决问题的方式嵌入关系网络，并以合作伙伴知识能力和内部沟通能力管理关系以实现价值共创。

6.2 理论贡献与管理启示

本文构建了关系嵌入影响组织间价值共创机制的理论模型，不仅通过PLS-SEM与fsQCA方法解析了关系嵌入和网络能力的组合因素对价值共创的影响效应，还探讨了不同性质的企业价值共创实现路径的差异，主要理论贡献体现在以下三个方面。

（1）本文分析了信任、信息共享和共同解决问题三种关系嵌入方式对价值共创的影响，将组织间价值共创的前因研究深入具体的关系嵌入方式，弥补了当前研究对组织间具体关系特征或关系嵌入方式缺乏探讨的不足，丰富了组织间网络关系对价值共创影响的相关文献。

（2）本文回应了已有研究的呼吁[16]，对通过网络关系实现价值共创所需的具体内部能力进行了探讨，论述了四种网络能力在关系嵌入与价值共创关系之间的中介机制，揭示了网络能力在价值共创过程中的重要性，拓展了组织间价值共创实现机制的研究。

（3）本文通过fsQCA分析归纳出两类实现价值共创的有效途径，打破以往从单一线性逻辑探讨组织间价值共创的研究局限，丰富了价值共创领域的研究方法，揭示了关系嵌入和网络能力的组合因素对价值共创的效应，进一步延伸和发展了组织间价值共创实现路径的相关研究。

本文发现，单纯嵌入社会网络关系并不能保证企业实现价值共创，还需要企业不断提高自身网络能力。企业要不断嵌入具有共同知识和共同愿景的社会网络，并培养与之匹配的网络能力，才能够高效实现价值共创。对企业的管理启示主要有以下三点。

（1）企业要重视并积极与生态系统中其他主体构建良好的合作关系，提高企业声誉以获得更多网络核心成员的信任，拓宽自身的关系网络结构，与网络伙伴融为协同共生的"共同体"，让更多的主体共同参与到价值创造的活动中来。

（2）企业要不断提高网络能力，充分利用网络能力发挥自身优势，以加强和稳固合作关系并进一步强化企业在社会网络中的地位。具体来说，一是培育并发挥网络能力中的协调能力与关系能力，做好企业合作关系的构建与管理。对外部相关利益共同体进行精准识别，针对不同类型（如供应商、政府、研发机构及行业重点企业等）、不同特征的相关方，依据企业自身特性，建立有效的信息整合、共享、应用机制和相应的合作模式，强化企业的关系网络。二是针对网络能力中合作伙伴知识与内部沟通能力的提升，通过技术手段及各种渠道充分了解合作伙伴各方面的信息及需求，将信息转化成知识，在组织内部传递和分享，并建立快速有效的沟通响应机制，促进企业内部高效合作、外部有效协同，有利于维持组织间长期的合作关系，并实现快速反应与价值共创。

（3）对国有企业而言，要充分发挥自己的声誉优势与资源优势，充分了解合作伙伴信息。对于民营企业而言，要尽可能培育协调能力，借助协调能力避免合作过程中的不必要冲突，同时也帮助企业获得更多主体的信任，不断建立、提升企业的信誉度，从而更容易实现组织间价值共创。

6.3 研究局限与展望

首先，本文仅关注到网络嵌入中的不同的关系嵌入方式对组织间价值共创的影响，而未考虑结构嵌入、认知嵌入等其他维度。未来研究可探讨网络嵌入的其他维度（如结构嵌入、认知嵌入等）及其他关系特征对价值共创的作用效果和机制。其次，本文只考虑了组织间的价值共创，更广泛的参与者甚至可能涉及非人类行动者[5]，无法将所有参与者包含在内。最后，样本区域分布不均，且采用的是横截面数据，未考虑地域因素和时间变化对研究结果的影响。未来研究可扩大样本所属地域范围，通过分析纵向时间变化的调研数据，突破上述限制。

参 考 文 献

[1] 华中生, 魏江, 周伟华, 等. 网络环境下服务科学与创新管理研究展望[J]. 中国管理科学, 2018, 26（2）: 186-196.

[2] 赵艺璇, 成琼文, 郭波武. 创新生态系统情境下核心企业跨界扩张的实现机制——社会嵌入视角的纵向单案例分析[J]. 南开管理评论, 2022, （2）: 1-23.

[3] Vargo S L, Lusch R F. Service-dominant logic: continuing the evolution[J]. Journal of the Academy of Marketing Science, 2008, 36（1）: 1-10.

[4] Storbacka K, Brodie R J, Böhmann T, et al. Actor engagement as a microfoundation for value co-creation[J]. Journal of Business Research, 2016, 69（8）: 3008-3017.

[5] 王昊, 陈菊红, 姚树俊, 等. 服务生态系统利益相关者价值共创分析框架研究[J]. 软科学, 2021, 35（3）: 108-115.

[6] 刘洋, 魏江. 数字创新[M]. 北京: 机械工业出版社, 2021: 34.

[7] Corsaro D, Ramos C, Henneberg S, et al. The impact of network configurations on value constellations in business markets: the case of an innovation network[J]. Industrial Marketing Management, 2012, 41（1）: 54-67.

[8] 简兆权, 令狐克睿. 虚拟品牌社区顾客契合对价值共创的影响机制[J]. 管理学报, 2018, 15（3）: 326-334.

[9] 申光龙, 彭晓东, 秦鹏飞. 虚拟品牌社区顾客间互动对顾客参与价值共创的影响研究——以体验价值为中介变量[J]. 管理学报, 2016, 13（12）: 1808-1816.

[10] 左文明, 黄枫璇, 毕凌燕. 分享经济背景下价值共创行为的影响因素——以网约车为例[J]. 南开管理评论, 2020, 23（5）: 183-193.

[11] 苏涛永, 王柯. 数字化环境下服务生态系统价值共创机制——基于上海"五五购物节"的案例研究[J]. 研究与发展管理, 2021, 33（6）: 142-157.

[12] Karimi J, Walter Z. The role of dynamic capabilities in responding to digital disruption: a factor-based study of the newspaper industry[J]. Journal of Management Information Systems, 2015, 32（1）: 39-81.

[13] Laud G, Karpen I O. Value co-creation behaviour: role of embeddedness and outcome considerations[J]. Journal of Service Theory and Practice, 2017, 27（4）: 778-807.

[14] Bichler B F, Kallmuenzer A, Peters M, et al. Regional entrepreneurial ecosystems: how family firm embeddedness triggers ecosystem development[J]. Review of Managerial Science, 2021, 16（1）: 15-44.

[15] 武柏宇, 彭本红. 服务主导逻辑、网络嵌入与网络平台的价值共创——动态能力的中介作用[J]. 研究与发展管理, 2018, 30（1）: 138-150.

[16] 李燕萍, 李洋. 价值共创情境下的众创空间动态能力——结构探索与量表开发[J]. 经济管理, 2020, 42（8）: 68-84.

[17] 曾萍, 黄紫薇, 夏秀云. 外部网络对企业双元创新的影响: 制度环境与企业性质的调节作用[J]. 研究与发展管理, 2017, 29（5）: 113-122.

[18] 刘婕, 谢海, 张燕, 等. 动态能力视角下平台型企业的价值共创演化路径探析——基于积微物联的单案例研究[J]. 软科学, 2021, 35（5）: 138-144.

[19] 彭正银, 黄晓芬, 隋杰. 跨组织联结网络、信息治理能力与创新绩效[J]. 南开管理评论, 2019, 22（4）: 187-198.

[20] Adomako S, Danso A, Boso N, et al. Entrepreneurial alertness and new venture performance: facilitating roles of networking capability[J]. International Small Business Journal, 2018, 36（5）: 453-472.

[21] 解学梅，王宏伟. 开放式创新生态系统价值共创模式与机制研究[J]. 科学学研究，2020，38（5）：912-924.

[22] Granovetter M. Economic action and social structure: the problem of embeddedness[J]. American Journal of Sociology, 1985, 91（3）: 481-510.

[23] 李冬梅，刘昀哲，李金梦，等. 网络嵌入性视角下技术标准制定话语权争夺：一个并行中介模型[J]. 科技进步与对策，2021，38（13）：20-28.

[24] Bacon E, Williams M D, Da Vies G. Coopetition in innovation ecosystems: a comparative analysis of knowledge transfer configurations[J]. Journal of Business Research, 2020, 115（1）: 307-316.

[25] Teece D J. Explicating dynamic capabilities: the nature and microfoundations of (sustainable) enterprise performance[J]. Strategic Management Journal, 2007, 28（13）: 1319-1350.

[26] 党兴华，肖瑶. 基于动态能力理论的企业网络关系能力构成及量表开发[J]. 科技进步与对策，2015，32（11）：66-71.

[27] Hkansson H, Snehota I. No business is an island: the network concept of business strategy[J]. Scandinavian Journal of Management, 1989, 1（5）: 187-200.

[28] Walter A, Auer M, Ritter T. The impact of network capabilities and entrepreneurial orientation on university spin-off performance[J]. Journal of Business Venturing, 2006, 21（4）: 541-567.

[29] 倪渊. 核心企业网络能力与集群协同创新：一个具有中介的双调节效应模型[J]. 管理评论，2019，31（12）：85-99.

[30] Cenamor J, Parida V, Wincent J. How entrepreneurial SMEs compete through digital platforms: the roles of digital platform capability, network capability, and ambidexterity[J]. Journal of Business Research, 2019, 100（7）: 196-206.

[31] 包凤耐，彭正银. 网络能力视角下企业关系资本对知识转移的影响研究[J]. 南开管理评论，2015，18（3）：95-101.

[32] Rost K. The strength of strong ties in the creation of innovation[J]. Research Policy, 2011, 40（4）: 588-604.

[33] 刘小浪，刘善仕，王红丽. 关系如何发挥组织理性——本土企业差异化人力资源管理构型的跨案例研究[J]. 南开管理评论，2016，19（2）：124-136.

[34] Mcevily B, Marcus A. Embedded ties and the acquisition of competitive capabilities[J]. Strategic Management Journal, 2005, 26（11）: 1033-1055.

[35] 李奉书，黄婧涵. 联盟创新网络嵌入性与企业技术创新绩效研究[J]. 中国软科学，2018，9（6）：119-127.

[36] 张辉，苏昕. 网络嵌入、动态能力与企业创新绩效——一个模糊集定性比较分析[J]. 科技进步与对策，2021，38（6）：85-94.

[37] 张宝建，裴梦丹，陈劲，等. 价值共创行为、网络嵌入与创新绩效——组织距离的调节效应[J]. 经济管理，2021，43（5）：109-124.

[38] 谭云清，翟森竞. 关系嵌入、资源获取与中国OFDI企业国际化绩效[J]. 管理评论，2020，32（2）：29-39.

[39] 孟迪云，王耀中，徐莎. 网络嵌入性对商业模式创新的影响机制研究[J]. 科学学与科学技术管理，2016，37（11）：152-165.

[40] 张洪，鲁耀斌，张凤娇. 价值共创研究述评：文献计量分析及知识体系构建[J]. 科研管理，2021，42（12）：88-99.

[41] 简兆权，柳仪. 关系嵌入性、网络能力与服务创新绩效关系的实证研究[J]. 软科学，2015，29（5）：1-5.

[42] Mu J F. Networking capability, new venture performance and entrepreneurial rent[J]. Journal of Research in Marketing and Entrepreneurship, 2013, 15（2）: 101-123.

[43] 杨刚，谢懿，宋建敏. 网络能力、知识整合与商业模式创新：创业者过度自信的调节作用[J]. 科技进步与对策，2020，37（15）：116-125.

[44] 张春阳，徐岩，丁堃. 关系学习研究述评与展望[J]. 经济管理，2019，41（3）：193-208.

[45] 杨刚，谢懿，宋建敏. 效果逻辑、外部网络能力与商业模式创新：竞争强度的调节作用[J]. 技术经济，2019，

38（11）：1-11.

[46] 吴松强，何春泉，夏管军. 江苏先进制造业集群：关系嵌入性、动态能力与企业创新绩效[J]. 华东经济管理，2019，33（12）：28-34.

[47] 王涛，潘施茹，石琳娜，等. 企业创新网络非正式治理对知识流动的影响研究——基于网络能力的中介作用[J]. 软科学，2022，（5）：55-60.

[48] Dolphin R R. Internal communications: today's strategic imperative[J]. Journal of Marketing Communications, 2005, 11（3）：171-190.

[49] Meier L L, Spector P E. Reciprocal effects of work stressors and counterproductive work behavior: a five-wave longitudinal study[J]. Journal of Applied Psychology, 2013, 98（3）：529-539.

[50] 任际范，徐进，梁新弘. 基于 DART 模型的企业间价值共创量表开发[J]. 暨南学报（哲学社会科学版），2014，36（4）：93-102.

[51] Armstrong J S, Overton T S. Estimating nonresponse bias in mail surveys[J]. General Economics and Teaching, 1977, 14（3）：396-402.

[52] 刘学元，丁雯婧，赵先德. 企业创新网络中关系强度、吸收能力与创新绩效的关系研究[J]. 南开管理评论，2016，19（1）：30-42.

[53] Ragin C C. Set relations in social research: evaluating their consistency and coverage[J]. Political Analysis, 2006, 14（3）：291-310.

[54] Fainshmidt S, Witt M A, Aguilera R V, et al. The contributions of qualitative comparative analysis（QCA）to international business research[J]. Journal of International Business Studies, 2020, 51（4）：455-466.

[55] Fiss P C. Building better causal theories: a fuzzy set approach to typologies in organization research[J]. Academy of Management Journal, 2011, 54（2）：393-420.

[56] 张明，杜运周. 组织与管理研究中 QCA 方法的应用：定位、策略和方向[J]. 管理学报，2019，16（9）：1312-1323.

[57] Gulati R, Sytch M. Dependence asymmetry and joint dependence in interorganizational relationships: effects of embeddedness on a manufacturer's performance in procurement relationships[J]. Administrative Science Quarterly, 2007, 52（1）：32-69.

[58] Prahalad C K. Co-creation experience: the next practice in value creation[J]. Journal of Interactive Marketing, 2004, 18（3）：5-14.

[59] Shahriar A, Mohiuddin B M, Afnan H M, et al. Value co-creation on a shared healthcare platform: impact on service innovation, perceived value and patient welfare[J]. Journal of Business Research, 2022, 140：168-205.

Relationship Embeddedness, Network Capability and Value Co-creation Among Organizations: An Empirical Analysis Based on PLS-SEM and fsQCA

LIAO Minchao, JIN Jiamin, GAO Zengan

(School of Economics and Management, SWJTU, Sichuan 610031, China)

Abstract Under the background of digital economy, value co-creation is an important way for enterprises to form competitive advantage. It is of great significance to explore the realization path of value co-creation among organizations. Based on embeddedness theory and dynamic capability theory, following the logic of "resource-capability-result", this paper introduces network capability as an intermediary variable to explore the mechanism of relationship embeddedness on value co-creation, and highlights the differences of enterprise nature in the process of value co-creation. This paper uses PLS-SEM and fsQCA methods to analyze 471 valid questionnaire samples. The results show that: ①Each dimension of relationship embedding has a significant positive effect on value co-creation, among which information sharing has the greatest impact; ②The dimensions of network capability play an intermediary role between the dimensions of relationship embeddedness and value co-creation, among which internal communication capability has the greatest impact on value co creation; ③There are significant differences among enterprises of different natures in the path of value co-creation; ④The interactive combination of relationship embeddedness and network capability is the optimal strategy to realize value co-creation. There are two modes: "external relationship driven" and "value exchange driven". This paper deepens and expands the research on the realization path of value co-creation among organizations, and provides enlightenment for enterprises to implement value co-creation.

Key words Relational embeddedness, Network capability, Value co-creation, fsQCA

作者简介

廖民超（1989—），女，西南交通大学经济管理学院博士研究生，研究方向为创新管理、组织行为学等。E-mail：joy7756@sina.com。

金佳敏（1998—），女，西南交通大学经济管理学院硕士研究生，研究方向为战略管理。E-mail：2660583308@qq.com。

高增安（1965—），男，西南交通大学经济管理学院教授、博士生导师，研究方向为服务创新、反洗钱等。E-mail：gaozengan133@163.com。

附录 变量测量题项

变量	题项	来源
信任	合作伙伴与我们在商谈时都能做到实事求是	Mcevily 和 Marcus[38]；Gulati 和 Sytch[57]；谭云清和翟森竞[37]
	合作伙伴与我们都能信守承诺	
	合作伙伴不会利用我们的弱点来获取不当利益	
信息共享	合作伙伴与我们信息交换频繁	
	合作伙伴与我们相互提醒可能存在的问题和变化	
	合作伙伴与我们尽可能互相提供所需信息	
共同解决问题	合作伙伴与我们能共同负责完成任务	
	合作伙伴与我们能互相帮助来解决合作中遇到的问题	
	合作伙伴与我们共同协作克服困难	
协调能力	我们能够通过网络关系将自己拥有的资源与合作伙伴进行共享	Walter 等[28]；Cenamor 等[30]；杨刚等[43]
	我们了解合作伙伴的目标、潜力和战略	
	我们能发现潜在合作伙伴和合作关系	
	我们定期与合作伙伴讨论如何互相支持以致成功	
关系能力	我们有能力与商业伙伴建立良好的关系	
	我们可以灵活地与合作伙伴打交道	
	我们能与合作伙伴一起解决问题	
合作伙伴知识能力	我们了解合作伙伴的市场	
	我们了解合作伙伴的产品/程序/服务	
	我们知道竞争对手的潜力和劣势	
内部沟通能力	我们公司内部的沟通往往是跨项目和主题领域的	
	我们的经理和员工会相互给予密集的反馈	
	在本公司内，信息往往是自发地交换的	
价值共创	我们尽可能与合作伙伴交流对话	Prahalad[58]；任际范等[50]；Shahriar 等[59]
	我们和合作伙伴的沟通是开放和良好的	
	我们和合作伙伴有不同意见时会通过对话来解决	
	合作伙伴能够从各种渠道获得我们的服务或产品信息	
	我们与合作伙伴有信息共享渠道并能分享重要信息	
	现有产品/服务不能满足合作伙伴时，我们会通过新的渠道来帮助他们获取其想得到的产品和服务	
	我们邀请合作伙伴一起评估并共担风险	
	合作伙伴愿意与我们共担风险	
	我们会建立专门的风险评估和规避机制，以帮助本公司和合作伙伴规避共同风险	
	我们的产品/服务信息对合作伙伴公开	
	我们和合作伙伴坦诚以待，不隐瞒关键信息	
	由于本公司的信息不对称而给合作伙伴带来的潜在风险低	

审 稿 专 家

按姓氏音序排列：

安利平（南开大学）	安小米（中国人民大学）
曹慕昆（厦门大学）	陈福集（福州大学）
陈华平（中国科学技术大学）	陈荣（清华大学）
陈文波（武汉大学）	陈晓红（中南大学）
陈禹（中国人民大学）	陈智高（华东理工大学）
程絮森（中国人民大学）	崔巍（北京信息科技大学）
党延忠（大连理工大学）	邓朝华（华中科技大学）
丁学君（东北财经大学）	董小英（北京大学）
董毅明（昆明理工大学）	杜荣（西安电子科技大学）
方佳明（电子科技大学）	冯海洋（天津大学）
冯玉强（哈尔滨工业大学）	甘仞初（北京理工大学）
高慧颖（北京理工大学）	高学东（北京科技大学）
葛世伦（江苏科技大学）	顾东晓（合肥工业大学）
顾睿（对外经济贸易大学）	郭伏（东北大学）
郭熙铜（哈尔滨工业大学）	郝辽钢（西南交通大学）
胡安安（复旦大学）	胡立斌（西安交通大学）
胡祥培（大连理工大学）	黄京华（清华大学）
黄丽华（复旦大学）	黄奇（南京大学）
黄伟（西安交通大学）	贾琳（北京理工大学）
姜锦虎（西安交通大学）	姜元春（合肥工业大学）
蒋国瑞（北京工业大学）	蒋玉石（西南交通大学）
金悦（对外经济贸易大学）	孔祥维（大连理工大学）
赖茂生（北京大学）	黎波（清华大学）
李东（北京大学）	李红（北京航空航天大学）
李慧芳（中国科学技术大学）	李亮（对外经济贸易大学）
李敏强（天津大学）	李明志（清华大学）
李倩（中国人民大学）	李文立（大连理工大学）
李希熙（清华大学）	李一军（哈尔滨工业大学）

李勇建（南开大学） 梁昌勇（合肥工业大学）
廖列法（江西理工大学） 廖貅武（西安交通大学）
林杰（同济大学） 林丽慧（清华大学）
林志杰（清华大学） 刘春（西南交通大学）
刘登攀（清华大学） 刘盾（西南交通大学）
刘冠男（北京航空航天大学） 刘红岩（清华大学）
刘建国（上海财经大学） 刘鲁（北京航空航天大学）
刘鲁川（山东财经大学） 刘汕（西安交通大学）
刘位龙（山东财经大学） 刘璇（华东理工大学）
刘烨（清华大学） 刘咏梅（中南大学）
刘震宇（厦门大学） 刘仲英（同济大学）
卢涛（大连理工大学） 卢向华（复旦大学）
鲁耀斌（华中科技大学） 陆本江（南京大学）
陆文星（合肥工业大学） 罗城（天津大学）
罗念龙（清华大学） 罗裕梅（云南大学）
马宝君（上海外国语大学） 马费成（武汉大学）
马卫民（同济大学） 毛基业（中国人民大学）
梅姝娥（东南大学） 苗苗（西南交通大学）
闵庆飞（大连理工大学） 牛东来（首都经济贸易大学）
潘煜（上海外国语大学） 戚桂杰（山东大学）
齐佳音（上海对外经贸大学） 秦春秀（西安电子科技大学）
邱凌云（北京大学） 裘江南（大连理工大学）
任菲（北京大学） 任明（中国人民大学）
任南（江苏科技大学） 单晓红（北京工业大学）
邵培基（电子科技大学） 沈波（江西财经大学）
史楠（上海对外经贸大学） 宋明秋（大连理工大学）
宋培建（南京大学） 宋婷婷（上海交通大学）
苏芳（暨南大学） 孙建军（南京大学）
孙磊磊（北京航空航天大学） 孙元（浙江工商大学）
唐晓波（武汉大学） 童昱（浙江大学）
万岩（北京邮电大学） 王聪（北京大学）
王刚（合肥工业大学） 王昊（清华大学）
王洪伟（同济大学） 王君（北京航空航天大学）
王刊良（中国人民大学） 王楠（北京工商大学）

王念新（江苏科技大学）	王珊（中国人民大学）
卫强（清华大学）	闻中（北京外国语大学）
吴鼎（清华大学）	吴金南（安徽工业大学）
吴俊杰（北京航空航天大学）	吴亮（贵州师范大学）
吴鹏（四川大学）	夏昊（哈尔滨工业大学）
肖静华（中山大学）	肖泉（江西财经大学）
肖勇波（清华大学）	谢康（中山大学）
徐心（清华大学）	徐云杰（复旦大学）
许伟（中国人民大学）	闫强（北京邮电大学）
闫相斌（北京科技大学）	严建援（南开大学）
严威（中国传媒大学）	颜志军（北京理工大学）
杨波（中国人民大学）	杨善林（合肥工业大学）
杨雪（南京大学）	杨彦武（华中科技大学）
杨翼（浙江大学）	姚忠（北京航空航天大学）
叶强（哈尔滨工业大学）	叶青（清华大学）
叶琼伟（云南财经大学）	易成（清华大学）
殷国鹏（对外经济贸易大学）	尹秋菊（北京理工大学）
于笑丰（南京大学）	余力（中国人民大学）
余艳（中国人民大学）	袁华（电子科技大学）
曾庆丰（上海财经大学）	张诚（复旦大学）
张金隆（华中科技大学）	张瑾（中国人民大学）
张明月（上海外国语大学）	张楠（清华大学）
张朋柱（上海交通大学）	张文平（中国人民大学）
张新（山东财经大学）	张紫琼（哈尔滨工业大学）
赵建良（香港城市大学）	赵昆（云南财经大学）
赵捧未（西安电子科技大学）	赵英（四川大学）
仲秋雁（大连理工大学）	仲伟俊（东南大学）
周军杰（汕头大学）	周涛（杭州电子科技大学）
周荫强（香港大学）	周中允（同济大学）
朱庆华（南京大学）	左美云（中国人民大学）
左文明（华南理工大学）	